Die Partnerschaft mit
beschränkter Berufshaftung

Europäische Hochschulschriften Recht

European University Studies in Law

Publications Universitaires Européennes de Droit

Band/Volume **6128**

Hans-Christian Hauck

Die Partnerschaft mit beschränkter Berufshaftung

Eine analytische Betrachtung
der Haftungsstruktur unter
Berücksichtigung der englischen
Limited Liability Partnership (LLP)

PETER LANG

Bibliografische Information der Deutschen Nationalbibliothek
Die Deutsche Nationalbibliothek verzeichnet diese Publikation in der Deutschen Nationalbibliografie; detaillierte bibliografische Daten sind im Internet über http://dnb.d-nb.de abrufbar.

Die vorliegende Arbeit wurde von der Fakultät für Wirtschaftswissenschaften der Technischen Universität Chemnitz im Sommersemester 2019 als Dissertation angenommen.

Zugl.: Chemnitz, Techn. Univ., Diss., 2019

Ch 1
ISSN 0531-7312
ISBN 978-3-631-80525-1 (Print)
E-ISBN 978-3-631-80698-2 (E-PDF)
E-ISBN 978-3-631-80699-9 (EPUB)
E-ISBN 978-3-631-80700-2 (MOBI)
DOI 10.3726/b16344

Diese Publikation wurde begutachtet.

www.peterlang.com

Dank

Mein besonderer Dank gilt Herrn Prof. Dr. Ludwig Gramlich für die Annahme und für die exzellente Betreuung. Besonders bedanken möchte ich mich auch bei Herrn Prof. Dr. Thomas Zerres, Hochschule Konstanz, für die Erstellung des Zweitgutachtens und fruchtbare fachliche Diskussionen.

Inhalt

Abkürzungsverzeichnis

Die Bedeutung der verwendeten allgemeinen Abkürzungen ergibt sich aus Duden, Rechtschreibung. Im Übrigen wird verwiesen auf Kirchner, H., Abkürzungsverzeichnis der Rechtssprache, 8. Aufl., Berlin 2015.

I. Einleitung

1. Ausgangssituation

Freiberufler unterliegen mitunter erheblichen Haftungsrisiken, wenn ihnen im Rahmen ihrer beruflichen Tätigkeit ein Fehler unterläuft. Gerade bei Rechtsanwälten haben die Haftungsrisiken in den vergangenen Jahren erheblich zugenommen.[1] Diese Risiken können zum einen durch eine vertragliche Vereinbarung, zum anderen aber auch institutionell reduziert werden. Unter einer institutionellen Haftungsbeschränkung ist eine Haftungsbeschränkung kraft Rechtsform zu verstehen. In diesem Bereich hat sich für die Rechtsanwaltschaft in den vergangenen 20 Jahren ein Wandel vollzogen.

Als Rechtsformen für ihre Zusammenarbeit stehen deutschen Freiberuflern, insbesondere Rechtsanwälten, neben der GbR die Rechtsanwalts-GmbH, die Rechtsanwalts-AG und seit 1995 auch die Rechtsform der Partnerschaftsgesellschaft bzw. Partnerschaft zur Verfügung.[2] Das Kernstück bildete die in § 8 PartGG normierte Haftungsverfassung der Gesellschaft. Zentrale Bedeutung kommt dem durch Gesetz vom 22.07.1998[3] neu gefassten § 8 Abs. 2 PartGG zu, nach dem für berufliche Fehler neben der Partnerschaft nur diejenigen Partner haftbar gemacht werden können, die mit der Bearbeitung des Auftrags befasst waren. Bei „beruflichen Fehlern" bestimmt § 8 Abs. 2 PartGG eine Haftungskonzentration auf einzelne Partner. Das bedeutet, dass nur die mit der Bearbeitung eines Auftrags befassten Partner neben dem Vermögen der Partnerschaft mit ihrem Privatvermögen haften.

---

1 Vgl. *Maurer*, S. 1; *Blattner*, AnwBl. 2013, 300; Stellungnahme der BRAK zur Begrenzung der Haftung bei der Partnerschaftsgesellschaft und Änderung weiterer Regelungen von Mai 2011; abrufbar unter http://www.brak.de//Zur-rechtspolitik/Stellungnahmen.

2 Gesetz vom 25.07.1994, Inkrafttreten am 01.01.1995; BGBl. I, S. 1744; *Schäfer*, in Ulmer/Schäfer. Vor § 1 PartGG, Rn. 7 ff. zur Vermeidung von Verwechslungen mit der nichtehelichen Lebensgemeinschaft und der (seit 2001) eingetragenen Lebenspartnerschaft wurde nach dem RefE der Bundesregierung von 1993 nicht mehr von Partnerschaftsgesetz, sondern von Partnerschaftsgesellschaftsgesetz (PartGG) bzw. von Partnerschaftsgesellschaft statt von Partnerschaft gesprochen; in der vorliegenden Untersuchung wird der auch teilweise selbst im PartGG verwendete Begriff Partnerschaft zugrunde gelegt; vgl. hierzu auch *Henssler*, PartGG, Einf., Rn. 9.

3 Gesetz zur Änderung des Umwandlungsgesetzes, des Partnerschaftsgesellschaftsgesetzes und anderer Gesetze vom 22.07.1998, BGBl. I, S. 1878.

Ziel des Gesetzgebers war es, den Mitgliedern einer Partnerschaft Rechts- und Planungssicherheit zu geben, indem sie ihre Haftungsrisiken kalkulierbarer machen können. Fast 15 Jahre nach Inkrafttreten des geänderten § 8 Abs. 2 PartGG konstatierte die Bundesregierung, dass dieses Haftungskonzept von Angehörigen der Freien Berufe zum Teil als nicht befriedigend und lückenhaft angesehen wurde.[4] Die Haftungskonzentration stoße an ihre Grenzen, wenn in einer Partnerschaft mit einer Vielzahl an Partnern große komplexe Aufträge und Mandate von Teams bearbeitet werden. Ein Anstoß für eine erneute Reformierung ergab sich auch durch die Rechtsprechung des BGH, nach der auch derjenige – vor allem neu eingetretene – Partner haftet, der in das Mandat eingebunden wurde, nachdem die Pflichtverletzung bereits begangen war, selbst wenn sie nicht mehr zu korrigieren gewesen ist.[5] Gerade in größeren Sozietäten, bei denen komplexe Sachverhalte oft in mehrere Untersachverhalte aufgesplittet werden, führt diese Rechtsprechung zu einer Steigerung der Haftungsrisiken. Bei einer Mandatsbearbeitung durch einzelne Partner mit unterschiedlichen Spezialisierungen ist es dem Einzelnen oft nicht möglich, die Arbeitsbeiträge der anderen Partner zu überblicken. Ein Partner steht daher trotz allem in der Haftung, obwohl er den Fehler gar nicht begangen hat und auch nicht verhindern konnte.[6]

Der Gesetzgeber sah auch einen Trend zum Rechtsformwechsel in eine englische Limited Liability Partnership (LLP). Die Wahl einer ausländischen Rechtsform, wie etwa einer LLP, sei zwar aufgrund der Rechtsprechung des EuGH zur Niederlassungsfreiheit[7] grundsätzlich nicht zu beanstanden, jedoch solle eine „deutsche Alternative zur LLP“ geschaffen werden[8], welche die Vorteile der transparenten Besteuerung der Personengesellschaft mit dem Vorteil der Haftungsbeschränkung (wenn auch nur für Schäden aus beruflichen Fehlern) auf das Gesellschaftsvermögen wie bei den Kapitalgesellschaften kombiniert und besser zum teamorientierten Arbeitsstil großer Kanzleien passt.[9]

Mit dem Gesetz zur Einführung einer Partnerschaftsgesellschaft mit beschränkter Berufshaftung hat der Gesetzgeber nun für Freiberuflersozietäten eine Rechtsformvariante der einfachen Partnerschaft geschaffen.[10] Diese

4 Begr., RegE BT-Drucks. 17/10487, S. 1.

5 BGH, NJW 2010, 1360.

6 Vgl. *Beck*, AnwBl. 2015, 380 (387) mit Bezugnahme auf BGH, NJW 2010, 1360.

7 Vgl. unter II. 4.3.

8 Begr., RegE BT-Drucks. 17/10487, S. 1.

9 BR-Drs. 309/12, S. 1 und 8.

10 Gesetz zur Einführung der Partnerschaftsgesellschaft mit beschränkter Berufshaftung und zur Änderung des Berufsrechts der Rechtsanwälte, Patentanwälte,

Rechtsformvariante steht den Freiberuflern optional neben der herkömmlichen Partnerschaft zur Verfügung.

Die wesentliche Neuerung der vornehmlich von überregionalen Anwalts- und Steuerberatersozietäten[11] gewünschten Änderung des Partnerschaftsgesellschaftsgesetzes (PartGG) besteht darin, dass die Haftung für Verbindlichkeiten „aus Schäden wegen fehlerhafter Berufsausübung“ auf das Gesellschaftsvermögen der Partnerschaft beschränkt werden kann. Einzige Voraussetzung nach § 8 Abs. 4 PartGG hierfür ist, dass „die Partnerschaft eine zu diesem Zweck durch Gesetz vorgegebene Berufshaftpflichtversicherung unterhält“. Im zeitlichen Zusammenhang wurden zunächst entsprechende gesetzliche Regelungen für Rechts- und Patentanwälte, Steuerberater und Wirtschaftsprüfer erlassen.[12] Damit besteht bei einer PartG mbB eine Haftungsbeschränkung auf das Gesellschaftsvermögen für Berufsausübungsfehler, die sowohl für Partner als auch für Mitarbeiter gilt. Sie gilt allerdings nicht für sonstige Verbindlichkeiten der Gesellschaft, etwa aus Arbeits-, Miet- oder Leasingverträgen, die keinen konkreten Mandatsbezug aufweisen. Für diese Verbindlichkeiten haften nach § 8 Abs. 1 S. 1 PartGG den Gläubigern neben dem Vermögen der Partnerschaft die Partner auch weiterhin persönlich.[13] Die gesetzliche Haftungsbeschränkung bei Berufsfehlern bedeutet nach § 8 Abs. 1 S. 1 PartGG auch einen Ausschluss der gesamtschuldnerischen Mithaftung der Partner.

Rechtstatsächliche Untersuchungen bestätigen, dass diese Rechtsformvariante mittlerweile in der Praxis angenommen ist. Von 2013 bis Ende 2015 sind etwa 3.000 Partnerschaftsgesellschaften mit beschränkter Berufshaftung (PartG mbB) errichtet worden.[14] Anfang 2017 waren 5.332 Partnerschaften registriert, davon 1.940 PartG mbB mit anwaltlicher Beteiligung.[15] Dieser Trend zur

---

Steuerberater und Wirtschaftsprüfer vom 15.07.2013, RegE, BT-Drs. 17/10487, in Kraft seit 19.07.2013, BGBl. I, S. 2386; hierzu *Römermann/Praß*, NZG 2012, 601; *Salger*, DB 2012, 1794.

11 Vgl. Nachweise bei *Tröger/Pfaffinger*, JZ 2013, 812.

12 Vgl. *Sommer/Treptow*, NJW 2013, 3269. Zum Zeitpunkt des Inkrafttretens stand sie aufgrund der berufsrechtlichen Anforderung nur Rechts- und Patentanwälten, Steuerberatern und Wirtschaftsprüfern zur Verfügung.

13 Zur Frage der Reichweite des Haftungsausschlusses vgl. *Schumacher*, S. 93 ff..

14 *Lieder/Hoffmann*, NZG 2016, 287 zur rechtstatsächlichen Gesamtentwicklung. Nach einer eigenen Erhebung des DAV gab es am 14.12.2016 über 4.000 eingetragene PartG mbB; vgl. anwaltverein.de/files/anwaltverein.de/downloads/newsroom/davdepesche/2017/Zahlen-PartGmbB (12–2016). pdf.

15 DAV Depesche v. 05.10.2017; (Stand 26.09.2017); RA-Kammer Frankfurt Aktuell 2/2017.

haftungsprivilegierten Rechtsformvariante hat sich nicht zuletzt dadurch noch verstärkt, dass diese nun weitgehend auch Architekten und (beratenden) Ingenieuren[16] zur Verfügung steht.[17]

Mit der Schaffung dieser Rechtsformvariante stellen sich nun eine Reihe von offenen bzw. noch nicht abschließend geklärten Auslegungs- und Folgefragen. Schwerpunktmäßig geht es dabei um die Position des Mandanten im Schadensfall sowie um mögliche Lücken im neuen Haftungskonzept.

Die erste Frage bezieht sich auf die entscheidende Voraussetzung für den Eintritt der Haftungsbeschränkung, also den Abschluss und Unterhalt einer spezifischen Berufshaftpflichtversicherung. Die Höhe der Mindestversicherungssumme für die einzelnen Berufsfelder ergibt sich aus den jeweiligen Berufsrechten, z. B. aus § 51a Abs. 1 S. 1 BRAO für Rechtsanwälte. Zur Ermittlung der Jahreshöchstleistung der Versicherung ist die Mindestversicherungssumme mit der Anzahl der Partner zu multiplizieren. Hier stellt sich die Frage, ob auch sogenannte Scheinpartner zu berücksichtigen sind, und ob deren Wegfall automatisch den Verlust der Haftungsbeschränkung nach sich zieht. Weiterhin ist zu fragen, welche Rechtsfolgen eintreten, wenn der Sicherungsvertrag unwirksam ist oder Obliegenheitsverletzungen auf Seiten der PartG mbB vorliegen, z. B. eine verspätete oder unterlassene Prämienzahlung. Der Gesetzgeber verweist diesbezüglich zum Schutz der Haftungsgläubiger auf die vertraglichen Vorschriften zur Pflichtversicherung (§§ 113 ff. VVG). Ein weiterer Aspekt in diesem Zusammenhang betrifft die Frage der Einstandspflicht der Versicherung, wenn ein Berufsträger eine Pflicht wissentlich verletzt, der eingetretene Schaden aber nicht vorsätzlich verursacht worden ist. Grundsätzlich kann ein Versicherer den Versicherungsschutz ausschließen, mit Ausnahme bei Rechts- und Patentanwälten, da deren Berufsrecht gemäß § 51a BRAO und § 45a PAO die Aufrechterhaltung des Versicherungsschutzes in diesem Fall vorsieht.

Eine andere – für die Praxis ebenfalls wichtige – Frage betrifft etwa die Behandlung von laufenden Mandaten, wenn sich eine GbR, Partnerschaft oder Kapitalgesellschaft in eine PartG mbB „umwandelt". Bei einem Wechsel von einer anderen Rechtsform in die PartG mbB ist fraglich, ab wann die Haftungsbeschränkung für berufliche Fehler nach § 8 Abs. 4 PartGG eingreift.

---

16 Vgl. OLG Hamm, NZG 2016, 73 zur Nichtbeschränkbarkeit der Berufshaftung für nicht beratende Ingenieure.

17 Vgl. § 51a Abs. 2 BRAO, § 45 a PAO, § 67 Abs. 2 StBerG, § 54 WPO i.V.m. § 323 Abs. 2 HGB; zu den aktuellen Entwicklungen *Lieder/Hoffmann*, NZG 2016, 287 (288 ff.); heute steht sie in einigen Bundesländern auch den Heilberufen offen; *Lieder*, NotBZ 2014, 81.

Praxisrelevant dürfte vor allem der Wechsel von einer GbR und der einfachen Partnerschaft in die PartG mbB sein. In zeitlicher Hinsicht kommt es darauf an, ob der Mandatsvertrag nach dem vollendeten Wechsel in die PartG mbB abgeschlossen wurde oder es sich um ein sog. Altmandat handelt, welches zu einer Zeit akquiriert wurde, als die Gesellschaft noch in der alten Rechtsform organisiert war. Unstreitig gilt die Haftungsbeschränkung nach § 8 Abs. 4 PartGG für berufliche Fehler, wenn der Mandatsvertrag nach dem vollendeten Wechsel abgeschlossen wurde. Für laufende (Alt-) Mandate fehlt dagegen eine ausdrückliche (Übergangs-)Regelung. Fraglich ist, ob eine Nachhaftungsbegrenzung besteht und – dieser Frage vorgeschaltet – ab wann eine Haftungsverbindlichkeit begründet ist. Problematisch sind die Altfälle, bei denen die Auftragsbearbeitung bereits vor der Umwandlung begonnen wurde, jedoch die fehlerhafte Berufsausübung erst unterlief, nachdem die PartG mbB im Außenverhältnis wirksam war. Diesbezüglich ist umstritten, ob auf den Zeitpunkt des Vertragsabschlusses oder auf den Zeitpunkt der Pflichtverletzung abzustellen ist.[18]

Nach § 8 Abs. 4 S. 3 PartGG wird in Abgrenzung zur Partnerschaft mit einer normalen Haftungsverfassung und, um potenziellen Gläubigern mögliche Ausfallrisiken deutlich zu machen, insbesondere verlangt, dass der Name der Partnerschaft den Zusatz „mit beschränkter Berufshaftung", die Abkürzung „mbB" oder eine andere allgemein verständliche Abkürzung enthält, also etwa „PartG mbB".[19] Der Namenszusatz ist auch auf Geschäftsbriefen der Partnerschaft anzugeben (§ 7 Abs. 5 PartGG i. V. m. § 125a HGB).[20] Ein entsprechender Namenszusatz ist zwar keine Voraussetzung mehr für die Erlangung der Haftungsbeschränkung, sondern hat lediglich deklaratorische Bedeutung.[21] Gleichwohl stellen sich Folgefragen, wenn etwa die Namensänderung beschlossen und im Gesellschaftsvertrag aufgenommen, aber nicht im Partnerschaftsregister eingetragen und bekanntgemacht worden ist. Ebenso sind Fälle denkbar, in denen Partner nach außen, z. B. durch Benutzung des Briefkopfs der vorherigen Rechtsform, den Rechtsschein einer anderen Rechtsform setzen.[22]

Ein haftungsrechtlich relevanter Aspekt bezieht sich auch auf die im Gesetzgebungsverfahren nicht diskutierte Frage der Innenhaftung des Partners

---

18 Vgl. *Hirtz*, in Henssler/Strohn, § 8 PartGG, Rn. 42; *Henssler*, in Henssler/Prütting, § 8 PartGG, Rn. 65 m. w. N.; *ders.* AnwBl. 2014, 96 (99) m. w. N..

19 Vgl. *Leuering*, NZG 2013, 1001; *Henssler*, AnwBl. 2014, 96 (100).

20 Vgl. *Beck*, AnwBl. 2015, 380 (390).

21 OLG Nürnberg, NZG 2014, 422 ff.; *Beck*, AnwBl. 2015, 380 (384); *Sommer/Treptow*, NJW 2013, 3269 (3270).

22 Vgl. *Zimmermann*, NJW 2014, 1142 (1144); *Leuering*, NZG 2013, 1001 (1103).

gegenüber der PartG mbB. Ein Haftungsrisiko kann sich möglicherweise aufgrund einer eventuell bestehenden Nachschusspflicht im Falle der Liquidation über § 1 Abs. 4 PartGG i. V. m. § 735 BGB ergeben. Gläubiger der PartG mbB könnten, wenn ihre Ansprüche nicht durch die Versicherungsleistung gedeckt sind, die Ansprüche der PartG gegen die Gesellschafter pfänden und sich überweisen lassen. Eine andere Frage im Rahmen der Innenhaftung betrifft eine mögliche Schadenersatzpflicht aus § 280 Abs. 1 BGB bei pflichtwidrigem Verhalten des Partners gegenüber der PartG mbB. Diese Fallgestaltung erhält praktische Relevanz, wenn der Schaden die versicherte (Mindest-) Summe übersteigt, dieser Betrag auch nicht von dem – üblicherweise geringen – Gesellschaftsvermögen gedeckt ist und der Mandant einen eventuellen Anspruch pfänden und sich überweisen lassen könnte (§§ 829, 835 ZPO).[23] Im Falle einer deliktischen Handlung stellt sich auch die Frage nach der grundsätzlichen Leistungspflicht des Berufshaftpflichtversicherers.[24]

Unklarheiten bestehen auch bei der Frage, in welchen Fällen eine persönliche Haftung der Partner in Betracht kommen kann. Denkbar sind vor allem deliktische Ansprüche gegen den handelnden Partner bei vorsätzlichem Fehlverhalten. Es ist fraglich, ob und welche Ansprüche von § 31 BGB analog erfasst sind mit der Folge einer Haftungsbeschränkung.[25]

Ein im Rahmen des Gesetzgebungsverfahrens und auch in der Literatur nur am Rande erörterter Aspekt bezieht sich auf die Absicherung der Haftung der Partnerschaft durch im Kapitalgesellschaftsrecht geltende Kapitalerhaltungsgrundsätze. Obwohl es für die Partnerschaft keine Kapitalerhaltungsvorschriften gibt, wird vereinzelt in der Literatur vertreten, die Rechtsprechung zum existenzvernichtenden Eingriff im Kapitalgesellschaftsrecht auf seine Übertragbarkeit zu prüfen, wenn die Partner der PartG mbB mit Blick auf den Berufshaftungsfall, der von der Versicherung nicht (vollständig) abgedeckt ist, mutwillig und außerhalb des gewöhnlichen Geschäftsbetriebs Vermögenswerte entziehen.[26]

---

23 Vgl. *Henssler*, AnwBl. 2014, 96 (102).

24 *Römermann/Jähne*, BB 2015, 579 (581).

25 *Henssler*, AnwBl. 2014, 96 (102).

26 *Henssler*, AnwBl. 2014, 96 (102) m. w. N.; *Römermann/Jähne*, BB 2015, 579 (583); *Römermann/Praß*, NZG 2012, 601 (606 ff.); sehr weitgehend *Tröger/Pfaffinger*, JZ 2013, 812 (820), d. h. eine Existenzvernichtungshaftung soll nach ihrer Ansicht bereits bei schwerwiegenden Mängeln der Arbeitsorganisation in Betracht kommen; a. A. *Schäfer*, in Ulmer/Schäfer, § 8 PartGG, Rn. 44 ff.; vgl. zu den Grundsätzen BGH, 13.12.1995 – VIII ZR 41/95, NJW 1996, 715 (716); BGH, VersR 2008, 83 („Trihotel-Entscheidung"), bestätigt durch BGH, VersR 2008, 1403 („Gamma-Entscheidung"), nach dem die Existenzvernichtungshaftung des Gesellschafters an die missbräuchliche Schädigung des

Ein vor allem in der anwaltlichen Beratungspraxis wichtiger Aspekt betrifft den Umgang mit Haftungsvereinbarungen, insbesondere wie mit bereits bestehenden Haftungsvereinbarungen zu verfahren ist, wenn in der Zwischenzeit eine „Umwandlung" in eine PartG mbB vollzogen wurde.[27]

Nach der Rechtsprechung des EuGH zur Niederlassungsfreiheit (heute: Art. 49, 54 AEUV)[28] stehen deutschen Freiberuflern nicht nur das Spektrum der deutschen Rechts- bzw. Gesellschaftsformen, sondern auch die entsprechenden Rechtsformen aus den anderen EU-Mitgliedstaaten zur Verfügung. Freiberufler haben sich – trotz der vergrößerten Auswahl an deutschen Rechtsformen – verstärkt in der Rechtsform der englischen Limited Liability Partnership (LLP) organisiert.[29] Der deutsche Gesetzgeber wollte mit der PartG mbB ein Konkurrenzmodell zur LLP schaffen. Die genaue Zahl der Verbreitung der englischen LLP als Organisationsform für deutsche Freiberufler in Deutschland ist mangels rechtlich gesicherter Eintragungspflicht nicht durch belastbare statistische Untersuchungen belegt.[30] Ob danach tatsächlich ein Trend zur englischen LLP bestand, oder ob es sich um ein vorgeschobenes Motiv handelte, und der wahre Grund möglicherweise die im Zusammenhang mit § 8 Abs. 2 PartGG bestehenden Zweifelsfragen waren, lässt sich daher nicht nachweisbar statistisch belegen. Die mit Auslandsgesellschaften zusammenhängenden rechtlichen Aspekte hat der deutsche Gesetzgeber ausgeklammert. Obgleich in Bezug auf die LLP mehrere offene Fragen bestehen, z. B. die Registrierungspflicht in deutschen Registern, die Postulationsfähigkeit vor deutschen Gerichten, die steuerrechtliche Behandlung oder die Versicherungspflicht, geht es im Rahmen der vergleichenden Betrachtung mit der PartG mbB in der vorliegenden Arbeit nur um den Aspekt der Haftung. Ausgeklammert bei dieser Untersuchung bleiben

---

im Gläubigerinteresse zweckgebundenen Gesellschaftsvermögens anknüpft; der BGH qualifiziert sie in Gestalt einer schadenersatzrechtlichen Innenhaftung gegenüber der Gesellschaft als eine Fallgruppe aus § 826 BGB (mit dem Ziel, die sich aus §§ 30, 31 GmbHG ergebenden bestehenden Haftungslücken zu schließen); hierzu ausführlich III. 6.1 ff..

27 *Zimmermann*, NJW 2014, 1142 (1145).

28 Vgl. EuGH, Urt. v. 09.03.1999, Rs. 212/97, NJW 1999, 2027 – *Centros*, EuGH, Urt. v. 05.11.2002, Rs. C-208/00 – *Überseering*; EuGH, Urt. v. 30.09.2003, C-167/01, Slg. I-10155 – *Inspire Art*; EuGH, Urt. v. 12.07.2012, Rs. C-378/10 – VALE.

29 *Henssler/Mansel*, NJW 2007, 1393 (1394).

30 Vgl. hierzu *Tröger/Pfaffinger*, JZ 2013, 812 mit Hinweis auf die mangelnde empirische Basis; *Lieder/Hoffmann*, NZG 2015, 897 (901) mit Hinweis auf ein Diagramm, aus dem zu ersehen ist, wann die 64 bis zum 31.12.2014 in das Partnerschaftsregister eingetragenen LLPs entstanden sind.

der Brexit und die damit möglicherweise verbundenen Folgen. Die anstehenden politischen Verhandlungen zwischen der EU und Großbritannien werden zeigen, ob die LLP mit alleinigem Verwaltungssitz im Inland als Rechtsform auch zukünftig weiterhin zur Verfügung steht.

2. Ziel der Untersuchung

Ziel der Untersuchung ist es, die vorstehend vereinzelt aufrissartig aufgezeigten Probleme unter Berücksichtigung der bislang vertretenen unterschiedlichen Ansichten und der (teilweise) divergierenden Rechtsprechung zu systematisieren und wissenschaftlich aufzubereiten. Diese Untersuchung soll einen Beitrag dazu leisten, offene Fragen im Zusammenhang mit der Haftungsstruktur durch eine systematisch vorgehende wissenschaftliche Betrachtung einer Lösung zuzuführen.

Eine solche systematische Betrachtung verlangt auch eine Einbeziehung der englischen Rechtsform der LLP mit Verwaltungssitz in Deutschland, die nach Ansicht des Gesetzgebers in Konkurrenz zur Partnerschaft bzw. zur PartG mbB steht. Ziel dieser speziellen vergleichenden Betrachtung ist es festzustellen, ob und inwieweit die LLP in haftungsrechtlicher Sicht auch gegenüber der deutschen PartG mbB vorteilhaft ist. Gegenstand der Analyse hinsichtlich der LLP ist dabei ausschließlich die Rechtslage in England und Wales. Zwar gilt der LLPA auch für Schottland; ebenso wurde durch einen Gesetzgebungsakt der Northern Ireland Assembly der LLPA auch für diesen Teil des Vereinigten Königsreichs anwendbar gemacht. Es existieren jedoch in beiden Fällen Sonderregelungen, deren Berücksichtigung den Rahmen der Untersuchung zu sehr ausweiten würde. Eine Beschränkung auf das Recht Englands und von Wales ist auch aus praktischer Sicht gerechtfertigt, da die weit überwiegende Anzahl aller LLPs in England, insbesondere in London, registriert ist.[31]

Diese Untersuchung beschränkt sich vornehmlich auf den Freien Beruf des Rechtsanwalts und klammert zudem interprofessionelle Aspekte weitgehend aus. Grund hierfür ist, dass bei den anderen Berufsgruppen jeweils unterschiedliche berufsrechtliche Regelungen bestehen, deren Berücksichtigung den Rahmen der Arbeit überschritten und den inhaltlichen Schwerpunkt verschoben hätten.

---

31 Vgl. *Bank*, S. 31 m. w. N..

3. Vorgehensweise

Der Themenstellung folgend geht es im zweiten Teil zunächst um eine Darstellung der einfachen Partnerschaft sowie um parallel verlaufende Entwicklungslinien bis zur Schaffung der Rechtsformvariante der PartG mbB. Im Mittelpunkt stehen dabei die bestehenden Haftungsfragen in der einfachen Partnerschaft. Ergänzend wird die Partnerschaft im Vergleich zu anderen konkurrierenden Rechtsformen betrachtet. Den Abschluss bildet ein Abschnitt zum europarechtlichen Hintergrund mit der Rechtsprechung des EuGH zur Niederlassungsfreiheit, aufgrund dessen der Zuzug ausländischer Rechtsformen, insbesondere der englischen LLP mit hauptsächlichem Verwaltungssitz im Inland, grundsätzlich zu gewährleisten ist.

Im dritten Teil folgt dann eine ausführliche analytische Betrachtung der vorstehend aufrissartig aufgezeigten haftungsrechtlichen Aspekte in einer PartG mbB.

Neben den Voraussetzungen für die Haftungsbeschränkung nach § 8 Abs. 4 PartGG und den versicherungsrechtlichen Aspekten geht es vor allem um die angesprochenen Fragen im Zusammenhang mit der Behandlung von sogenannten Altmandanten, insbesondere solchen, bei denen die Auftragsbearbeitung bereits vor der Umwandlung begonnen wurde, jedoch die fehlerhafte Berufsausübung erst unterlief, nachdem die PartG mbB im Außenverhältnis wirksam war. Der sich daran anschließende Abschnitt betrifft die Rechtsfragen im Zusammenhang mit dem Namenszusatz, insbesondere die Frage der Rechtsscheinhaftung. Weiterhin werden die Rechtsfragen zur Innenhaftung sowie die in der Literatur in unterschiedlicher Breite diskutierten, flankierenden gläubigerschützenden Haftungsinstitute betrachtet, etwa die Frage nach einer Existenzvernichtungs- oder Insolvenzverschleppungshaftung. Den Abschluss bilden Ausführungen zur Frage der Fortgeltung von bestehenden Haftungsvereinbarungen.

Im vierten Teil wird zunächst die LLP vorgestellt. Dabei geht es zuerst um eine Darstellung der Grundstrukturen und der Haftungssituation nach englischem Recht und anschließend um die besondere rechtliche Behandlung einer LLP mit Verwaltungssitz im Inland mit Schwerpunkt auf die haftungsrechtlichen Aspekte. Im Anschluss daran folgt eine vergleichende Betrachtung zwischen den haftungsrechtlichen Strukturen der PartG mbB mit der englischen LLP mit Verwaltungssitz in Deutschland.

Die Arbeit schließt im fünften Teil mit einer Schlussbetrachtung und einem Ausblick.

II. Entwicklungslinien bis zur PartG mbB

1. Erste Entwürfe

1.1 Gesetzesentwürfe in der 6. und 7. Legislaturperiode

Die Historie der Partnerschaft (PartG) reicht bis in die 1950er Jahre zurück. Die ersten Diskussionen zur Schaffung einer eigenen Rechtsform für Freiberufler wurden bereits Ende der 1950er Jahre geführt. Ende der 1960er Jahre forderten Vertreter der Berufsverbände erstmals die Partnerschaft als Gesellschaftsform für die Zusammenarbeit von Freiberuflern. Der Grund für die Forderung bestand darin, dass die Gesellschaft bürgerlichen Rechts nach den §§ 705 ff. BGB nicht ausreichend rechtlich verselbständigt ist, um für alle Arten gemeinsamer Berufsausübung geeignet zu sein.

Der erste konkrete Regelungsvorschlag aus dem Jahr 1967 orientierte sich an den Regelungen der OHG (§§ 105 ff. HGB).[32] Der von einigen Abgeordneten der CDU/CSU-Fraktion im Jahr 1971 in den Bundestag eingebrachte Gesetzentwurf eines Partnerschaftsgesetzes sah demgegenüber eine Abweichung von der OHG vor. Danach sollte die Partnerschaft als juristische Person konzipiert, jedoch steuerrechtlich als Personengesellschaft zu behandeln sein. Ein zentraler Aspekt waren die Regelungen der Haftung und ihre Begrenzung. Dieser Entwurf hatte eine gesetzliche Haftungsbeschränkung für die Berufsausübung auf 500.000 DM für jeden Schadensfall festgelegt und eine Versicherungspflicht der Partnerschaft in gleicher Höhe angeordnet. Abweichende Vereinbarungen waren nach § 9 Abs. 2 des Entwurfs möglich. Für sonstige Geschäfte sollten die Partner persönlich als Gesamtschuldner bis zu 30.000 DM haften, soweit keine Befriedigung von der Gesellschaft erlangt werden konnte. Diese Bestimmungen waren dazu gedacht, die Haftung der Angehörigen der Freien Berufe „auf ein vernünftiges Maß zu beschränken“.[33] Die Auflösung des 6. Deutschen Bundestages beendete das weitere Gesetzgebungsverfahren.[34]

In der neuen Legislaturperiode im Jahr 1975 wurde eine stark modifizierte Form in den Bundestag eingebracht.[35] In diesem Entwurf war die Partnerschaft

---

32 *Henssler*, PartGG, Einf., Rn. 2 m. w. N..

33 Begr. zum RegE 1971, BT-Drucks. 6/2047, S. 6; *Michalski/Römermann*, § 8 PartGG, Rn. 1.

34 *Schäfer*, in Ulmer/Schäfer, vor § 1 PartGG, Rn. 2.

35 BT-Drucks. 7/4089; *Schäfer*, in Ulmer/Schäfer, vor § 1 PartGG, Rn. 3.

allerdings nicht mehr als juristische Person, sondern als rechtsfähige Personengesellschaft konzipiert; ferner fehlte eine summenmäßige Haftungsbegrenzung aus dem früheren Entwurf. Der Rechtsausschuss erarbeitete weitere Modifizierungen, die jegliche Haftungsbeschränkung aufgaben, im Wesentlichen nur noch Regelungen über das Innenverhältnis enthielten und mit 35 Paragraphen erheblich umfangreicher waren.[36] Dieser Entwurf von 1976 wurde in dritter Lesung durch den Bundestag angenommen. Allerdings verweigerte der Bundesrat in der Folge seine nach Art. 78, 84 Abs. 1 GG erforderliche Zustimmung, da sich zahlreiche Verbände der Freien Berufe ablehnend geäußert hatten und einige Bundesländer dem Entwurf aus Kostengründen kritisch gegenüberstanden. Vor allem wurde aufgrund der Ähnlichkeit der geplanten Gesellschaftsform mit der GbR keine Notwendigkeit mehr für die Schaffung einer eigenständigen Organisationsform gesehen. Da weder Bundestag noch Bundesrat den Vermittlungsausschuss anriefen, war das Gesetz gescheitert.[37]

1.2 Gesetzentwurf von 1993

Nach dem Scheitern des Gesetzentwurfs von 1975 und 1976 wurde erst Ende der 1980er Jahre die Forderung nach einer neuen Gesellschaftsform für die Freien Berufe erneut erhoben. Eine der Ursachen war der zunehmende Wettbewerbsdruck durch die internationale Konkurrenz. Freiberufliche Zusammenschlüsse entwickelten sich in den U.S.A. und in anderen Staaten der Europäischen Gemeinschaften zu Dienstleistungsunternehmen großen Stils. Zudem wurde die GbR als ungeeignet für die interprofessionelle Zusammenarbeit der Freien Berufe empfunden. Aufgrund von Initiativen zahlreicher Freiberufler-Verbände ersuchte der Bundestag die Bundesregierung, einen Gesetzentwurf vorzulegen.[38] Diese Aufforderung durch den Bundestag führte dazu, dass das Bundesjustizministerium Anfang 1993 einen Referentenentwurf präsentierte.[39] Die Intention des Gesetzgebers war es, den Freien Berufen eine passende Rechtsform zur Verfügung zu stellen, die einerseits dem Berufsbild des Freien Berufes entsprach, insbesondere die Eigenverantwortlichkeit, die Weisungsfreiheit, die persönlich-vertrauensvollen Beziehungen zum Mandanten, die regelmäßig qualifizierte

---

36 BT-Drucks. 7/5402 und BT-Drucks. 7/5413.

37 *Schäfer*, in Ulmer/Schäfer, vor § 1 PartGG, Rn. 3.

38 *Schäfer*, in Ulmer/Schäfer, vor § 1 PartGG, Rn. 4 ff. m. w. N..

39 BMJ-Drucks., 7050/2 = ZIP 1993, 153 ff.; *Seibert*, Die Partnerschaft, S. 85 ff.; *Henssler*, PartGG, Einf., Rn. 2 m. w. N..

Ausbildung, das Berufsethos und die berufsrechtliche Bindung berücksichtigte, aber andererseits auch eine moderne und flexible Organisationsform bot.[40]

Nach eingehender Überarbeitung und Straffung durch Verweise auf das Recht der OHG wurde dieser Entwurf am 20.07.1993 als Regierungsentwurf vom Kabinett verabschiedet; er enthielt – wie das spätere Gesetz – lediglich 11 Vorschriften.[41]

Diese Regelungen beschränkten sich auf die Regelungen des Gesellschaftsrechts. Der wesentliche Unterschied zur OHG bzw. KG besteht darin, dass bei der Partnerschaft der Gesellschaftszweck die gemeinsame Ausübung eines Freien Berufes ist und nicht der Betrieb eines Handelsgewerbes.

Den berufsrechtlichen Bezügen wurde durch einen Berufsrechtsvorbehalt in § 1 Abs. 3 PartGG Rechnung getragen. Nach geringfügiger Modifikation durch den Rechtsausschuss des Bundestages wurde der Entwurf am 27.05.1994 im Bundestag als PartGG einstimmig verabschiedet und am 30.07.1994 im Bundesgesetzblatt verkündet.[42] Das Partnerschaftsgesellschaftsgesetz trat nach seinem Art. 9 am 01.07.1995 in Kraft.[43]

In Ergänzung wurde eine Partnerschaftsregisterverordnung (PRV)[44] auf den Weg gebracht und ebenfalls am 01.07.1995 in Kraft gesetzt, sodass die neue Gesellschaftsform für die Freien Berufe zugänglich war,[45] und damit der „Numerus clausus der Gesellschaftsformen“ um diese erweitert wurde.

1.3 Partnerschaftsgesetz 1995

1.3.1 Inhalt der zentralen Haftungsregelung

Nach der zentralen Haftungsregelung in § 8 Abs. 1 PartGG in der damaligen Fassung von 1995 hafteten die Partner gegenüber den Gläubigern außer mit dem Vermögen der Partnerschaft mit ihrem Privatvermögen als Gesamtschuldner. Es handelte sich dabei um eine – übereinstimmend mit den Regelungsvorbildern in §§ 128 bis 130 HGB – akzessorische Haftung der Partner mit ihrem gesamten

40 Vgl. RegE, BT-Drs. 12/6152, S. 1, 7; *Seibert*, Die Partnerschaft, S. 93 ff..

41 BT-Drucks. 12/6152 = ZIP 1993, 1199 ff..

42 BGBl. 1994, I, S. 1744.

43 *Schäfer*, in Ulmer/Schäfer, vor § 1 PartGG, Rn. 7 ff.; hierzu *Henssler*, PartGG, Einf., Rn. 9.

44 Verordnung über die Errichtung eines Partnerschaftsregisters vom 16.06.1995, BGBl. I, S. 808.

45 *Schäfer*, in Ulmer/Schäfer, vor § 1 PartGG, Rn. 8.

Privatvermögen.[46] Die Regelung in § 8 Abs. 2 PartGG in der Fassung von 1995 sah die Möglichkeit einer vertraglichen Haftungsbegrenzung vor.[47] Danach bestand die Möglichkeit, eine Haftungskonzentration auf die an der fehlerhaften Bearbeitung des Mandats beteiligten Partner mit einer entsprechenden Vereinbarung mit dem Mandanten zu erreichen. Die Partner konnten danach ihre Haftung nach § 8 Abs. 1 S. 1 PartGG für Ansprüche aus Schäden wegen „fehlerhafter Berufsausübung" vertraglich (auch unter Verwendung vorformulierter Vertragsbedingen) auf denjenigen Partner beschränken, der innerhalb der Partnerschaft die berufliche Leistung zu erbringen oder verantwortlich zu leiten und zu überwachen hatte.

Die Akzeptanz der Partnerschaft in der Praxis blieb jedoch zunächst deutlich hinter den Erwartungen des Gesetzgebers zurück.[48]

1.3.2 Reformgesetz 1998 und weitere Änderungen

Als Grund für die zurückhaltende Aufnahme der neuen Rechtsform in der Praxis sah man vor allem die zu Recht aus Sicht der Freiberufler ungünstige Haftungsregelung des § 8 Abs. 2 PartGG an, die die Haftungskonzentration auf die an der fehlerhaften Bearbeitung des Mandats beteiligten Partner von einer entsprechenden Vereinbarung mit dem jeweiligen Mandanten abhängig machte.[49] An dieser vertraglichen Haftungsbeschränkungsmöglichkeit wurde die fehlende Praxisnähe kritisiert. Diese erforderte die Zustimmung des Mandanten, bei Erteilung des Mandats in eine Haftungsbeschränkung für Bearbeitungsfehler einzuwilligen. Nicht zuletzt wegen der negativen psychologischen Wirkung wurde diese Möglichkeit kaum in der Praxis umgesetzt.[50] Weiterhin wurde die

---

46 Vgl. RegE; BT-Drs. 12/6152, S. 7; die §§ 129, 130 HGB finden entsprechende Anwendung; *Seibert*, Die Partnerschaft, S. 56; *Eisenhardt/Wackerbarth*, § 23, Rn. 454 ff..

47 § 8 Abs. 2 PartGG a. F.: *Die Partner können ihre Haftung gem. Abs. 1 S. 1 für Ansprüche aus Schäden wegen fehlerhafter Berufsausübung auch unter Verwendung vorformulierter Vertragsbedingungen auf den von ihnen beschränken, der innerhalb der Partnerschaft die berufliche Leistung zu erbringen oder verantwortlich zu leiten und zu überwachen hat."*

48 *Schäfer*, in Ulmer/Schäfer, vor § 1 PartGG, Rn. 26 auch zur rechtstatsächlichen Bedeutung. So waren ein Jahr nach Inkrafttreten des Gesetzes am 01.07.1995 insgesamt nur 300 Eintragungen in dem neu eingerichteten Partnerschaftsregister zu verzeichnen, eine in Anbetracht von 600.000 Freiberuflern überraschend geringe Zahl.

49 *Michalski/Römermann*, § 8 PartGG, Rn. 8 ff. zur Kritik; *Henssler*, in FS Vieregge, S. 361 ff.; *ders.*, ZIP 1997, 1481 (1489); *Schäfer*, in Ulmer/Schäfer, § 8 PartGG, Rn. 3 m. w. N..

50 *Schäfer*, in Ulmer/Schäfer, vor § 1 PartGG, Rn. 26 ff., § 8, Rn. 3 m. w. N..

bestehende Rechtsunsicherheit für die übrigen – am jeweiligen Vertragsabschluss und den begleitenden Vereinbarungen nicht selbst beteiligten – Partner genannt.[51]

Die allgemeinen Bedenken, dass die bestehende Haftungsregelung die Attraktivität dauerhaft beeinträchtigen könnte, wurden durch parallele Entwicklungen in der Rechtsprechung verstärkt. Die Rechtsprechung hatte die Kapitalgesellschaften nach und nach als zulässige Organisationsform für Zahnärzte[52], Heilpraktiker[53] und schließlich auch für Rechtsanwälte anerkannt. So entschied das BayObLG im November 1994, dass eine Rechtsanwaltsgesellschaft in der Rechtsform einer GmbH zulässig sei, soweit nach deren Satzung die Eigenverantwortung, die Weisungsfreiheit in der Berufsausübung und die persönlich-vertrauensvolle Beziehung zum Mandaten, ergo die Wesensmerkmale der Rechtsanwaltschaft, gewährleistet seien. Dementsprechend müsse die Satzung die Übertragbarkeit der Geschäftsanteile auf Rechtsanwälte beschränken und vorsehen, dass die Mehrheit der Geschäftsanteile von in der Gesellschaft aktiv tätigen Rechtsanwälten gehalten werden müsse.[54] Dieser Entwicklung sind bereits Beschlüsse des BVerfG vorausgegangen, in welchen festgestellt wurde, dass Standesrichtlinien für die Beschränkung der Berufswahlfreiheit nicht geeignet seien, da es sich hierbei nicht um formelle Gesetze handelte (sog. Bastille-Beschlüsse).[55]

Der Gesetzgeber hatte aufgrund der rechtstatsächlichen Entwicklung und der vorgebrachten Kritik zu § 8 Abs. 2 PartGG a. F. mit dem Gesetz zur Änderung des Umwandlungsgesetzes, des Partnerschaftsgesellschaftsgesetzes und anderer Gesetze vom 22.07.1998 (mit Wirkung zum 01.08.1998) dem Rechnung getragen und statt der vertraglichen nunmehr eine gesetzliche Haftungskonzentration für „berufliche Fehler" implementiert. Die Abweichung vom Grundsatz der akzessorischen gesamtschuldnerischen Haftung aller Partner für die Verbindlichkeiten der Partnerschaft wurde durch die Novellierung des § 8 Abs. 2 PartGG

---

51 Vgl. hierzu *Schäfer*, in Ulmer/Schäfer, § 8 PartGG, Rn. 3 m. w. N., *Schäfer*, in MükoBGB, Bd. 5, § 8 PartGG, Rn. 3 m. w. N..

52 BGH, Urt. v. 25.11.1993 – I ZR 281/91, DStR 1994, 469.

53 BGH, Urt. v. 05.12.1991 – I ZR 11/90, NJW-RR 1992, 430.

54 BayObLG, Beschluss v. 24.11.1994, 3 Z BR 115/94, DStR 1995, 145 (147); *Piller*, S. 82 m. w. N..

55 BVerfG, Beschluss v. 14.07.1987, 1 BvR 537/81 (et al.), NJW 1988, 191 (192); BVerfG, Beschluss v. 14.07.1987, 1 BvR 362/79, NJW 1988, 194 (195); *Piller*, S. 83 m. w. N..

erreicht.[56] Für berufliche Fehler haften danach nur diejenigen Partner, die mit der Bearbeitung des Auftrags befasst waren, sofern es sich nicht um „Bearbeitungsbeiträge von untergeordneter Bedeutung“ handelt (vgl. § 8 Abs. 2 PartGG n. F.).[57] Der Gesetzgeber wollte damit dem Bedürfnis der Freiberufler nach einer angemessenen Risikobegrenzung gerecht werden, insbesondere dem – aufgrund der hohen Sorgfaltsanforderungen allgegenwärtigen – Risiko existenzgefährdender Haftung für kleinere Unachtsamkeit begegnen.[58] Zudem wurde in § 1 Abs. 2 PartGG eine Art Definition des Freien Berufs anhand einer Typusbeschreibung aufgenommen.

Weitere Änderungen in der Folgezeit beruhten auf dem 1998 verabschiedeten Gesetz zur Neuregelung des Kaufmanns- und Firmenrechts und zur Änderung handels- und gesellschaftsrechtlicher Vorschriften (Handelsrechtsreformgesetz).[59] Mit der in § 7 Abs. 4 PartGG (heute: Abs. 5) enthaltenen Verweisung auf § 125a Abs. 1 S. 1, Abs. 2 HGB wurde die für die typischen Personenhandelsgesellschaften neu geregelte Pflicht zu bestimmten Angaben auf Geschäftsbriefen auf die Partnerschaft erstreckt, was auch in einem weiteren Punkt für eine Gleichbehandlung der Partnerschaft mit der OHG sorgte.[60] Zudem ist durch Implementierung des § 7 Abs. 4 PartGG betreffend die Vertretungsbefugnis und Postulationsfähigkeit der Partnerschaft die rechtsberatende Partnerschaft unter bestimmten Voraussetzungen postulationsfähig, also nicht nur der Partner als Rechtsberater.[61]

Weitere Änderungen gab es durch Art. 4 des Gesetzes über das elektronische Register und Justizkosten für Telekommunikation vom 10.12.2001.[62]

---

56 § 8 Abs. 2: „*Waren nur einzelne Partner mit der Bearbeitung eines Auftrags befasst, so haften nur sie gemäß Absatz 1 für berufliche Fehler neben der Partnerschaft; ausgenommen sind Bearbeitungsbeiträge von untergeordneter Bedeutung.*“

57 BGBl. 1998 I, S. 1878; *Schäfer*, in Ulmer/Schäfer, vor § 1 PartGG, Rn. 10 m. w. N..

58 Vgl. Reg-E, BT-Drs. 12/6152, S. 2; *Schmidt, K.*, NJW 1995, 1 (7). Dabei sollte auch eine Konzentration auf mehrere Partner, z. B. alle Partner einer Niederlassung, möglich sein. Derzeit existieren Haftungsbegrenzungen für Rechtsanwälte nach § 52 BRAO (früher: § 51a BRAO), für Patentanwälte in § 45a Abs. 1 PAO, für Steuerberater in § 67a Abs. 1 StBerG, für Wirtschaftsprüfer in § 54a Abs. 1 WPO, für (beratende) Ingenieure und Architekten sowie teilweise für Heilberufe; vgl. *Lieder/Hoffmann*, NZG 2016, 287.

59 BGBl. I, S. 1474.

60 *Schäfer*, in Ulmer/Schäfer, § 7 PartGG, Rn. 2 m. w. N..

61 BGBl. I, S. 1757; durch das 2. Gesetz zur Änderung der Finanzgerichtsordnung und anderer Gesetze vom 19.12.2000 mit Wirkung zum 01.01.2001 als Reaktion auf die BFH-Rspr., die die Postulationsbefugnis verneinte.

62 BGBl. I, S. 3422.

Zuletzt führten Änderungen des HGB durch das Gesetz über elektronische Handelsregister und Genossenschaftsregister sowie das Unternehmensregister (EHUG vom 10.11.2006)[63], nach dem das Partnerschaftsregister wie das Handels- und Genossenschaftsregister zum 01.07.2007 nunmehr verpflichtend auf elektronischen Betrieb umgestellt worden ist, zu einer Anpassung der im PartGG enthaltenen Verweisungen in § 5 Abs. 2 PartGG.

2. Partnerschaft – Entstehung, Wesensmerkmale und Haftungsverfassung

2.1 Entstehung

Die Entstehung einer Partnerschaft setzt den Abschluss eines Gesellschaftsvertrages unter Freiberuflern[64] über die gemeinsame Ausübung ihrer Berufe voraus (§ 1 Abs. 1 PartGG). Der Vertrag bedarf, wie auch sämtliche Vertragsänderungen, der Schriftform gemäß § 126 BGB (§ 3 Abs. 1 PartGG). Der Gesellschaftsvertrag muss den Namen und den Sitz der Partnerschaft, die vollständigen Namen, den in der Partnerschaft ausgeübten Beruf und den Wohnort eines jeden Partners sowie den Gegenstand der Partnerschaft enthalten (§ 3 Abs. 2 PartGG).

Die Partnerschaft ist bei dem Amtsgericht in dem dort geführten Partnerschaftsregister in öffentlich beglaubigter Form gemäß § 129 BGB anzumelden, in dessen Bezirk sie ihren Sitz hat (§ 4 Abs. 1 PartGG i. V. m. § 106 Abs. 1 HGB; § 5 Abs. 2 PartGG i. V. m. § 12 Abs. 1 HGB). Sie muss die vorgenannten zwingenden Angaben des Partnerschaftsvertrages aus § 3 Abs. 2 PartGG beinhalten sowie die Vertretungsmacht jedes einzelnen Partners (§ 4 Abs. 1 i. V. m. § 106 Abs. 2 Nr. 4 HGB) mit Hinweis auf die Zugehörigkeit zu einem Freien Beruf. Indem für das Partnerschaftsregister und die registerrechtliche Behandlung von Zweigniederlassungen in § 5 Abs. 2 PartGG auf die entsprechenden handelsrechtlichen Vorschriften verwiesen wird, ist das Partnerschaftsregister damit weitgehend dem Handelsregister gleichgestellt.[65]

Nach erfolgter registerrechtlicher Prüfung der zur Anmeldung gemachten Angaben wird die Gesellschaft in das Partnerschaftsregister eingetragen. Nach

---

63 BGBl. I, S. 2553.

64 *Henssler*, § 1 PartGG, Rn. 15 ff..

65 BT-Drucks. 12/6152, S. 14. Eine weit verbreitete Ansicht geht davon aus, dass insbesondere § 15 HGB zur Anwendung kommt und damit der öffentliche Glaube des Partnerschaftsregisters umfassend geschützt ist; vgl. *Bank*, S. 289 m. w. N..

§ 7 Abs. 1 PartGG hat die Eintragung konstitutive Wirkung, sodass die Gesellschaft erst mit der Eintragung wirksam nach außen entsteht.[66]

Sollen bereits bestehende Gesellschaften in eine Partnerschaft umgewandelt werden, bietet sich zur Vermeidung der Liquidation und Neugründung ein Rückgriff auf Umwandlungsvorgänge – Verschmelzung (§ 2 UmwG), Spaltung (§ 123 UmwG) und Formwechsel (§ 190 UmwG) – nach dem UmwG an. Seit dem Gesetz zur Änderung des Umwandlungsgesetzes, des Partnerschaftsgesellschaftsgesetzes und anderer Gesetze von 1998[67] stehen der Partnerschaft die gleichen Umwandlungsmöglichkeiten zur Verfügung wie den Personengesellschaften. Die Umwandlung einer GbR, OHG, KG in eine Partnerschaft ist aufgrund der identischen gesellschaftsrechtlichen Struktur ohne Rückgriff auf eine gesetzliche Regelung im Wege des identitätswahrenden Rechtsformwechsels möglich.[68]

2.2 Wesensmerkmale

Der Vertrag wird durch die Vereinbarung eines gemeinsamen Zwecks und die darauf gerichteten Förderpflichten der Partner charakterisiert. Neben der grundsätzlichen unbeschränkten persönlichen Haftung für Schulden der Partnerschaft verlangt § 1 Abs. 1 S. 1 PartGG zudem einen Mindestbeitrag an aktiver Mitarbeit. Der Begriff „Ausübung des Berufs" ist dabei weit auszulegen, z. B. reichen geringfügige – auch nebenberufliche – Tätigkeiten aus.[69]

Als Gesellschafter der Partnerschaft kommen nur natürliche Personen in Betracht, die Angehörige eines Freien Berufs sind (§ 1 Abs. 1 S. 1 PartGG). Gewerbetreibende können danach keine Partnerschaft gründen.

Nach § 1 Abs. 2 PartGG haben die Freien Berufe „im Allgemeinen auf der Grundlage besonderer beruflicher Qualifikation oder schöpferischer Begabung die persönliche, eigenverantwortliche und fachlich unabhängige Erbringung von Dienstleistungen höherer Art im Interesse der Auftraggeber und der Allgemeinheit zum Inhalt". Diese Vorschrift zählt im gleichen Absatz katalogmäßig typische Berufe auf, insbesondere Rechtsanwälte, Steuerberater, Wirtschaftsprüfer, Ärzte,

---

66 Vgl. *Henssler*, § 7 PartGG, Rn. 2.

67 BGBl. I, S. 1878.

68 *Schmidt, K.*, NJW 1995, 1 (7); *Henssler*, § 7 PartGG, Rn. 2.

69 *Henssler*, § 1 PartGG, Rn. 22 m. w. N. So reicht es etwa, wenn Seniorpartner die Geschäfte der Partnerschaft nur sporadisch mitbetreuen und den jüngeren Kollegen mit ihrem Erfahrungsschatz zur Seite stehen; ähnlich *Seibert*, Die Partnerschaft, S. 56.

Zahnärzte und Journalisten.[70] Durch das Merkmal „im Allgemeinen" handelt es sich insoweit nicht um eine abschließende Aufzählung, da offensichtlich Ausnahmefälle für möglich erachtet werden. Die Regelung enthält damit statt einer verbindlichen Rechtsnorm eine Typusbeschreibung.[71] Die Definition des Freien Berufs ist dann von Bedeutung, wenn keine eindeutige Zuordnung des Berufs zu den im Katalog des § 1 Abs. 2 S. 2 PartGG genannten Tätigkeiten erfolgen kann. Soweit es sich um die klassischen Freien Berufe handelt, die entweder einer Berufskammer unterstellt oder anderweitig eigenständig berufsrechtlich geregelt sind, kommt diesen Regelungen nur klarstellende Bedeutung zu. Abgrenzungsprobleme können allerdings im Grenzbereich zu § 1 Abs. 2 HGB bestehen.[72] Da die Rechtsform der PartG mbB im Vordergrund dieser Untersuchung steht und diese aus berufsrechtlichen Gründen bislang nur bestimmten Freiberuflern, insbesondere Rechtsanwälten, Steuerberatern, Wirtschaftsprüfern, Ingenieuren und Architekten[73], also den typischen Freien Berufen, offensteht, wird im Folgenden nicht weiter auf eventuell bestehende Abgrenzungsfragen eingegangen.

Nach § 7 Abs. 1 PartGG hat die Eintragung, wie bereits erwähnt, konstitutive Wirkung, sodass die Gesellschaft erst mit der Eintragung wirksam nach außen entsteht, und zwar abweichend von § 123 Abs. 2 HGB und bei der GbR[74] nicht bereits mit der Geschäftsaufnahme.[75] Das bedeutet, dass mit der Eintragung auch erst die Haftungsbeschränkung nach § 8 Abs. 2 PartGG wirksam ist.

Beginnt die Partnerschaft ihre Geschäftstätigkeit vor Eintragung, finden die Vorschriften zur GbR Anwendung. In der als GbR zu qualifizierenden Vor-Partnerschaft besteht eine persönliche, unbeschränkte und gesamtschuldnerische Haftung aller Gesellschafter.[76]

---

70 *Henssler*, § 1 PartGG, Rn. 51 zur Definition und zu den voneinander unabhängigen Kriterien sowie zu möglichen Abgrenzungsproblemen; *Michalski/Römermann*, § 1 PartGG, Rn. 42 zur Unterscheidung von fünf Kategorien an Freien Berufen: Heilberufe, rechts- und wirtschaftsberatende Berufe, naturwissenschaftlich orientierte Berufe, Vermittler geistiger Güter und Innovationen sowie Lotsen.

71 Vgl. *Henssler*, § 1 PartGG, Rn. 51 ff..

72 *Schäfer*, in Ulmer/Schäfer, § 1 PartGG, Rn. 10 ff., 33 ff. jeweils m. w. N.; *Schmidt, K.*, NJW 1995, 1 ff. zur schwierigen Abgrenzbarkeit und den unterschiedlichen Definitionen.

73 *Lieder/Hoffmann*, NZG 2016, 287.

74 Vgl. BGHZ 146, 341 zur Teilrechtsfähigkeit der GbR.

75 Vgl. *Henssler*, § 7 PartGG, Rn. 2.

76 Vgl. *Schmidt, K.*, NJW 1995, 1 ff.; *Henssler*, § 7 PartGG, Rn. 7, 11: *ders.* in Henssler/Prütting, § 7 PartGG, Rn. 2; *Bank*, S. 288 m. w. N..

Die Eintragung in das Partnerschaftsregister hat zur Folge, dass die Partnerschaft von nun an unter ihrem Namen Rechte erwerben, Verbindlichkeiten eingehen sowie vor Gericht klagen und verklagt werden kann (§ 7 Abs. 2 PartGG; § 124 Abs. 1 HGB). Die Partnerschaft ist als selbstständiges Rechtssubjekt Träger des Gesellschaftsvermögens und damit – ebenso wie die unternehmenstragende GbR und die Handelsgesellschaften – der juristischen Person angenähert, ohne selbst juristische Person zu sein.[77] Nach § 1 Abs. 4 PartGG finden grundsätzlich die Vorschriften über die GbR Anwendung. Jedoch wird im PartGG an vielen Stellen speziell auch auf das Recht der OHG (§§ 105 ff. HGB) verwiesen.[78] In der amtlichen Begründung wird die Partnerschaft als „Schwesterfigur" zur OHG bezeichnet. Sie ist – wie die OHG – namensfähig, aktiv und passiv parteifähig und deliktsfähig; auch können Gesellschaftsgläubiger in ihr Vermögen vollstrecken; zudem ist sie insolvenzfähig (§ 11 Abs. 2 Nr. 1 PartGG).[79] Das Verhältnis der Partner bestimmt sich maßgeblich nach dem Partnerschaftsvertrag sowie ergänzend nach den Regelungen zur OHG und der GbR.[80]

Entsprechend der Regelungen zur OHG steht den Partnern grundsätzlich Einzelgeschäftsführungs- und Einzelvertretungsbefugnis zu (vgl. §§ 6 Abs. 3 S. 2, 7 Abs. 3 PartGG); ein Ausschluss der Geschäftsführungsbefugnis ist nicht möglich, wenn dadurch die Berufsausübung des Partners betroffen ist.[81]

Nach § 1 Abs. 3 PartGG kann durch berufsrechtliche Vorschriften die Berufsausübung in der Partnerschaft ausgeschlossen oder eingeschränkt werden. So ist es den einzelnen Berufsordnungen vorbehalten, die Berufsausübung in der Partnerschaft auszuschließen oder an weitere Voraussetzungen zu knüpfen. Während das Gesellschaftsrecht den Organisationsrahmen für Zusammenschlüsse vorgibt, regelt das einschlägige Berufsrecht durch Gebote und Verbote

---

77 Vgl. *Henssler*, § 7 PartGG, Rn. 22 mit Hinweis auf BGHZ 100, 190 (194); BT-Drucks. 12/6152, S. 9, 16

78 Vgl. *Hirtz*, in Hessler/Strohn, § 1 PartGG, Rn. 2; *Leuering*, NZG 2013, 1001 (1002), z. B. § 4 Abs. 1, § 6 Abs. 3, § 7 Abs. 2 bis 4 PartGG.

79 *Henssler*, PartGG, Einf., Rn. 10.

80 Vgl. den Verweis in § 6 Abs. 3 PartGG auf die §§ 110 bis 116 Abs. 2 und §§ 117 bis 119 HGB. Soweit diese Vorschriften keine Sonderregeln enthalten, gelten ergänzend die §§ 705 ff. BGB. Zur weiteren Beschränkung der Vertragsfreiheit vgl. § 6 Abs. 2 PartGG. Ein Ausschluss von der Geschäftsführung ist grundsätzlich möglich bei den sonstigen Geschäften, wie z. B. dem Abschluss von Mietverträgen oder dem Erwerb von Grundbesitz.

81 *Henssler*, PartGG, Einf., Rn. 10; *Bank*, S. 297 m. w. N..

die tatsächliche Ausübung des Berufs. Die PartGG sollte von berufsrechtlichen Regelungen frei bleiben.[82]

Der Name der Partnerschaft muss den Namen mindestens eines Partners sowie den Zusatz „und Partner", „Partnerschaft" bzw. den vom Gesetz nicht vorgesehenen Namenszusatz „Partnerschaftsgesellschaft"[83] sowie die Berufsbezeichnung aller in der Partnerschaft vertretenen Berufe enthalten (§ 2 Abs. 1 PartGG). Die Partnerschaft führt keine Firma, sondern einen Namen; § 2 Abs. 2 PartGG verweist jedoch weitgehend auf das kaufmännische Firmenrecht. Zudem muss in dem Vertrag der Sitz der Partnerschaft enthalten sein, d. h. der Ort der Geschäftsführung der Partnerschaft.

Mit der Partnerschaft ist kein Rechtsformzwang verbunden. So können z. B. große Wirtschafts- und Steuerberatungsgesellschaften weiterhin in der Rechtsform einer GmbH oder Aktiengesellschaft und andere Zusammenschlüsse von Freiberuflern weiterhin in der Rechtsform der GbR betrieben werden, wenn die dafür notwendigen Voraussetzungen vorliegen.[84]

2.3 Haftungsverfassung

2.3.1 Haftung der Partnerschaft

Die Partnerschaft ist als rechtsfähige Personengesellschaft nach § 124 Abs. 1 HGB, § 7 Abs. 2 PartGG selbst Trägerin von Rechten und Pflichten. Aufgrund der Rechtsfähigkeit der Partnerschaft wird daher auch der Anwaltsvertrag grundsätzlich zwischen dem Mandanten und der Partnerschaft abgeschlossen und nicht mit den einzelnen Partnern. Ein Vertrag zwischen dem Mandanten und dem einzelnen Partner kommt nur ausnahmsweise bei Vorliegen eines entsprechenden Willens der Vertragsparteien zustande, insbesondere wenn ein Rechtsanwalt der Gesellschaft als Notaranwalt, Pflichtverteidiger oder in Prozeßkostenhilfesachen beigeordnet wurde sowie bei nichtanwaltlichen Tätigkeiten, wie etwa Testamentsvollstreckung.[85] Vertragsparteien des Anwaltsvertrages sind daher regelmäßig die Partnerschaft und der Mandant. Die Partnerschaft haftet damit auf Erfüllung des Anwaltsvertrages und dies nach § 8 Abs. 1 S. 1 PartGG mit dem Gesellschaftsvermögen für sämtliche Verbindlichkeiten, die in ihrem Namen begründet worden sind.

---

82 *Seibert*, Die Partnerschaft, S. 52; *Henssler*, § 1 PartGG, Rn. 208.

83 Vgl. *Hirtz*, in Henssler/Strohn, § 1 PartGG, Rn. 2; *Leuering*, NZG 2013, 1001 (1002).

84 *Seibert*, DB 1994, 2381; *Schmidt, K.*, NJW 1995, 1 (2).

85 *Fischer*, S. 61 m. w. N..

Über diese vertraglichen Primärverbindlichkeiten hinaus kommt auch eine Haftung auf Schadenersatz nach §§ 280 ff. BGB wegen Nicht- oder Schlechterfüllung des Partnerschaftsvertrages in Betracht; zudem kann die Partnerschaft auch aufgrund gesetzlicher, insbesondere deliktischer Verpflichtungen haften. Im Hinblick auf die Haftung für Verbindlichkeiten aus einer Pflichtverletzung des Anwaltsvertrages stellt sich die Frage nach der Zurechnung des Fehlverhaltens der Partner. Begeht ein Partner bei der Bearbeitung eines Mandats einen beruflichen Fehler, d. h. verletzt er eine Pflicht nach dem Anwaltsvertrag, wird dieser Fehler der Partnerschaft nach § 31 BGB analog zugerechnet.[86]

Die Zurechnung erfolgt nicht nur für vertragliche Pflichtverletzungen. Auch das deliktische Fehlverhalten ihrer verfassungsmäßig berufenen Vertreter, vor allem der geschäftsführenden Partner, wird der Partnerschaft nach überwiegender Auffassung nach § 31 BGB analog zugerechnet, wenn dieses in Ausübung der beruflichen Tätigkeit begangen wurde.[87] Parallel zur GbR[88] und aus Gründen des Gläubigerschutzes ist auch das deliktische Verhalten eines solchen Scheinsozius der Partnerschaft nach § 31 BGB zuzurechnen.

Aufgrund der Zurechnung ist eine Haftung der Partnerschaft selbst aus § 823 Abs. 1 BGB denkbar. Ein eventuelles Fehlverhalten der Partner oder Mitarbeiter von Rechtsanwalts-, Steuerberatungs- oder Wirtschaftsprüfungsgesellschaften resultiert üblicherweise nicht in der Verletzung absoluter Rechtsgüter, sondern in reinen Vermögensschäden. Diese sind jedoch nach deliktischen Grundsätzen über § 823 Abs. 1 BGB nicht ersatzfähig. Außerhalb des Vertragsrechts kommt ein Einsatz reiner Vermögensschäden im Deliktsrecht lediglich in den Fällen vorsätzlicher sittenwidriger Schädigung nach § 826 BGB und bei einer Verletzung von Schutzgesetzen nach § 823 Abs. 2 BGB, etwa §§ 263 oder 266 StGB, in Betracht.[89] Die Haftung der Partnerschaft ergibt sich dabei aus § 7 Abs. 2 PartGG i. V. m. § 124 HGB, nicht aus § 8 Abs. 1 S. 1 PartGG, diese Regelung wiederholt lediglich diese Rechtsfolge.

Für das Fehlverhalten von Mitarbeitern, insbesondere angestellten Rechtsanwälten, freien Mitarbeitern oder Büropersonal, erfolgt eine Zurechnung einer schuldhaften Pflichtverletzung über § 278 BGB, da diese Personen insoweit als Erfüllungsgehilfen der Partnerschaft tätig werden. Die Zurechnung des

86 *Arnold*, in MükoBGB, § 31 BGB, Rn. 15 m. w. N.; *Henssler*, § 8 PartGG, Rn. 15 m. w. N. Für eine Anwendbarkeit des § 278 BGB ist entsprechend zur OHG – entgegen der amtlichen Begründung (BT-Drucks. 12/6152, S. 17) – kein Raum.

87 *Arnold*, in MükoBGB, § 31 BGB, Rn. 15 m. w. N.; *Henssler*, § 8 PartGG, Rn. 17 m. w. N..

88 BGHZ 172, 169; *Peitscher*, § 20, Rn. 239.

89 *Henssler*, in Henssler/Prütting, § 8 PartGG, Rn. 6; Palandt/*Sprau*, § 823 BGB, Rn. 11.

deliktischen Verhaltens dieser Erfüllungsgehilfen erfolgt dagegen nicht über § 278 BGB, sondern über § 831 BGB. Es handelt sich dabei um einen eigenen Haftungstatbestand, nach dem die Partnerschaft nicht für fremdes Fehlverhalten, sondern für eigenes Fehlverhalten haftet. § 831 Abs. 1 S. 2 BGB sieht allerdings die Möglichkeit einer Exkulpation vor.

2.3.2 Persönliche Haftung der Partner nach § 8 Abs. 1 S. 1 PartGG

2.3.2.1 Grundsatz der akzessorischen Haftung

Die Regelung in § 8 Abs. 1 S. 1 PartGG sieht vor, dass die Partner gegenüber den Gläubigern neben der Partnerschaft als Gesamtschuldner persönlich und unmittelbar einzustehen haben. Es besteht eine akzessorische Haftung der Gesellschafter für die Verbindlichkeiten der Gesellschaft, d. h. die Haftung ergibt sich unmittelbar aus der Haftung der Partnerschaft, ohne dass es einer weiteren Zurechnungsnorm bedarf.

Diese Haftung bezieht sich auf alle Verbindlichkeiten der Partnerschaft unabhängig von ihrem Rechtsgrund. Die Haftung der Partner erstreckt sich daher auf allgemeine Verbindlichkeiten der Partnerschaft, etwa aus Miet-, Leasing-, Kauf- oder Arbeitsverträgen, aber auch auf vertragliche und deliktische Verbindlichkeiten, die aus einer Pflichtverletzung des Anwaltsvertrages stammen. Die persönliche Haftung der Partner nach § 8 Abs. 1 S. 1 PartGG tritt auch ein bei Verbindlichkeiten aus culpa in contrahendo, aus deliktischem Organhandeln, für die die Partnerschaft nach § 31 BGB analog einzustehen hat, sowie bei Verbindlichkeiten aus Gefährdungshaftung, aus ungerechtfertigter Bereicherung oder aus sonstigen gesetzlichen Haftungstatbeständen, insbesondere des Steuer- und Sozialversicherungsrechts.[90] Inhaltlich erstreckt sich die Leistungspflicht des akzessorisch haftenden Partners regelmäßig auf eine Geldleistung.[91] Keine Haftung trifft dagegen die angestellten Rechtsanwälte bzw. Mitarbeiter, da die Haftung nach § 8 Abs. 1 PartGG grundsätzlich nur Partner und damit die Gesellschafter der Partnerschaft trifft.

Der akzessorischen Haftung der Partner für die Verbindlichkeiten der Gesellschaft wird mit der Verweisung in § 8 Abs. 1 S. 2 PartGG auf § 129 HGB Rechnung getragen. Danach kann der Partner, der von einem Gläubiger der

---

90 *Henssler*, § 8 PartGG, Rn. 26.

91 *Schmidt*, in MükoHGB, § 128 HGB, Rn. 24 ff.; *Henssler*, § 8 PartGG, Rn. 26 m. w. N. zur Anwendung der Erfüllungstheorie auf den berufsrechtlich zur Leistung befugten Partner, wenn die Partnerschaft die freiberufliche Leistung nicht erbracht hat, sofern sie dem betreffenden Partner möglich ist.

Gesellschaft in Anspruch genommen wird, alle Einreden und Einwendungen, die der Partnerschaft oder ihm persönlich gegenüber dem Gläubiger zustehen, geltend machen. Um gegen die Gesellschafter einer Partnerschaft vollstrecken zu können, müssen die Gläubiger entsprechend § 129 Abs. 4 HGB einen persönlich gegen den betreffenden Partner gerichteten Titel gemäß § 794 ZPO erwirken; ein vollstreckbarer Schuldtitel gegen die Gesellschaft ist insoweit nicht ausreichend.

2.3.2.2 Haftung der Scheinpartner

Fraglich ist, ob die akzessorische Haftung nach § 8 Abs. 1 PartGG auch für die Scheinpartner gilt, d. h. für Personen, die im Außenverhältnis den Anschein erwecken, dass sie – entgegen der tatsächlichen Rechtslage – eine Partnerstellung innehaben, wobei dieser Anschein durch unterschiedliche Anzeichen entstehen kann.

2.3.2.2.1 Meinungsstand

Von der Rechtsprechung[92] und der überwiegenden Literatur[93] wird eine akzessorische persönliche Haftung von Scheingesellschaftern einer GbR befürwortet. Danach haften angestellte Rechtsanwälte nach den Grundsätzen der Rechtsscheinhaftung wie ein Gesellschafter, wenn sie durch ihr Auftreten im Rechtsverkehr den Eindruck entstehen lassen, dass sie Gesellschafter der GbR sind.

Ob diese Grundsätze auch auf die Scheinpartner einer Partnerschaft anzuwenden sind, ist umstritten.

In Bezug auf die Fallgestaltung der unrichtigen Registereintragung bzw. Bekanntmachung hat der Gesetzgeber in § 5 Abs. 2 PartGG die entsprechende Anwendbarkeit des § 15 HGB vorgegeben.[94] Hiervon erfasst wird etwa die Nichteintragung des Ausscheidens eines (echten) Partners (bzw. dass dessen Name im Register nicht gerötet wurde), sodass er nach dem Partnerschaftsregister noch Partner ist. Weiterhin erfasst wird der Fall, dass ein angestellter Rechtsanwalt irrtümlich als Partner eingetragen wird, obwohl er gesellschaftsintern diese Stellung nicht hat.

Ob es darüber hinaus eine Haftung nach allgemeinen Rechtsscheingesichtspunkten bei der Partnerschaft geben kann, etwa durch Auftreten im Geschäftsverkehr in der Weise, dass der Eindruck entsteht, jemand sei Partner (z. B. durch

---

92 St. Rspr.: BGH, NJW 2011, 3718; 2007, 2490 (2492), 1999, 3040 (3041), 1978, 996.

93 *Koch/Kilian*, S. 239 ff.; *Schäfer*, DStR 2003, 1078 ff.; *Fischer*, S. 63 ff. m. w. N.; kritisch zu den Voraussetzungen der Rechtsscheinhaftung *Jäger*, S. 157 ff..

94 Vgl. hierzu *Jäger*, S. 149.

Namensnennung auf dem Türschild oder auf dem Briefkopf), wird dagegen unterschiedlich beurteilt.

Eine Auffassung verneint eine persönliche akzessorische Haftung mit dem Hinweis, dass gerade bei der GbR kein Register besteht, aus welchem Dritte erkennen können, wer als Partner eingetragen ist. Daher haben gutgläubige Dritte bei der GbR nur die Möglichkeit, auf den gesetzten Rechtsschein zu vertrauen, sodass nur hier – und nicht bei der Partnerschaft – eine besondere Schutzwürdigkeit des Rechtsverkehrs bestehe.[95]

Die überwiegende Auffassung in Rechtsprechung und Literatur befürwortet demgegenüber eine persönliche Haftung der Scheinpartner nach § 8 Abs. 1 PartGG. Zur Begründung wird auf die vergleichbare Situation bei der GbR verwiesen. So müsse sich auch ein Scheinpartner wegen des erzeugten Rechtsscheins als Partner behandeln lassen und könne sich gegenüber gutgläubigen Dritten nicht auf eine fehlende Eintragung im Partnerschaftsregister berufen.[96]

2.3.2.2.2 Stellungnahme

Zutreffend ist, dass § 15 HGB eine Reihe von Fallgestaltungen der Rechtsscheinhaftung erfasst. Ist jemand einer Partnerschaft nicht wirksam beigetreten, aber im Partnerschaftsregister als Partner eingetragen und bekannt gemacht worden, so haftet er Dritten gegenüber auch dann, wenn der fehlerhafte Beitrag nicht durch Vollzug wirksam geworden ist, nach § 5 Abs. 2 PartGG i. V. m. § 15 Abs. 3 HGB, es sei denn, dass der Dritte die Unwirksamkeit des Beitritts kannte.

Liegen allerdings keine falschen Registereintragungen vor, sondern entsprechen sämtliche Eintragungen der Rechtslage, und ergibt sich der Rechtsschein der Partnerstellung allein aus dem Verhalten des Mitarbeiters und sonstigen Anzeichen im Geschäftsverkehr, z. B. aus dem Briefkopf der Partnerschaft, dann kann sich ein Schuldner nicht auf den durch das Partnerschaftsregister vermittelten Vertrauensschutz berufen. § 15 HGB findet dann keine Anwendung, da keine eintragungspflichtige (und auch keine eintragungsfähige) Tatsache vorliegt.

Es ist der überwiegend vertretenen Auffassung zuzustimmen, die auch hier eine Haftung des Scheinpartners nach allgemeinen Rechtsgrundsätzen befürwortet. Zwar können Dritte aus dem Partnerschaftsregister erkennen, wer als

95 *Michalski/Römermann*, § 8 PartGG, Rn. 44.

96 Vgl. *Hirtz*, in Henssler/Strohn, § 8 PartGG, Rn. 12; *Henssler*, § 8 PartGG, Rn. 44; *Henssler*, FS Vieregge, S. 361 (367 ff.); *Henssler*, in Henssler/Prütting, § 8 PartGG, Rn. 41 m. w. N.; *Schäfer*, in Ulmer/Schäfer, § 8 PartGG, Rn. 11.

Partner eingetragen ist. Allerdings ist zu beachten, dass nicht jeder, der Partner ist, auch unbedingt als solcher im Partnerschaftsregister eingetragen sein muss. Die Eintragung wirkt nicht konstitutiv. Die Aufnahme als Partner erfolgt durch eine entsprechende Vereinbarung im Partnerschaftsvertrag, und die Eintragungspflicht hat lediglich deklaratorischen Charakter. Dadurch kann der Fall eintreten, dass jemand Partner ist, jedoch nicht im Partnerschaftsregister eingetragen ist. Auch § 1 i. V. m. § 5 Abs. 2 HGB bietet dem Rechtsverkehr keinen Schutz, da es hier gerade um den umgekehrten Fall geht, dass sich ein Dritter auf eine nicht eingetragene Tatsache berufen möchte. Es ist danach möglich, dass jemand wie ein Partner auftritt, aber nicht als solcher eingetragen ist, und der Dritte nicht weiß, ob es sich um einen Partner oder um einen Scheinpartner handelt. Dementsprechend ist der Schutz des Partnerschaftsregisters lückenhaft, sodass es gerechtfertigt ist, einen angestellten Rechtsanwalt, der gegenüber Dritten den Rechtsschein setzt, er sei Partner der Gesellschaft, auch als solchen haften zu lassen.[97] Aus den vorstehenden Ausführungen folgt, dass dem Partnerschaftsregister wegen der öffentlichen Einsehbarkeit und der Pflicht zur Eintragung maßgeblicher Umstände zwar eine gewisse Publizitätsfunktion zukommt. Diese ist jedoch nicht mit dem öffentlichen Glauben des Grundbuchs (§§ 891, 892 BGB) vergleichbar und geht auch nicht über die Beweiskraft des Handelsregisters (§ 15 HGB) hinaus. Auch wenn das Partnerschaftsregister geeignet ist, durch falsche Eintragungen einen Rechtsschein hervorzurufen, so kommt ihm doch nicht eine so starke Beweiskraft zu, die die Möglichkeit der Haftung von Scheinpartnern kraft anderweitig hervorgerufener Rechtsscheintatbestände ausschließt. Das bedeutet, dass der Rechtsschein einer Partnerstellung auch dann entstehen kann, wenn aus dem Partnerschaftsregister die konkrete Anzahl und Identität der Partner zu entnehmen ist, und der Scheinpartner nicht als Partner eingetragen ist, sofern die Kriterien für eine allgemeine Rechtsscheinhaftung vorliegen.[98] Danach trifft auch Scheinpartner die akzessorische persönliche Haftung aus § 8 Abs. 1 PartGG.

---

97 Vgl. auch hier *Fischer*, S. 65.

98 Vgl. bestätigend *Jäger*, S. 159, jedoch mit kritischen Anmerkungen zu den Voraussetzungen der überwiegenden Ansicht.

2.3.3 *Haftungsbeschränkung auf den handelnden Partner nach § 8 Abs. 2 PartGG*

2.3.3.1 *Erfasste Haftungsansprüche*

Die Besonderheit der Partnerschaft gegenüber der GbR besteht in der Möglichkeit der Haftungskonzentration auf einen Partner. Nach § 8 Abs. 2 PartGG haften für „berufliche Fehler“ (neben der Partnerschaft) nur die Partner, die mit der Bearbeitung eines Auftrags tatsächlich befasst waren, sofern es sich nicht um „Bearbeitungsbeiträge von untergeordneter Bedeutung“ gehandelt hat. Damit wird die wechselseitige unbeschränkte Schadenersatzhaftung begrenzt.[99] Durch dieses Zusammenspielt zwischen dem Grundsatz der persönlichen Haftung (§ 8 Abs. 1 PartGG) und der Haftungskonzentration nach § 8 Abs. 2 PartGG soll erreicht werden, dass die Freiberufler zwar für eigene Fehler persönlich haften, nicht jedoch für die Fehler der anderen.[100] Sind mehrere Partner mit der Bearbeitung eines Auftrags befasst gewesen, so haften sie als Gesamtschuldner.[101]

Die Haftungskonzentration des § 8 Abs. 2 PartGG erfasst sämtliche Schadenersatzansprüche, die aus einem beruflichen Fehler bei der Bearbeitung eines Anwaltsvertrages entstehen. Nach dem Wortlaut „neben der Partnerschaft“ wird vorausgesetzt, dass auch die Partnerschaft für die Pflichtverletzung (über §§ 31, 278, 831 BGB) haftet.

Die Haftung des Partners erstreckt sich auf vertragliche oder gesetzliche Ansprüche, also auch auf solche aus §§ 280 Abs. 1, 241, 311 Abs. 2 BGB (Verschulden bei Vertragsabschluss) im Falle eines zurechenbaren beruflichen Fehlverhaltens eines Partners während der Vertragsanbahnung oder sogar auf Ansprüche Dritter, die (ausnahmsweise) in den Schutzbereich des Vertrages einbezogen worden sind.[102] Die Haftungskonzentration erfolgt danach auch im Falle einer persönlichen Haftung eines Partners aufgrund eines deliktischen Anspruchs, soweit dieser auf einem beruflichen Fehler bei der Bearbeitung eines Auftrags beruht, und dieser der Partnerschaft über § 31 BGB analog („in Ausführung der Verrichtung“) zugerechnet wird. Haftet ein Partner aufgrund eines

---

99 *Eisenhardt/Wackerbarth*, § 23, Rn. 471 mit Hinweis auf die berufsrechtliche Zulässigkeit von vertraglichen Haftungsbeschränkungen bei Rechtsanwälten nach § 51 BRAO und bei Steuerberatern nach § 67a StBerG.

100 *Leuering*, NZG 2013, 1001 (1002); *Römermann*, NJW 2013, 2305 (2307).

101 *Henssler*, § 8 PartGG, Rn. 51 m. w. N..

102 Ebenso BGH, NJW 2010, 1360 (1362); *Michalski/Römermann*, § 8 PartGG, Rn. 26; *Henssler*, § 8 PartGG, Rn. 59; zur PartGG *Römermann/Praß*, NZG 2012, 601 (603); *Lieder*, NotBZ 2014, S. 81 (83); BT-Drucks. 12/6152, S. 18.

deliktischen Verhaltens, das der Partnerschaft nicht über § 31 BGB analog zugerechnet wird, kommt § 8 Abs. 2 PartGG nicht zur Anwendung, da es sich dann nicht um eine Verbindlichkeit der Partnerschaft handelt.[103]

Der Eintritt der Haftungskonzentration setzt voraus, dass es sich um Ansprüche aus Schäden wegen „beruflicher Fehler“ handelt und ein sachlicher Zusammenhang mit der beruflichen Tätigkeit besteht. In § 8 Abs. 4 PartGG verwendet der Gesetzgeber den Begriff „fehlerhafte Berufsausübung“, der allerdings – wie im Kapitel zur PartG mbB noch aufzuzeigen ist[104] – keine Unterschiede zu dem Begriff „berufliche Fehler“ aufweist.

Nicht von § 8 Abs. 2 PartGG erfasst ist damit der gesamte Bereich der akzessorischen Gesellschafterhaftung, also die Haftung für Ansprüche auf Erfüllung oder Nacherfüllung.[105] Daher bleibt die akzessorische Haftung aller Partner bei solchen vertraglichen Verbindlichkeiten, die ihren Rechtsgrund nicht in der freiberuflichen Aufgabenwahrnehmung haben und keinen konkreten Mandatsbezug aufweisen, bestehen.[106] Die Partner haften gesamtschuldnerisch für die Erfüllungs- und Schadenersatzansprüche aus Darlehens-, Miet-, Leasing-, Arbeits- oder Versicherungsverträgen, die in keinem spezifischen Zusammenhang zur Bearbeitung des Mandats stehen, aber auch für öffentlich-rechtliche, insbesondere steuerrechtliche Verpflichtungen.[107]

2.3.3.2 Verantwortlichkeit des mit dem Auftrag befassten Partners

2.3.3.2.1 Auftrag i. S. v. § 8 Abs. 2 PartGG

Nach § 8 Abs. 2 PartGG konzentriert sich die Haftung auf den Partner, der mit der Bearbeitung des Auftrags befasst war. Der „Auftrag“ i. S. d. Regelung ist nicht gleichbedeutend mit dem Auftrag nach § 662 BGB. Erfasst sind sämtliche Verträge, die die Grundlage für die freiberufliche Tätigkeit darstellen. Damit sind regelmäßig auf Dienst- oder Werkleistungen bezogene Anwalts- oder

---

103 *Schäfer*, in Ulmer/Schäfer, § 8 PartGG, Rn. 15 m. w. N.; *Henssler*, § 8 PartGG, Rn. 57 ff. zur Nichteinbeziehung von Ansprüchen aus § 311 Abs. 3 BGB wegen fehlendem Vertragsverhältnis zwischen Partnerschaft und geschädigtem Anspruchsteller und zur deliktischen Eigenhaftung.

104 Vgl. hierzu unter III. 2.1.

105 *Henssler*, § 8 PartGG, Rn. 56. Rücktritt und Minderung scheiden rein begrifflich aus.

106 *Henssler*, § 8 PartGG, Rn. 62.

107 *Henssler*, in Henssler/Prütting, § 8 PartGG, Rn. 28 ff. m. w. N..

Steuerberatermandate oder ärztliche Behandlungsverträge einbezogen.[108] Das bedeutet, dass auch der Anwaltsvertrag ein „Auftrag" in diesem Sinne unabhängig von seiner sonstigen rechtlichen Qualifizierung darstellt.[109]

2.3.3.2.2 „Befassung" mit einem Auftrag

Nach § 8 Abs. 2 PartGG soll nur derjenige Partner persönlich haften, der mit der Bearbeitung eines Auftrags „befasst" war. Da ein Mandatsvertrag regelmäßig zwischen der Partnerschaft und dem Mandanten zustande kommt, ist insoweit eine Differenzierung erforderlich. In den Fällen, in denen der Auftrag direkt mit dem bearbeitenden Rechtsanwalt zustande kommt, ist § 8 Abs. 2 PartGG von vornherein nicht anwendbar, da es bereits an einer Verbindlichkeit der Partnerschaft fehlt. Andernfalls ist eine Bestimmung erforderlich, welcher Partner den Auftrag bearbeitet hat.

Dieser Begriff ist nach der geltenden Fassung grundsätzlich weit zu verstehen, nach der grundsätzlich jede mitwirkende Handlung erfasst sein soll und es nicht darauf ankommt, ob der Partner den Auftrag selbst ausgeführt, geleitet oder überwacht hat. Nicht erforderlich ist ein rechtsgeschäftlicher Kontakt. Es werden danach über die originäre fachliche Tätigkeit hinaus auch technische Mitwirkungshandlungen, etwa die Versendung eines fristwahrenden Faxes oder die Absendung eines Briefes, erfasst.[110] Es kommt damit nicht auf die Art und Weise an, sondern auf die Frage der tatsächlichen Befassung mit der Angelegenheit.

In der Literatur ist allerdings umstritten, ob sich die Haftungskonzentration auch auf denjenigen Partner bezieht, der nach dem internen Geschäftsverteilungsplan zur Bearbeitung eines Auftrags vorgesehen war, dies aber pflichtwidrig unterlassen hat. Fraglich ist danach, ob eine „Befassung" mit einem Auftrag i. S. d. § 8 Abs. 2 PartGG auch bei einer pflichtwidrigen Untätigkeit des intern zuständigen Partners vorliegt.

Nach der weit überwiegenden Auffassung in der Literatur[111] soll es – ebenso wie nach der Gesetzesbegründung[112] – ausreichen, wenn der Partner nach

---

108 *Schäfer*, in Ulmer/Schäfer, § 8 PartGG, Rn. 19 m. w. N.; vgl. *Bank*, S. 305 ff. zu dem Problem der Bestimmung des zugrundeliegenden „Auftrags" in Fällen komplexer Vertragsverhältnisse, etwa wenn bei der Erledigung mehrere Partner der Gesellschaft mit unterschiedlichen Bearbeitungsbeiträgen involviert gewesen sind.

109 *Henssler*, in Henssler/Prütting, § 8 PartGG, Rn. 31; *Bank*, S. 304.

110 *Henssler*, in § 8 PartGG, Rn. 64.

111 *Schäfer*, in MükoBGB, § 8 PartGG, Rn. 22; *von Westphalen*, in Meilicke/Westphalen/Hoffmann/Lenz/Wolff, PartGG, § 8, Rn. 57; *Jawansky*, DB 2001, 2281 (2282); *Hirtz*, in Henssler/Strohn, § 8 PartGG, Rn. 8.

112 RegE BT-Drucks. 13/9820, S. 21.

dem internen Geschäftsverteilungsplan für die Überwachung bzw. Leitung der Bearbeitung des Auftrags zuständig war. Nach dieser Ansicht tritt eine Haftung des jeweiligen Partners bei Vorliegen eines beruflichen Fehlers unabhängig davon ein, ob der Partner gegen seine Überwachungs- und Leitungspflichten verstoßen habe oder nicht. Die Pflicht zum Handeln und somit der haftungsbegründende Tatbestand könne durchaus auf den internen Zuständigkeitsplan im Zusammenhang mit dem Anwaltsvertrag gestützt werden.[113] Der Gesetzgeber habe mit der neuen Formulierung „befasst sein" den Rahmen bewusst weit gefasst. Das Ziel des Gesetzgebers sei es gewesen, den Partnern Planungssicherheit zu geben. Diese bestehe aber nur dann, wenn auch der Partner, der nach dem internen Geschäftsverteilungsplan zuständig war, bei Verletzung dieser Pflicht nach § 8 Abs. 2 PartGG haftet.[114], andernfalls werde die Haftungsbeschränkung entwertet.[115]

Einzelne Autoren widersprechen dieser Auffassung mit dem Argument, dass mit der Neuformulierung des Gesetzeswortlauts gerade nicht die Zuständigkeit innerhalb der Gesellschaft, sondern die aktive Bearbeitung ausschlaggebend sei; eine unterlassene Handlung könne daher nicht als „Befassen" zu verstehen sein. Zudem ergebe sich aus dem Gesetzeswortlaut nicht die Haftung, sondern diese beruhe zusätzlich auf der internen Zuständigkeitsverteilung.[116]

Diese vereinzelt im Schrifttum geäußerte Auffassung ist abzulehnen. Der Gesetzeswortlaut ist nach seinem Wortsinn nicht auf eine aktive Bearbeitung des Auftrags beschränkt. Einem Partner, der nach der internen Zuständigkeitsverteilung mit der Angelegenheit betraut wurde und damit auch mit ihr „befasst" ist, obliegt damit auch die Verantwortung des Mandats. Dieses Ergebnis entspricht auch dem Sinn und Zweck der Haftungskonzentration des § 8 Abs. 2 PartGG. Der Grund für die Implementierung der Haftungskonzentration war es, dem Bedürfnis nach einer Risikobegrenzung der Freiberufler Rechnung zu tragen und gleichzeitig den Interessen der Auftraggeber gerecht zu werden. Die ursprüngliche Fassung des § 8 Abs. 2 PartGG von 1995, die eine vertragliche Vereinbarung der Zuständigkeit voraussetzte,[117] konnte diesem Anspruch auch wegen der bestehenden Auslegungsprobleme nicht gerecht werden. Mit der

113 *Jawansky*, DB 2001, 2281 (2282).
114 *Jawansky*, DB 2001, 2281 (2282).
115 *Henssler*, in Henssler/Prütting, § 8 PartGG, Rn. 34.
116 *Römermann*, NZG 1998, 675 (676); *Michalski/Römermann*, § 8 PartGG, Rn. 38.
117 Vgl. hierzu II.1.3.

Neufassung sollte gerade die Haftungsbegrenzung effizienter und praxisgerechter gestaltet werden. Eine für Berufsträger sinnvolle Haftungsbegrenzung kann aber nur dann erfolgen, wenn sich die Haftung auf denjenigen konzentriert, der nach dem Zuständigkeitsplan der Partnerschaft den Auftrag hätte ausführen müssen. Gerade in größeren Partnerschaften, bei denen eine Delegierung großer Mandate an einzelne Gruppen von angestellten spezialisierten Freiberuflern erfolgt, bestünde anderenfalls eine große Unsicherheit für die anderen Partner, ob der an sich zuständige Partner den Auftrag auch tatsächlich ausführt. Eine ständige Kontrolle der anderen Partner wäre auch praktisch kaum durchführbar. Somit greift nach dem Sinn und Zweck des § 8 Abs. 2 PartGG die Beschränkung der persönlichen Haftung auf denjenigen Partner ein, der nach dem internen Zuständigkeitsplan mit der Bearbeitung des Auftrags betraut wurde und dies pflichtwidrig unterlassen hat.

2.3.3.2.3 Beiträge von untergeordneter Bedeutung

Nach § 8 Abs. 2 PartGG tritt eine Haftungskonzentration dann nicht ein, wenn der Bearbeitungsbeitrag von „untergeordneter Bedeutung" gewesen ist. Diese Vorschrift setzt zunächst voraus, dass mehrere Partner an der Sache beteiligt gewesen waren. Die Regierungsbegründung nennt beispielhaft Urlaubsvertretungen unter den Partnern ohne eigene gebotene inhaltliche Bearbeitung oder geringfügige Beiträge aus nur am Rande des Mandats betroffenen Geschäftsfeldern, z. B. eine konsiliarische Beiziehung.[118]

In der Literatur werden vornehmlich zwei Fallgruppen diskutiert. Es geht zum einen um die Frage, ob rein interne Beratung innerhalb der Partnerschaft, die sich nicht im Außenverhältnis manifestiert hat, ein Bearbeitungsbeitrag von untergeordneter Bedeutung ist, zum anderen, wie ein interner Beitrag zu behandeln ist, der den Berufsfehler, d. h. die Pflichtverletzung des Anwaltsvertrages, verursacht hat.

Es besteht weitgehend – in Übereinstimmung mit der Gesetzesbegründung – Einigkeit, dass eine interne Beratung, die sich als solche nicht im Außenverhältnis manifestiert hat, stets einen Bearbeitungsbeitrag von untergeordneter Bedeutung darstellt. Damit habe eine rein konsiliarische Hinzuziehung eines

---

118 *Henssler*, in Henssler/Prütting, § 8 PartGG, Rn. 37; *Michalski/Römermann*, § 8 PartGG, Rn. 32–33 m. w. N.. Nach diesen sollen zumindest in großen Freiberuflergesellschaften die konsiliarische Beiziehung zur Absicherung bzw. Qualitätssicherung als „untergeordnet" anzusehen sein; befürwortend auch *Bank*, S. 307 m. w. N..

anderen Partners lediglich unterstützenden Charakter für den nach außen auftretenden Sachbearbeiter und somit nur einen rein gesellschaftsinternen Stellenwert.[119]

Hinsichtlich der zweiten Fallgruppe wird überwiegend vertreten, dass ein interner Bearbeitungsbeitrag, der einen Berufsfehler mitverursacht hat, niemals von untergeordneter Bedeutung sein kann.[120]

2.3.3.2.4 Haftungssituation, wenn kein Partner befasst war

Wenn kein Partner mit dem Auftrag befasst gewesen ist, als die Partnerschaft den Auftrag angenommen hat, tritt die gesamtschuldnerische Haftung aller Partner nach § 8 Abs. 1 PartGG ein. Dieser – in der Gesetzesbegründung genannte – Fall kann dann eintreten, wenn die Partnerschaft, die den Auftrag angenommen hat, keinen Zuständigkeitsplan aufgestellt hat, aus dem sich ergibt, welcher Partner für die Bearbeitung oder Überwachung der Durchführung des Auftrags zuständig sein soll. Hierzu zählen der Fall, dass der Auftrag ausschließlich durch Angestellte oder freie Mitarbeiter ausgeführt wird, sowie der weitere, dass ein Partner nur einen „untergeordneten Beitrag" leistet und im Übrigen die Bearbeitung durch einen Angestellten oder freien Mitarbeiter erfolgt.[121]

In diesem Fall soll nach der Gesetzesbegründung die gesamtschuldnerische Haftung aller Partner nach § 8 Abs. 1 PartGG eingreifen, wenn sich nicht aufklären lässt, wer mit der Bearbeitung des konkreten Auftrags befasst ist.[122] Die Darlegungs- und Beweislast trifft die Partner, sodass die Nichtaufklärbarkeit zu ihren Lasten geht.[123] Dieses Risiko können die Partner vermeiden, indem sie einen internen Zuständigkeitsplan aufstellen, nach dem zumindest ein oder mehrere Partner für die Überwachung der Ausführung des Auftrags verantwortlich sind. Aus Beweisgründen sollte dieser schriftlich abgefasst sein.

---

119 *Michalski/Römermann*, § 8 PartGG, Rn. 49.

120 *Henssler*, § 8 PartGG, Rn. 73; *Henssler*, in Henssler/Prütting, § 8 PartGG, Rn. 32 m. w. N.; *ders.*, ZIP 1997, 1481 (1490); *von Westphalen*, in Meilicke/Westphalen/Hoffmann/Lenz/Wolff, § 8 PartGG, Rn. 70; *Schäfer*, in MükoBGB, § 8 PartGG, Rn. 28. Vereinzelt wird dieser pauschale Rückschluss als zu weitgehend angesehen und für eine differenzierte Betrachtung plädiert. Vgl. hierzu *Michalski/Römermann*, § 8 PartGG, Rn. 47; ausführlich differenzierend *Fischer*, S. 71 ff..

121 Begr., RegE, BR-Drucks. 13/9820, S. 21.

122 Begr., RegE, BR-Drucks. 13/9820, S. 21.

123 Vgl. *Fischer*, S. 78 m. w. N..

2.3.3.2.5 Haftungskonzentration auf den Scheinpartner

Wird der Auftrag von einem angestellten Rechtsanwalt bearbeitet, der zwar nicht Partner ist, jedoch wie ein solcher nach außen auftritt, dann stellt sich die Frage, ob die Haftungskonzentration nach § 8 Abs. 2 PartGG auch auf diesen Scheinpartner eintreten kann.[124]

Es ist allgemein anerkannt, dass sich auch ein Scheinpartner – ebenso wie die echten Partner – auf die Haftungskonzentration berufen kann, sofern er mit der Auftragsbearbeitung nicht oder nur untergeordnet betraut war.[125] Ob jedoch die Haftungskonzentration auch zu Lasten des Scheinpartners anwendbar ist, d. h. ob sich die persönliche Haftung auch auf ihn konzentrieren kann, wird in Rechtsprechung und im Schrifttum unterschiedlich beurteilt.

(1) Rechtsprechung

Das OLG München befürwortet eine alleinige persönliche Haftung des Scheinpartners nach § 8 Abs. 2 PartGG neben der Haftung der Partnerschaft nach § 8 Abs. 1 S. 1 PartGG.[126] Zur Begründung wird auf Rechtsscheingrundsätze verwiesen, nach denen ein Nichtpartner, der nach außen wie ein Partner auftritt, auch wie ein solcher haftet. Aus dem Gesetz lasse sich keine gesamtschuldnerische Haftung aller Partner entnehmen. Ferner bedürfe es auch keiner darüber hinausgehenden Rechtsscheinhaftung aller auf dem Briefkopf aufgeführten Rechtsanwälte nach den Grundsätzen der Außensozietät, da der Vertragspartner nicht schutzwürdig sei. Bei der Partnerschaft vertraue der Mandant gerade nicht darauf, dass alle aufgeführten Rechtsanwälte als Gesamtschuldner haften.[127]

(2) Literatur

In der Literatur wird vereinzelt die Notwendigkeit einer Rechtsscheinhaftung für nicht erforderlich gehalten, wenn der Scheinpartner nicht als einziger mit der Auftragsbearbeitung befasst war. Es hafteten entweder der den Scheinpartner überwachende Partner oder die echten Partner aus dem Team. Die Haftungskonzentration auf den Scheinpartner sei daher nur möglich, wenn die Auftragsbearbeitung ausschließlich durch ihn erfolgt ist, ohne dass ein echter Partner

---

124 *Jäger*, S. 159 ff. zum Umfang der Rechtsscheinhaftung bzw. zur Frage der Haftungskonzentration im Fall von Scheinpartnern.

125 Statt vieler *Sommer/Treptow/Friemel*, NZG 2012, 1249 (1251); *Jäger*, S. 160.

126 OLG München, NJW-RR 2001, 1358 (1360), BB 2001, 592 ff. = DB 2001, 811 ff. Der BGH hat die Revision nicht angenommen. Beschluss v. 08.11.2001 – 1 ZR 85/01.

127 OLG München, BB 2001, 592 (594 ff.) = NJW-RR 2001, 1358 (1360 ff.).

beteiligt war.[128] In diesem Fall müsse dann auch der Scheinpartner wie ein echter Partner behandelt werden. Dem Gläubiger stehe jedoch ein Wahlrecht zu, ob er sich auf den erzeugten Rechtsschein oder aber auf die tatsächliche Sachlage beruft.[129]

Vollständig abgelehnt wird eine Haftungskonzentration auf einen angestellten Scheinpartner von *Rahlmeyer/Sommer*. Zur Begründung wird auf den Gläubigerschutz verwiesen, der dann entfiele, wenn sich die Haftung auf den unter Umständen weniger vermögenden Mitarbeiter konzentrieren könne. Stattdessen solle der Partner haften, der den angestellten Scheinpartner überwacht hat bzw. nach der internen Zuständigkeitsverteilung hätte überwachen sollen, da bei diesem die überwiegende Verantwortung liege.[130]

Auch zahlreiche andere Autoren wenden sich gegen die Möglichkeit einer Haftungskonzentration auf den Scheinpartner, wollen diesen aber nach § 8 Abs. 1 S. 1 PartGG neben den echten Partnern haftungsrechtlich zur Verantwortung ziehen. Sie folgen damit grundsätzlich der erwähnten Rechtsprechung, äußern jedoch insoweit auch Kritik an dieser Entscheidung, da eine Haftung des Scheinpartners nur als „zusätzliche" Haftung (neben einem echten Partner) in Betracht kommen solle.[131] Es sei zwar grundsätzlich richtig, eine Rechtsscheinhaftung desjenigen anzuerkennen, der wie ein Partner im Rechtsverkehr in Erscheinung trete und daher im Rechtsverkehr den Eindruck erwecke, er sei Gesellschafter. Zu beachten seien vor allem die Gesetzessystematik und der Sinn und Zweck der Norm. Zweck der Rechtsscheinhaftung ist es gerade aus Gründen des Gläubigerschutzes, denjenigen haften zu lassen, der wie ein Partner nach außen auftrete. Der Gläubiger soll auf einen Rechtsschein vertrauen dürfen. Sinn und Zweck sei es daher, den Kreis der Haftenden zu erweitern.

Im Fall eines Scheinpartners sei aber zu differenzieren, ob nur der Scheinpartner oder auch ein anderer Partner mit der Bearbeitung des Auftrags befasst gewesen sei. Soweit das OLG München eine Haftungskonzentration allein auf den handelnden Scheinpartner annimmt, verkenne es die Systematik des § 8 Abs. 2 PartGG und seinen Sinn und Zweck. Die Haftungskonzentration des § 8 Abs. 2 PartGG sei als Ausnahmetatbestand restriktiv zu verstehen. Sie könne vor dem Hintergrund nur eingreifen, wenn zumindest ein tatsächlicher Partner

128 *Borgmann/Jungk/Schwaiger*, § 37, Rn. 42.

129 *Jäger*, S. 162 ff..

130 *Rahlmeyer/Sommer*, VersR 2008, 182.

131 *Jawansky*, DB 2001, 2281 (2282); *Michalski/Römermann*, § 8 PartGG, Rn. 44; *Henssler*, § 8 PartGG, Rn. 78.

der Partnerschaft gehandelt habe. Andernfalls würde die Rechtsscheinhaftung für die Gläubiger zu einer Reduzierung der Haftungsschuldner führen, da sich die eigentlichen Partner auf die Haftungskonzentration des handelnden Scheinpartners berufen könnten. Daher sei in diesen Fällen gesamtschuldnerische Haftung aller Partner und Scheinpartner nach § 8 Abs. 1 PartGG anzunehmen, da mangels Bearbeitung des Auftrags durch einen Partner im eigentlichen Sinne der Ausnahmetatbestand des § 8 Abs. 2 PartGG gar nicht erst eröffnet sei.[132] Gegen eine Anerkennung einer Haftungskonzentration für den Scheinpartner sprechen auch rein praktische Erwägungen, da sich dadurch die tatsächlichen Partner ihrer Verantwortung entziehen könnten.[133] Eine Haftung des Scheinpartners könne daher nur als zusätzliche Haftung neben einem echten Partner in Betracht kommen.[134]

(3) Stellungnahme

Der Entscheidung des OLG München ist nicht zuzustimmen, soweit es eine Haftungskonzentration auf den Scheinpartner annimmt. Die alleinige Haftung eines angestellten Rechtsanwalts widerspricht dem Sinn und Zweck der Haftungskonzentration. § 8 Abs. 2 PartGG ist dahingehend zu verstehen, dass für jedes freiberufliche Mandat in jedem Fall ein echter – im Partnerschaftsregister eingetragener – Partner persönlich verantwortlich sein muss. § 8 Abs. 2 PartGG bezweckt eine Haftungskonzentration der grundsätzlichen akzessorischen Gesellschafterhaftung auf einen oder mehrere Gesellschafter. Nicht gewollt ist dagegen eine Konzentration auf irgendeinen Mandatsbearbeiter unter völliger Freistellung der Gesellschafter. Diese Regelung ist daher als Ausnahmetatbestand restriktiv auszulegen.

Der Zweck einer Rechtsscheinhaftung besteht im Übrigen darin, den Kreis der Haftungsschuldner zu erweitern. Dies wäre gerade nicht der Fall, wenn man stattdessen eine Haftung eines angestellten Scheinpartners annimmt. Der Gläubiger stehe zudem auch schlechter, da sich im Fall der Haftung eines tatsächlichen Partners zumindest dessen Gesellschaftsanteil im Vermögen der Partnerschaft befindet, was bei einem Nichtpartner nicht gegeben ist. In der Praxis handelt es sich bei den Scheinpartnern überwiegend um die angestellten „Juniorpartner" einer Kanzlei, die regelmäßig über wesentlich weniger Vermögen verfügen als die tatsächlichen Partner. Für den geschädigten Mandanten wäre dies nachteilig, da der tatsächliche Status von Scheinpartnern in einer Partnerschaft (Angestellter,

---

132 *Jawansky*, DB 2001, 2281 (2283); *Michalski/Römermann*, § 8 PartGG, Rn. 30c.

133 *Henssler*, § 8 PartGG, Rn. 78.

134 *Fischer, S. 80 ff.*.

freier Mitarbeiter) die Realisierung seiner Ansprüche insoweit problematischer macht als bei einer Inanspruchnahme eines oder mehrerer Partner. Nach allgemein anerkannten Grundsätzen im Personengesellschaftsrecht soll mindestens ein echter Gesellschafter persönlich haften (§§ 128 ff. HGB).

Im Ergebnis muss daher stets ein echter Partner persönlich für die Mandatsbearbeitung verantwortlich zeichnen, damit die übrigen Partner in den Genuss des Haftungsprivilegs des § 8 Abs. 2 PartGG kommen. Fehlt es an einer internen Zuständigkeitsverteilung, wonach immer ein Partner verantwortlich für die Mandatsbearbeitung sein soll, so sind in diesem Fall grundsätzlich sämtliche Partner hierfür verantwortlich mit der Folge, dass das Haftungsprivileg des § 8 Abs. 2 PartGG nicht greift. Im Regelfall wird der „Scheinpartner" jedenfalls mit Duldung der anderen Partner (wenn auch aus Imagegründen) nach außen wie ein echter Partner aufgetreten sein.

Soweit allerdings ein echter Partner haftet, der mit dem Auftrag befasst war, bestehen aus Gläubigerschutzgesichtspunkten keine Bedenken gegen die Ansicht von *Fischer*, eine gesamtschuldnerische Haftung mit dem Scheinpartner nach § 8 Abs. 1 und 2 PartGG anzunehmen; in diesem Fall gelten die vorgenannten Grundsätze zur Rechtsscheinhaftung entsprechend. Die ratio des § 8 Abs. 2 PartGG steht dieser Konstellation, auch wenn ein Scheinpartner alleine gehandelt hat, nicht entgegen. Es haftet neben dem Scheinpartner mindestens ein Partner persönlich, sodass eine Umgehung der persönlichen Haftung durch die echten Partner nicht möglich ist. Der geschädigte Gläubiger kann neben dem echten Partner zusätzlich den Scheinpartner persönlich in Anspruch nehmen. Handelt es sich bei dem Partner um einen angestellten Rechtsanwalt bzw. Berufsträger, dann trifft ihn im Innenverhältnis zur Partnerschaft nach vom Bundesarbeitsgericht entwickelten arbeitsrechtlichen Grundsätzen zu seinem Schutz eine volle Haftung nur bei grober Fahrlässigkeit oder Vorsatz, d. h. er kann im Fall von einfacher und mittlerer Fahrlässigkeit eine (zumindest teilweise) Haftungsfreistellung von der Partnerschaft verlangen.

Die Rechtsscheinhaftung erfolgt daher jedenfalls im Außenverhältnis zugunsten und nicht zu Lasten des geschädigten Gläubigers, sodass eine persönliche (Mit-)Haftung des Scheinpartners sachgerecht ist.[135]

---

135 Vgl. *Fischer*, S. 82.

2.3.4 *Haftung des eintretenden und ausscheidenden Partners*

2.3.4.1 *Haftung des eintretenden Partners*

2.3.4.1.1 Ausgangssituation

Der nach § 8 Abs. 1 S. 2 PartGG entsprechend anwendbare § 130 HGB überträgt im Interesse des Verkehrsschutzes den Akzessorietätsgedanken auf die Haftung eines neu eintretenden Partners. Dieser haftet daher auch für die bereits vor seinem Eintritt begründeten (Alt-)Verbindlichkeiten der Partnerschaft.[136] Der Eintritt kann dabei in Form eines Aufnahmevertrages oder im Wege der Übertragung eines Geschäftsanteils erfolgen. Eine die Haftung des Eintretenden ausschließende Vereinbarung im Partnerschaftsvertrag ist Dritten gegenüber unwirksam und entfaltet nur im Innenverhältnis eine Wirkung in Form einer Haftungsfreistellung.[137]

Die persönliche gesamtschuldnerische Haftung des eintretenden Partners gilt unstreitig für Verbindlichkeiten, die nicht aus einem beruflichen Fehler stammen.

Stammt die Verbindlichkeit aus einem beruflichen Fehler, kommt wegen § 8 Abs. 2 PartGG dem neuen Partner die Haftungskonzentration zugute, da dieser häufig nicht mit der Bearbeitung des Auftrags befasst war, d. h. mit anderen Worten, es scheidet eine Haftung wegen früherer Berufshaftungsfälle im Regelfall aus. Zur Inanspruchnahme eines Eintretenden kann es nur kommen, wenn dieser selbst, wie es allerdings häufig der Fall sein kann, mit der Bearbeitung eines fortgeführten (Alt-)Mandats befasst war.

Im Hinblick auf die Frage, ob den neu Eintretenden, der mit der Bearbeitung eines Auftrags befasst ist, die Haftungskonzentration des § 8 Abs. 2 PartGG trifft, ist zu unterscheiden, ob der haftungsbegründende berufliche Fehler vor oder nach seinem Eintritt begangen wurde.

2.3.4.1.2 Auftreten des Berufsfehlers vor Eintritt des Partners

Nach der Rechtsprechung des BGH soll der neu eintretende Partner auch dann nach § 8 Abs. 2 PartGG i. V. m. § 130 HGB unbeschränkt persönlich haften, wenn er zwar mit der Bearbeitung eines Auftrags befasst war, jedoch der berufliche Fehler bereits vor seinem Eintritt begangen wurde, auch wenn dieser nicht mehr korrigiert werden kann.[138] Zur Begründung führt der BGH an, dass § 8

---

136 *Henssler*, § 8 PartGG, Rn. 27 m. w. N..

137 *Henssler*, § 8 PartGG, n. 40 m. w. N.; *Schäfer*, in Ulmer/Schäfer, § 8 PartGG, Rn. 9.

138 BGH, NJW 2010, 1360 (1362) = NZG 2010, 421 (422).

Abs. 2 PartGG eine verschuldensunabhängige Handelndenhaftung beinhalte, deren Anknüpfungspunkt nicht die Verletzungshandlung, sondern die Befassung mit dem Auftrag sei. Mit § 8 Abs. 2 PartGG sollte eine einfache und unbürokratische Regelung geschaffen werden, sodass Gläubiger diejenigen Partner in Anspruch nehmen könnten, die mit der Angelegenheit befasst waren. Eine teleologische Reduktion in der Hinsicht, dass der Berufsfehler zu einem Zeitpunkt erfolgt ist, in dem der in Anspruch Genommene bereits Gesellschafter der Partnerschaft war, kommt nach dieser Auffassung nicht in Betracht, da sich aus der Vorschrift keine diesbezüglichen Anhaltspunkte ergeben. Aus der Regelung des § 8 Abs. 2 PartGG ergebe sich nicht, dass es darauf ankomme, wer den Fehler konkret begangen habe. Vielmehr sprechen Wortlaut und Systematik dafür, dass die Verweisung in § 8 Abs. 1 S. 2 PartGG auch für § 8 Abs. 2 PartGG gelte.[139] Danach kommt eine persönliche Haftung des neu eintretenden Partners auch dann in Betracht, wenn die Schadensursache bereits vor seinem Eintritt als Partner gesetzt wurde. Es könne von jedem mit der Angelegenheit befassten Partner erwartet werden, dass er früher begangene Fehler erkenne und beseitige; ihn treffe eine Mitverantwortung für das gesamte Mandat, selbst wenn ihm technisch kein Verschulden zur Last gelegt werden könne. Dies solle sogar dann gelten, wenn der Fehler im Zeitpunkt der erstmaligen Befassung des neuen Partners mit dem Auftrag nicht mehr korrigiert werden kann, z. B. wegen einer eingetretenen Verjährung.[140]

Zusammenfassend setzt damit nach Ansicht des BGH die Haftung des neu eintretenden Partners für Verbindlichkeiten, die aus einem beruflichen Fehler eines anderen Partners entstanden sind, lediglich voraus, dass der eintretende Partner nach seinem Eintritt mit dem Auftrag befasst und sein Beitrag nicht von untergeordneter Bedeutung gewesen ist.

2.3.4.1.3 Stellungnahme zur Rechtsprechung

Der Rechtsprechung ist nicht zuzustimmen, soweit sie zu einer Haftungserweiterung des neu eintretenden Partners für Berufsfehler führt, die vor seinem Eintritt begangen worden sind und von ihm nicht mehr korrigiert werden können. Eine solche Haftung lässt sich weder mit der Gesetzessystematik noch mit dem gesetzgeberischen Zweck begründen. Aus systematischen Erwägungen heraus

---

139 BGH, NJW 2010, 1360 (1362).

140 BGH, NJW 2010, 1360 (1362); hierzu *Peitscher*, Rn. 665 m. w. N.; a. A. *Henssler*, in Henssler/Prütting, § 8 PartGG, Rn. 32 m. w. N.: *Schäfer*, in Ulmer/Schäfer, § 8 PartGG, Rn. 32.

wäre eine solche Schlussfolgerung nur nachvollziehbar, wenn sich die Haftung auch für Ansprüche wegen fehlerhafter Berufsausübung aus § 8 Abs. 1 PartGG i. V. m. § 130 HGB ergäbe, die dann durch § 8 Abs. 2 PartGG beschränkt würde. Das ist allerdings nicht der Fall. § 8 Abs. 2 PartGG ist als haftungsbegründende Norm einzuordnen, damit das Haftungsprivileg in rechtssicherer Weise und für den neu eintretenden Partner in vorhersehbarer Weise eintreten kann.[141] Gegen eine solche Haftungserweiterung für eine schon abgeschlossene Pflichtverletzung spricht auch der gesetzgeberische Zweck. Der Gesetzgeber wollte mit der Partnerschaft gerade eine echte Alternative zur Kapitalgesellschaft schaffen.[142] Dieses Ziel wird aber durch die Rechtsprechung des BGH verfehlt, denn die persönliche Haftung des Eintretenden wird nicht eingeschränkt, sondern unkalkulierbar ausgeweitet. Soweit das Gericht darauf hinweist, dass der Gesetzgeber eine einfache, unbürokratische Regelung schaffen wollte, die den Partnern Planungssicherheit hinsichtlich ihrer Haftungsrisiken geben solle, mag dies für die Partner zutreffen, die mit dem Auftrag nicht befasst gewesen sind. Es wird aber übersehen, dass der neu hinzukommende Partner, dem die Fortführung eines Mandats übertragen wurde, einem hohen Haftungsrisiko ausgesetzt ist. Übernimmt er ein komplettes Altreferat, ist er damit mit einer Vielzahl an Aufträgen befasst, die bereits von einem anderen Partner vor seinem Eintritt bearbeitet worden sind. Aus diesem Grund wird mit dieser Rechtsprechung gerade keine praktikable Haftungsregelung geschaffen.

Es ist daher vorzugswürdig, § 8 Abs. 2 PartGG vor dem Hintergrund des Gesetzeswecks einschränkend auszulegen.[143] Das bedeutet, dass für den neu eintretenden Partner die Haftungskonzentration nach § 8 Abs. 2 PartGG nicht eingreift, wenn dieser zwar mit der Bearbeitung des Auftrags befasst war, der haftungsauslösende Berufsfehler aber bereits vor seinem Eintritt in die Partnerschaft begangen wurde.

Wurde dagegen der berufliche Fehler erst nach seinem Eintritt begangen, scheidet eine teleologische Reduktion des § 8 Abs. 2 PartGG aus. Hier stellt sich die Situation nicht anders dar, als wenn der Auftrag insgesamt erst nach seinem Eintritt bearbeitet worden wäre. Der eintretende Partner, der nun mit dem Auftrag befasst ist, hat dann die Möglichkeit, aktiv in die Bearbeitung einzugreifen

---

141 Vgl. *Schäfer*, in Ulmer/Schäfer, § 8 PartGG, Rn. 32.

142 Vgl. Begr. RegE, BT-Drucks. 13/9820, S. 21.

143 Vgl. *Schäfer*, in Ulmer/Schäfer, § 8 PartGG, Rn. 32; *Henssler*, in Henssler/Prütting, § 8, Rn. 39b spricht von einer teleologischen Reduktion; *Fischer*, S. 85 ff..

und den Fehler zu verhindern. Die Haftungskonzentration trifft dann alle bearbeitenden Partner nach § 8 Abs. 2 PartGG.

2.3.4.2 Haftung des ausgeschiedenen Partners

Das Ausscheiden eines Partners hat keinen Einfluss auf die Haftung für die bis zu seinem Ausscheiden begründeten Verbindlichkeiten.[144] Für die Nachhaftung gilt § 10 Abs. 2 PartGG i. V. m. § 160 HGB. Danach haften ausscheidende Partner nur für die bis zum Zeitpunkt des Ausscheidens begründeten Verbindlichkeiten (Altverbindlichkeiten) der Partnerschaft, wenn sie aufgrund der Nachhaftungsbegrenzung (§ 160 HGB) vor Ablauf von fünf Jahren nach dem Ausscheiden fällig und die Ansprüche gegen diese tituliert sind oder eine gerichtliche oder behördliche Vollstreckungshandlung vorgenommen oder beantragt wird. Die Fünfjahresfrist beginnt mit dem Tag, an dem das Ausscheiden des Partners in das Partnerschaftsregister eingetragen wurde. Auf den Grund des Ausscheidens (Kündigung, Beschluss der Partner, Verlust der Berufszulassung, Anteilsübertragung, Tod etc.) kommt es nicht an. Die Nachhaftung betrifft alle Ansprüche nach § 8 PartGG, für die der jeweilige Partner persönlich haftet.[145] Für Verbindlichkeiten, die erst nach Ausscheiden eines Partners aus der Partnerschaft begründet wurden, kann der Ausgeschiedene daher nicht mehr haftbar gemacht werden. Hierzu zählen auch solche Verbindlichkeiten, die durch berufliche Fehler, die einem ihm nachfolgenden sachbearbeitenden Partner unterlaufen sind, entstanden sind, da der Ausgeschiedene zu diesem Zeitpunkt kein Partner mehr war. Ebenso wenig haftet er für Verbindlichkeiten aus beruflichen Fehlern, die noch aus der Zeit seiner Gesellschaftszugehörigkeit stammen, bei denen sich die Haftung nach § 8 Abs. 2 PartGG auf andere Partner konzentriert hat.

2.3.5 Möglichkeiten der Haftungsbeschränkung

2.3.5.1 Summenmäßige Haftungsbeschränkung

Den Partnern bleibt es grundsätzlich überlassen, über die gesetzliche Haftungsbeschränkung hinaus ihre Haftung vertraglich weiter zu beschränken. Die Möglichkeit einer vertraglichen Haftungsbeschränkung wird allerdings durch berufsrechtliche Regelungen eingeschränkt. Den rechtlichen Rahmen des

---

144 *Schäfer*, in Ulmer/Schäfer, § 8 PartGG, Rn. 31; *Schmidt, K.*, MükoHGB, § 128 HGB, Rn. 40 ff..

145 Vgl. § 10 Abs. 2 PartGG mit Verweis auf die §§ 159, 160 HGB; hierzu *Piller*, 67 ff..

Einsatzes von Haftungsbegrenzungsvereinbarungen gegenüber ihren Auftraggebern bestimmt für Rechtsanwälte § 52 BRAO (bis 2013: § 51b BRAO).[146]

Für die Partnerschaft besteht nach § 52 Abs. 1 BRAO die Möglichkeit, ihre Haftung für Verbindlichkeiten aufgrund von Schäden wegen fehlerhafter Berufsausübung vertraglich summenmäßig zu begrenzen. Anknüpfungspunkt ist die Mindestversicherungssumme.

Rechtsanwälte sind nach § 51 Abs. 1 BRAO verpflichtet, eine Berufshaftpflichtversicherung zur Deckung der sich aus ihrer Berufstätigkeit ergebenden Haftpflichtgefahren für Vermögensschäden abzuschließen und diese Versicherung während der Dauer ihrer Zulassung aufrechtzuerhalten. Mit der Partnerschaft (insbesondere mit der PartG mbB), der Anerkennung der Teilrechtsfähigkeit der GbR oder der Zulassung der Rechtsanwalts-GmbH werden Versicherungen zunehmend von der Gesellschaft abgeschlossen.[147] Es kommt nach herrschender Meinung auch nicht darauf an, ob auch der einzelne Rechtsanwalt oder die Anwaltsgesellschaft versichert sind. Es muss lediglich sichergestellt sein, dass jeder in der Sozietät tätige Rechtsanwalt Versicherungsschutz hat, egal, ob es sich um einen eigenen oder einen abgeleiteten Versicherungsschutz (über die Sozietätsdeckung) handelt.[148] Allerdings ist aus Sicht des einzelnen Rechtsanwalts die kumulative Versicherung, d. h. eine Versicherung sowohl der Gesellschaft als auch des einzelnen Partners, dringend geboten. Der einzelne Partner haftet akzessorisch für die Verbindlichkeiten der Sozietät/Gesellschaft (§§ 128 ff. HGB analog; § 52 Abs. 2 S. 1 BRAO); für die Partnerschaft gilt dies jedenfalls, soweit er selbst gehandelt hat (§ 8 Abs. 2 PartGG). Eine Versicherung, die nur von der Gesellschaft abgeschlossen wird, würde den einzelnen Rechtsanwalt nicht zuverlässig vor dem Zugriff geschädigter Mandanten schützen.[149]

Durch eine schriftliche einzelvertragliche Vereinbarung mit dem Mandanten kann nach § 52 Abs. 1 S. 1 Nr. 1, S. 2 BRAO die Haftung für fahrlässig verursachte Schäden bis zur Höhe der Mindestversicherungssumme begrenzt werden. Diese beträgt für Rechtsanwälte nach § 51 Abs. 4 BRAO 250.000 Euro für jeden Versicherungsfall. An das Vorliegen des für eine individualvertragliche Abrede erforderlichen Aushandelns zum Schutze des Vertragspartners werden strenge

---

146 *Kilian*, AnwBl. 2015, 224 m. w. N. Sie ist in ihrem materiellen Gehalt seit ihrem Inkrafttreten 1994 unverändert geblieben.

147 *Henssler*, in Henssler/Prütting, § 8 PartGG, Rn. 59 m. w. N..

148 Vgl. nur *Diller*, in Henssler/Prütting, § 51 BRAO, Rn. 25 ff. m. w. N..

149 Vgl. *Diller*, in Henssler/Prütting, § 51 BRAO, Rn. 27 mit Hinweis, dass eine kumulative Versicherung in einer Police enthalten sein kann.

Anforderungen gestellt, so wird insbesondere ein Aushandeln auf Augenhöhe bzw. ein Verhandlungsgleichgewicht gefordert.[150]

In der Praxis werden häufiger Allgemeine Geschäftsbedingungen (AGB) verwendet.[151] Durch vorformulierte Vertragsbedingungen kann allerdings die Haftung für Berufsfehler, die durch einfache Fahrlässigkeit verursacht werden, nicht weiter beschränkt werden als auf den vierfachen Betrag der Mindestversicherungssumme, d. h. bei Rechtsanwälten auf den Betrag in Höhe von 1 Mio. Euro, wenn diese Summe vom Versicherungsschutz abgedeckt ist (§ 52 Abs. 1 S. 1 Nr. 2, S. 2 BRAO).

Eine Haftung für Schäden, die durch grob fahrlässige berufliche Fehler verursacht worden sind, kann hingegen nicht durch AGB – im Unterschied zur einzelvertraglichen Vereinbarung – der Höhe nach beschränkt werden.[152]

Grundsätzlich müssen sich Beschränkungsabreden von Partnerschaften oder einzelnen Freiberuflern, die in vorformulierter Form getroffen werden, hinsichtlich ihrer Wirksamkeit an den §§ 305 ff. BGB, insbesondere an den §§ 307 bis 310 BGB, messen lassen. Danach gelten für die Haftungsbeschränkungen einschließlich der höhenmäßigen Haftungsbegrenzung zum Teil strengere Anforderungen als nach den genannten berufsrechtlichen Regelungen. So ist nach § 309 Nr. 7 lit. b BGB (gegenüber Verbrauchern, § 310 Abs. 3 BGB) eine Begrenzung der Haftung für Vermögensschäden aus grob fahrlässigen Vertragsverletzungen des Verwenders, deren Erfüllungsgehilfen oder Organwaltern unwirksam; entsprechendes gilt nach § 307 Abs. 1 BGB im Verhältnis zu Unternehmen, wenn die Haftungsbegrenzung der Höhe nach hinter den bei solchen Verträgen typischerweise zu erwartenden Schäden zurückbleibt. Soweit es sich um wesentliche Vertragspflichten handelt, was bei den von einer Partnerschaft geschuldeten freiberuflichen Leistungen regelmäßig der Fall sein dürfte, wird in der Rechtsprechung nach § 307 Abs. 2 Nr. 1 BGB sogar eine Freizeichnungsklausel, die sich auf Schäden aufgrund einfacher Fahrlässigkeit bezieht, für unwirksam angesehen.

---

150 Vgl. BGH, NJW 1992, 2759; NJW-RR 1993, 504. Der Vertragspartner muss eine eigene Gestaltungsfreiheit zur Wahrung seiner Interessen und deshalb eine reelle Chance haben, auf die inhaltliche Ausgestaltung einzuwirken.

151 *Kilian*, AnwBl. 2015, 224 (225) u. a. zur Abgrenzung zwischen Individualvereinbarung und vorformulierten Vertragsbedingungen.

152 *Kilian*, AnwBl. 2015, 224 ff. m. w. N. Diese Regelungen sind im Vergleich zu den Steuerberatern und Wirtschaftsprüfern, denen eine verwenderfreundlichere Möglichkeit der Haftungsbegrenzung in AGB gestattet ist, da sie nach § 67a Abs. 1 S. 1 Nr. 2 StBerG bzw. § 54a Abs. 1 Nr. 2 WPO für jede Form der Fahrlässigkeit erfolgen kann, insoweit – auch im Hinblick auf Art. 3 Abs. 1 GG – nicht nachvollziehbar.

Wegen der Regelung in § 8 Abs. 2 PartGG kann die Haftung für eigene Berufsfehler nicht formularmäßig ausgeschlossen werden. Gleiches gilt für Beschränkungen der akzessorischen Gesellschafterhaftung durch formularvertragliche Klauseln.[153]

Die Voraussetzungen für die Möglichkeit einer Haftungsbeschränkung sind bei vorformulierten Vertragsbedingungen damit wesentlich strenger als bei einer Individualvereinbarung.

Vorformulierte Haftungsbeschränkungen, die den Vorgaben des § 52 BRAO nicht entsprechen, sind insgesamt unwirksam; es gilt der Grundsatz der Unzulässigkeit geltungserhaltender Restriktionen.[154]

Dogmatisch enthält § 52 BRAO eine berufsrechtliche und eine privatrechtliche Komponente. Zwar befindet sich die Regelung im dritten Teil des anwaltlichen Berufsgesetzes, bestimmt aber zugleich die privatrechtliche Grundlage des zwischen Auftraggeber und Rechtsanwalt bestehenden Anwaltsvertrages. Danach ermöglicht die berufsrechtliche Seite der Norm dem Rechtsanwalt zwar die Vereinbarung einer Haftungsbeschränkung, verpflichtet ihn aber gleichzeitig, sich an die gesetzlichen Vorgaben zu halten. Während die berufsrechtliche Seite des Gesetzes disziplinarische Folgen auslöst, regelt die privatrechtliche Seite des § 52 BRAO die zivilrechtlichen Voraussetzungen und den Umfang von Haftungsbeschränkungen von Rechtsanwalt und Mandant.[155]

Im Ergebnis erfordert die Haftungsbeschränkung bei der Partnerschaft stets eine vertragliche Abrede mit dem Auftraggeber sowie eine entsprechende Deckung der Haftungssumme durch die Berufshaftpflichtversicherung.

Die Vorschrift des § 8 Abs. 3 PartGG trifft keine eigene Regelung, sondern enthält eine Ermächtigung bzw. Aufforderung an den Gesetzgeber, in den einzelnen berufsrechtlichen Gesetzen eine summenmäßige Beschränkung der Haftung für Ansprüche wegen Schäden aus fehlerhafter Berufsausübung zu gestatten. Auf eine einheitliche Festsetzung eines bestimmten Betrages wurde im Rahmen des PartGG verzichtet, da die Mindesthaftungssummen für die verschiedenen Freien Berufe aufgrund der unterschiedlichen Risiken nicht einheitlich, sondern nur jeweils berufsrechtlich bestimmt werden können. Aus diesem Grund bleibt der Partnerschaft nur die Möglichkeit, durch Vertrag mit den Mandanten eine Haftungshöchstsumme zu vereinbaren, was bei höheren Gegenstandswerten vom Auftraggeber nicht ohne weiteres akzeptiert wird.

---

153 *Kilian*, AnwBl. 2015, 224 ff. m. w. N..

154 *Kilian*, AnwBl. 2015, 224 (225) m. w. N..

155 *Kilian*, AnwBl. 2015, 224 (225).

2.3.5.2 Haftungsbeschränkung auf den einzelnen Partner

Die persönliche Haftung auf Schadenersatz kann auch durch vorformulierte Vertragsbedingungen auf den oder die Mitglieder einer Sozietät beschränkt werden, die das Mandat im Rahmen ihrer eigenen beruflichen Befugnisse bearbeiten und namentlich bezeichnet sind (§ 52 Abs. 2 BRAO).[156] Dadurch sind die anderen Mitglieder von der persönlichen Haftung befreit. Im Übrigen bleibt die Haftung der Gesellschaft unberührt.[157] Bei der Partnerschaft tritt diese Folge bereits kraft Gesetzes ein (§ 8 Abs. 2 PartGG).

Die Vorschrift enthält wegen der Beschränkung der Haftung zu Lasten des Auftraggebers bestimmte Anforderungen, die für eine wirksame Vereinbarung erforderlich sind.

So setzt eine Bearbeitung i. S. d. § 52 Abs. 2 S. 2 BRAO eine tatsächliche Bearbeitung voraus. Hat ein Gesellschafter lediglich die Überwachung oder Leitung der Mandatsbearbeitung übernommen, kann die Haftung nicht auf ihn beschränkt werden. Dies ergibt sich auch aus einem Vergleich mit § 8 Abs. 2 PartGG. So geht es in § 8 Abs. 2 PartGG um eine „Befassung“ mit einem Auftrag und nicht (nur) um eine Bearbeitung. Diese unterschiedlichen Begriffe lassen den Schluss zu, dass der Gesetzgeber unterschiedliche Anforderungen an den jeweiligen Beitrag im Rahmen der Ausführung aufstellen wollte. Eine Bearbeitung ist daher im Gegensatz zur „Befassung“ nicht gegeben, wenn es sich (nur) um Leitungs- und Überwachungstätigkeiten handelt.

Zudem muss der Gesellschafter im Rahmen seiner beruflichen Befugnisse handeln. Die Haftungsbeschränkung bezieht sich damit nur auf solche Tätigkeiten, die für den Rechtsanwalt zur berufstypischen Leistung zu zählen sind.[158]

Letztlich ist der Rechtsanwalt namentlich zu benennen. Fehlt es an einer Identität zwischen dem tatsächlichen Bearbeiter und demjenigen, der in der Haftungsvereinbarung genannt wurde, dann ist die Haftungsbeschränkung im Ganzen unwirksam. Die Zustimmungserklärung zu einer solchen Beschränkung darf zum Schutz des Auftraggebers keine anderen Erklärungen enthalten und muss vom Auftraggeber unterschrieben sein (vgl. § 52 Abs. 2 BRAO).

Dagegen ist ein vollständiger Haftungsausschluss nicht möglich. Für die Haftung aufgrund einer vorsätzlichen Schädigung enthält § 52 BRAO keine Regelung. Es bleibt insoweit beim Verbot eines Haftungsausschlusses nach § 276 Abs. 3 BGB.

---

156 *Kilian*, AnwBl. 2015, 224 m. w. N..

157 *Diller*, in Henssler/Prütting, § 52 BRAO, Rn. 70.

158 Vgl. nur *Diller*, in Henssler/Prütting, § 52 BRAO, Rn. 77 m. w. N..

Im Hinblick auf das Verhältnis zwischen § 8 Abs. 2 PartGG und § 52 Abs. 2 BRAO ist zu beachten, dass nach § 8 Abs. 2 PartGG die Haftungskonzentration auf den befassten Partner kraft Gesetzes eintritt, während nach § 52 Abs. 2 BRAO die Beschränkung der Haftung auf den bearbeitenden Gesellschafter durch Vereinbarung mit dem Auftraggeber herbeigeführt wird. Zwar kann nach § 1 Abs. 3 PartGG die Berufsausübung in der Partnerschaft von weiteren Voraussetzungen abhängig gemacht werden. Vor dem Hintergrund des gesetzgeberischen Zwecks, für die Freiberufler mit der Partnerschaft ein attraktives Haftungsregime zu bieten[159] und sich damit deutlich von dem der GbR abzugrenzen, ist mit den Stimmen in der Literatur[160] davon auszugehen, dass § 8 Abs. 2 PartGG vorrangig zu § 52 Abs. 2 BRAO ist.

2.4 Zwischenergebnis

Die Partnerschaft ist als rechtsfähige Personengesellschaft nach § 124 Abs. 1 HGB, § 7 Abs. 2 PartGG Trägerin von Rechten und Pflichten und wird somit selbst Vertragspartner der einzelnen Behandlungs- und Mandatsverträge. Die Partnerschaft haftet nach § 8 Abs. 1 S. 1 PartGG mit dem Gesellschaftsvermögen für sämtliche Verbindlichkeiten, die in ihrem Namen begründet worden sind. Die Regelung in § 8 Abs. 1 S. 1 PartGG sieht vor, dass die Partner gegenüber den Gläubigern neben der Partnerschaft als Gesamtschuldner persönlich und unmittelbar einzustehen haben. Diese Haftung ist akzessorisch und bezieht sich auf alle Verbindlichkeiten der Partnerschaft unabhängig von ihrem Rechtsgrund. Die persönliche Haftung gilt auch für die sogenannten Scheinpartner der Gesellschaft.

Nach § 8 Abs. 2 PartGG haften für „berufliche Fehler“ (neben der Partnerschaft) nur die Partner, die mit der Bearbeitung eines Auftrags tatsächlich befasst waren, sofern es sich nicht um „Bearbeitungsbeiträge von untergeordneter Bedeutung“ gehandelt hat. Die Haftung trifft damit nur den mit dem Auftrag befassten Partner. Unter „Befassung“ i. S. d. Regelung ist neben der tatsächlichen Mitwirkung auch der Fall zu subsumieren, dass ein Partner trotz Zuständigkeit nach dem internen Geschäftsverteilungsplan pflichtwidrig untätig geblieben ist.

Die Haftungskonzentration nach § 8 Abs. 2 PartGG tritt in Bezug auf einen Scheinpartner dann nicht ein, wenn nur dieser – und kein echter Partner – den Auftrag bearbeitet hat. Es muss nach der ratio des § 8 Abs. 2 PartGG stets ein echter Partner gehandelt haben bzw. verantwortlich zeichnen. Andernfalls bleibt

---

159 Begr. RegE, zur Schaffung eines PartGG, BT-Drucks. 12/6152, S. 7.

160 *Michalski/Römermann*, § 8 PartGG, Rn. 124; *Fischer*, S. 89 ff.; *Eigner*, S. 372 ff..

es bei der generellen Haftung aller Partner nach § 8 Abs. 1 PartGG. Eine Haftung des Scheinpartners kann nur als zusätzliche (gesamtschuldnerische) Haftung neben einem (echten) Partner, auf den sich die Haftung nach § 8 Abs. 2 PartGG konzentriert hat, in Betracht kommen.

Der Partner, der in die Gesellschaft eintritt, haftet – entgegen der Auffassung der Rechtsprechung – nach § 8 Abs. 2 PartGG nicht für berufliche Fehler, die vor seinem Eintritt begangen wurden (und von ihm auch nicht mehr korrigiert werden konnten).

Nach § 10 Abs. 2 PartGG i. V. m. § 160 HGB haften ausgeschiedene Partner nur für die bis zum Zeitpunkt des Ausscheidens begründeten Verbindlichkeiten (Altverbindlichkeiten) der Partnerschaft, wenn sie aufgrund der Nachhaftungsbegrenzung vor Ablauf von fünf Jahren nach dem Ausscheiden fällig und die Ansprüche gegen sie gerichtlich geltend gemacht worden sind; die Fünfjahresfrist beginnt mit dem Tag, an dem ihr Ausscheiden in das Partnerschaftsregister eingetragen wurde.

Die Haftung kann höhenmäßig im Rahmen der berufsrechtlichen Regelungen begrenzt werden. Die gesetzliche Beschränkung der Haftung nach § 8 Abs. 2 PartGG ist im Verhältnis zu § 52 BRAO vorrangig. § 52 BRAO erlaubt vertragliche Haftungsbeschränkungen. Der Begrenzung durch vorformulierte Vertragsbedingungen sind höhere Grenzen gesetzt als durch individualvertragliche Haftungsbegrenzungsvereinbarungen

3. Partnerschaft im Wettbewerb mit anderen Kooperationsformen

3.1 Gesellschaft bürgerlichen Rechts

Die Gründung einer Gesellschaft bürgerlichen Rechts (GbR) ist zu jedem erlaubten Zweck möglich (§ 705 BGB), während eine Partnerschaft nur Freiberuflern zur Ausübung ihres Berufs möglich ist. Dieser Zweck kann auch weiterhin in der Rechtsform der GbR verfolgt werden, sodass für die freiberufliche Berufsausübung also kein Rechtsformzwang zur Partnerschaft besteht.[161]

Ein wesentlicher Unterschied zur Partnerschaft liegt darin, dass die GbR mit Abschluss des Gesellschaftsvertrages entsteht (§ 705 BGB), während es zur Entstehung einer Partnerschaft der Eintragung in das Partnerschaftsregister bedarf, die somit konstitutive Wirkung hat. Ihre rechtliche Selbstständigkeit und die gesetzlichen Regelungen zur Geschäftsführung und Vertretung sowie das

161 BT-Drucks. 12/6152, S. 8.

Namensrecht boten der Partnerschaft zunächst eine größere Flexibilität gegenüber der GbR. Durch eine entsprechende vertragliche Gestaltung konnte allerdings auch bei der GbR eine adäquate Organisationsstruktur erreicht werden. Der Vorteil der rechtlichen Selbstständigkeit der Partnerschaft gegenüber der GbR als Gesamthandsgemeinschaft ist allerdings mit einer Grundsatzentscheidung des BGH vom 29.01.2001 relativiert worden, mit der der GbR insoweit Rechtsfähigkeit zuerkannt wurde, als sie durch Teilnahme am Rechtsverkehr eigene Rechte und Pflichten begründet. In dieser Entscheidung wurde der GbR auch – unter Berufung auf § 50 Abs. 1 ZPO – Parteifähigkeit zuerkannt, sodass sie in dem Rahmen, in dem sie rechtsfähig ist, auch im Zivilprozess aktiv und passiv parteifähig ist.[162] Die GbR besitzt damit, wie auch die OHG und KG nach § 124 HGB bzw. die Partnerschaft durch Verweis auf § 124 HGB, kraft richterlicher Rechtsfortbildung sowohl Rechts- als auch Parteifähigkeit.[163] Dennoch wird die GbR weiterhin im Wesentlichen durch die Gesellschafter geprägt, sodass die rechtliche Verselbständigung nach wie vor hinter der Partnerschaft zurückbleibt.

Der wesentliche Unterschied zwischen der GbR und der Partnerschaft besteht in der Haftungsverfassung. Die Haftung der GbR-Gesellschafter ist gesellschaftsrechtlich nicht beschränkt und formularmäßig nur in verhältnismäßig geringem Umfang beschränkbar. Die Gesellschafter einer GbR haften unmittelbar, unbeschränkt, persönlich und akzessorisch. Nach der vom BGH angewendeten Akzessorietätstheorie bedeutete dies für die Gesellschafter einer GbR, dass diese aufgrund der Analogien zu § 128 HGB nicht nur für vertragliche, sondern auch für gesetzliche Verbindlichkeiten der GbR haften.[164] Mit der Anerkennung einer akzessorischen Haftung nach § 128 HGB analog ist konsequenterweise auch eine analoge Anwendung des § 129 HGB verbunden, d. h. der Gesellschafter kann sich auf die Einwendungen und Einreden, die der Gesellschaft zustehen, berufen.[165] GbR-Gesellschafter haften nach § 130 HGB analog auch für Gesellschaftsverbindlichkeiten, die vor ihrem Beitritt (sog. Altverbindlichkeiten) begründet wurden.[166] Eine GbR als Sozietät kann Vertragspartner von Mandatsverträgen

162 BGHZ 146, 341 = NJW 2001, 1056; *Schäfer*, Gesellschaftsrecht, § 19, Rn. 4 zu den offenen Einzelfragen, etwa zur Grundbuchfähigkeit oder Erbfähigkeit.

163 BGHZ 146, 341; hierzu *Schäfer*, Gesellschaftsrecht, § 19, Rn. 3 ff..

164 BGHZ 154, 88; BGHZ 146, 341; gegen die Doppelverpflichtungstheorie bereits BGHZ 142, 315 (318 ff.); *Schäfer*. Gesellschaftsrecht, § 19, Rn. 8.

165 BGH, NZG 2006, 459 (459); *Schäfer*, in MükoBGB, § 714 BGB, Rn. 38.

166 BGHZ 154, 370 = NJW 2003, 1803, 1804 ff.. So genossen die Gesellschafter, die vor der Publikation des Urteils beigetreten sind, einen gewissen Vertrauensschutz für Altverbindlichkeiten. Kritisch hierzu *Henssler*, PartGG, Einf., Rn. 33 für freiberufliche

werden, auch wenn nicht alle Sozien zur Erbringung der vertraglich geschuldeten Leistung beruflich befugt sind[167], sodass nach der Rechtsprechung auch in einer interprofessionellen Sozietät alle Gesellschafter für die Verbindlichkeiten der Gesellschaft wegen fehlerhafter Berufsausübung haften. Die GbR hat auf der einen Seite aufgrund dieser Rechtsprechung als Unternehmensträgerin an Attraktivität gewonnen. Auf der anderen Seite ist aber mit der analogen Anwendung der §§ 128 bis 130 HGB auch eine erhebliche Haftungserweiterung mit nicht unerheblichen Haftungsrisiken, insbesondere im Hinblick auf die Haftung für Altverbindlichkeiten aufgrund beruflicher Fehler, vor allem in größeren und/oder interprofessionellen Zusammenschlüssen, verbunden gewesen.[168]

Im Gegensatz dazu ist bei der Partnerschaft die Haftung für berufliches Fehlverhalten nach § 8 Abs. 2 PartGG auf die Partner beschränkt, die aufgrund einer fehlerhaften Berufsausübung konkret verantwortlich sind. Soweit es um die Haftung für Altverbindlichkeiten aus Berufshaftung geht, besteht bei der Partnerschaft der Vorteil vor allem darin, dass diese ausgeschlossen ist, sofern nachträglich keine eigene „Befassung" mit dem Mandat vorliegt.

Wirksame Haftungsbeschränkungen in Bezug auf die persönliche Haftung der Gesellschafter für rechtsgeschäftlich begründete Verbindlichkeiten erfordern bei der GbR grundsätzlich eine individuelle Vereinbarung mit dem Gläubiger. Ein Haftungsausschluss im Gesellschaftervertrag oder durch AGB ist grundsätzlich nicht zulässig.[169]

Mit der Anwendung der Registerpublizität des § 15 HGB werden die Angehörigen der Freien Berufe partiell den handelsrechtlichen Sorgfaltspflichten unterworfen. Auch das Verbot, juristische Personen als Partner aufzunehmen, kann für einige Berufsgruppen Nachteile gegenüber der GbR bedeuten. In steuerrechtlicher Hinsicht sind Sozien und Partnerschaft identisch zu behandeln.[170]

Trotz der gesetzlichen Modifizierung der Haftungsregelung im PartGG 1998 ist die GbR bis heute die häufigste Organisationsform für die Zusammenarbeit von Freiberuflern.[171] In der Praxis wird allerdings die Partnerschaft zwar häufiger

---

Berufsausübungsgesellschaften in Form der GbR; *Schäfer*, Gesellschaftsrecht, § 19, Rn. 11.

167 BGH, Urt. v. 09.12.2010, IX ZR 44/10 = NJW 2011, 2301 ff.; BGH, Urt. v. 10.05.2012, IX ZR 125/10 = NJW 2012, 2435 (2441).

168 *Piller*, S. 111 m. w. N..

169 BGHZ 142, 315: BGH, NZG 2005, 209 (210); *Schäfer*, Gesellschaftsrecht, § 19, Rn. 11.

170 *Henssler*, PartGG, Einf., Rn. 35.

171 *Schäfer*, in Ulmer/Schäfer, § 1 PartGG, Rn. 27, 31 ff. mit Hinweis darauf, dass ein konkreter Vergleich der PartG mit der – nach wie vor wesentlich zahlreicheren – „Freiberufler-GbR" mangels Publizität dieser Zahlen nicht möglich ist.

von Rechtsanwälten gewählt[172], nicht jedoch von anderen Berufsausübungsgemeinschaften, etwa von Ärzten.

3.2 Freiberufler-GmbH und Rechtsanwalts AG

3.2.1 Charakteristika

Den Angehörigen Freier Berufe steht heute weitgehend auch die GmbH als Gesellschaftsform zur Verfügung. So können sich Rechts- und Patentanwälte, Steuerberater und Wirtschaftsprüfer in einer GmbH und damit in einer Rechtsform zusammenschließen, in der die Haftung für Verbindlichkeiten der Gesellschaft auf das Gesellschaftsvermögen beschränkt ist. Für Steuerberater (§§ 49 ff. StBerG) und Wirtschaftsprüfer (§§ 27 ff. WPO) ist die Zulässigkeit von Berufsausübungsgesellschaften in der Rechtsform von Kapitalgesellschaften seit langem ausdrücklich anerkannt.[173]

Für Heilkundeberufe und die Anwaltschaft ging die herrschende Meinung noch Anfang der 1990er Jahre von einer grundsätzlichen Unzulässigkeit aus.[174] Allerdings erkannte der BGH im Jahr 1994 die Zulässigkeit freiberuflicher Tätigkeit, konkret einer Zahnärzte-Gesellschaft, in der Rechtsform der GmbH an und wies in diesem Zusammenhang auf die Grundrechtsproblematik der Nichtzulassung der Freien Berufe für GmbH-Gründungen hin.[175]

Daraufhin stelle das BayObLG in seinem Beschluss vom 24.11.1994 fest, dass die GmbH eine zulässige Rechtsform auch für Rechtsanwälte sein kann.[176]

Der Gesetzgeber hat daraufhin mit dem Gesetz zur Änderung der Bundesrechtsanwaltsordnung (BRAO) reagiert, indem er 1998 in den §§ 59c ff. BRAO und §§ 52 ff. PAO Sondervorschriften erließ, welche die Zulassung von Rechtsanwalts-GmbHs und Patentanwalts-GmbHs regeln.[177] Hinsichtlich der rechtsanwaltlichen Tätigkeit modifizieren die §§ 59c-m BRAO insoweit das GmbH-Gesetz, das ergänzend anwendbar bleibt. Als Variante der GmbH kann

172 *Henssler*, in Henssler/Streck, § 14, Rn. 28; vgl. *Kilian*, AnwBl. 2012, 895 ff. mit einer Zusammenstellung der Gründe für die Nichtorganisation für eine Partnerschaft.

173 Vgl. *Henssler*, PartGG, Einf., Rn. 36.

174 *Henssler*, PartGG, Einf., Rn. 37 m. w. N.; *Schäfer*, in Ulmer/Schäfer, vor § 1 PartGG, Rn. 15 ff. ausführlich zur Rechtsentwicklung in der Rspr..

175 BGHZ 124, 224 = NJW, 1994, 786 zur Zulässigkeit einer Zahnärzte-GmbH.

176 BayObLG, NJW 1995, 199 = ZIP 1994, 1868 zur Zulässigkeit einer Rechtsanwalts-GmbH; *Henssler*, PartGG, Einf., Rn. 37 m. w. N..

177 Vgl. Gesetz zur Änderung der Bundesrechtsanwaltsordnung, der PAO und anderer Gesetze v. 31.08.1998, BGBl. I, S. 2600; *Henssler*, PartGG, Einf., Rn. 38 ff. m. w. N..

eine Rechtsanwaltsgesellschaft auch als Unternehmergesellschaft (UG) gemäß § 5a GmbHG gegründet werden, d. h. ohne das Mindestkapitalerfordernis gemäß § 5 Abs. 1 GmbHG von 25.000 Euro.

Die Rechtsanwalts-GmbH übt als juristische Person nach §§ 59c ff. BRAO den Anwaltsberuf selbst aus und unterliegt, soweit auf sie anwendbar, den berufsrechtlichen Vorschriften (§ 59m BRAO). Sie ist eigenständig postulationsfähig und hat dabei die Rechte und Pflichten eines Rechtsanwalts (§ 59l Abs. 1 BRAO). Sie handelt durch ihre Organe, die ihrerseits postulationsfähig, aber nicht zusätzlich einzelbevollmächtigt sein müssen. Die berufsrechtlichen Regelungen enthalten spezielle Vorschriften zur anwaltlichen Berufsausübung in Form einer GmbH[178], insbesondere in Bezug auf den Unternehmensgegenstand, die Firmenbezeichnung, den Gesellschafterkreis, die Geschäftsführung und die Zulassung.[179]

Nach § 59j Abs. 1 BRAO ist die Rechtsanwalts-GmbH verpflichtet, eine eigene Berufshaftpflichtversicherung abzuschließen und die Versicherung während der Dauer ihrer Zulassung aufrechtzuerhalten. Die Mindestversicherungssumme beträgt nach § 59j Abs. 2 BRAO 2.500.000 Euro für jeden Versicherungsfall. Die Leistungen des Versicherers für alle innerhalb eines Versicherungsjahres verursachten Schäden können auf den Betrag der Mindestversicherungssumme, vervielfacht mit der Zahl der Gesellschafter und der Geschäftsführer, die nicht Gesellschafter sind, begrenzt werden. Die Jahreshöchstleistung für alle in einem Versicherungsjahr verursachten Schäden muss sich jedoch mindestens auf den vierfachen Betrag der Mindestversicherungssumme belaufen.

Die eigene Versicherungspflicht der Rechtsanwalts-GmbH tritt neben die Versicherungspflicht jedes einzelnen in der GmbH tätigen Gesellschafters. Wird die Berufshaftpflichtversicherung der GmbH nicht oder nicht in dem vorgeschriebenen Umfang unterhalten, so haften neben der Gesellschaft die Gesellschafter und die Geschäftsführer persönlich in Höhe des fehlenden Versicherungsschutzes (§ 59j Abs. 4 BRAO).

Steuerrechtlich ist eine GmbH mit Sitz im Inland nach § 1 Abs. 1 Nr. 1 KStG unbeschränkt körperschaftssteuerpflichtig. Ihr Gewinn unterliegt zudem der Gewerbesteuer (§ 2 Abs. 2 GewStG).[180]

Eine Rechtsanwalts-Aktiengesellschaft (Rechtsanwalts-AG) ist gesetzlich nicht vorgesehen. Als zulässige Organisationsform anwaltlicher Berufsausübung

---

178 *Peitscher*, § 20, Rn. 257 ff. m. w. N..

179 *Peitscher*, § 20, Rn. 261 zum Zulassungsverfahren.

180 BGH, NJW 2010, 2115; *Peitscher*, § 20, Rn. 262.

steht jedoch nach der Grundsatzentscheidung des BGH vom 10.01.2005 auch die Aktiengesellschaft (AG) zur Auswahl.[181] Eine berufsrechtliche Zulassung kommt in Betracht, sofern sie die Voraussetzungen für die Zulassung einer Kapitalgesellschaft als Rechtsanwaltsgesellschaft in Anlehnung an die Bestimmungen der §§ 59c ff. BRAO erfüllt, insbesondere im Hinblick auf die Sicherstellung der Weisungsfreiheit, den Unternehmensgegenstand, die Zusammensetzung des Gesellschafterkreises, die Geschäftsführung und Leitung, die Besetzung von Aufsichtsräten, die Pflicht zum Abschluss einer Berufshaftpflichtversicherung sowie zum Zulassungsverfahren.[182]

3.2.2 Vergleich mit der Partnerschaft

Der zentrale Vorteil der Rechtsanwalts-GmbH bzw. Rechtsanwalts-AG gegenüber der Partnerschaft und der GbR besteht in der rechtsformbedingten umfassenden Haftungsbeschränkung. Dieser Aspekt dürfte im Vergleich zur Partnerschaft mit der Möglichkeit einer partiellen Haftungsbegrenzung für „berufliche Fehler" nach § 8 Abs. 2 PartGG bereits teilweise an Bedeutung verloren haben, vor allem aber nach der Implementierung der PartG mbB als Rechtsformvariante der Partnerschaft.

Dagegen werden die Buchführungspflichten der GmbH bzw. der AG (§ 4 Abs. 1 i. V. m. § 5 Abs. 1 EStG) meistens mit einem höheren Aufwand verbunden sein.

Demgegenüber unterliegen Partnerschaften nicht der kaufmännischen Rechnungslegungspflicht. Die Partnerschaft ist, wie bereits aus § 1 Abs. 1 S. 2 PartGG folgt, kein Kaufmann kraft Rechtsform, sodass sie nicht nach § 238 Abs. 1 S. 1 HGB zur Führung von Büchern und zur kaufmännischen Rechnungslegung verpflichtet ist. Wie alle Freiberufler-Zusammenschlüsse, die nicht in Form einer Kapitalgesellschaft organisiert sind, ist sie nur zur Vornahme einer einfacheren Einnahmen-Überschuss-Rechnung verpflichtet (§ 4 Abs. 3 EStG).[183]

Die Partnerschaft ist – ebenso wie andere (nicht als Kapitalgesellschaft organisierte) Zusammenschlüsse von Freiberuflern – einkommensteuerrechtlich gesehen kein selbstständiges Steuersubjekt. Sie ist – abweichend von Kapitalgesellschaften – auch nicht gewerbesteuerpflichtig.[184] Dagegen ist die

---

181 BGH, NJW 2005, 1568 (1569) = BRAK-Mitt. 2005, 128; *Peitscher*, § 20, Rn. 263; *Henssler*, in Henssler/Prütting, vor §§ 59c ff. BRAO, Rn. 24 ff..

182 Vgl. *Peitscher*, § 20, Rn. 263 ff..

183 *Henssler*, PartGG, Einf., Rn. 27.

184 Vgl. *Henssler*, PartGG, Einf., Rn. 16 zur steuerlichen Behandlung der Partnerschaft.

Partnerschaft – ebenso wie die OHG – umsatzsteuerpflichtig. Sie übt regelmäßig eine selbstständige und nachhaltige Tätigkeit mit Einnahmeerzielungsabsicht aus. Sie ist nach § 2 Abs. 1 UStG als Unternehmer einzustufen, sodass ihre Leistungen i. S. v. § 1 UStG der Umsatzsteuer unterliegen.

Der von der Partnerschaft erzielte Gewinn wird nicht über sie zur Besteuerung herangezogen, sondern den Partnern anteilig zugerechnet. Als nicht gewerblich tätige natürliche Personen haben sie ihre Gewinnanteile als Einkünfte aus selbstständiger Tätigkeit gemäß § 18 EStG zu versteuern.[185] In steuerrechtlicher Hinsicht sind weitere generalisierende Aussagen nicht möglich.

Im Unterschied zur Kapitalgesellschaft sind zudem die geringeren Publizitätspflichten der Partnerschaft[186] zu nennen, die bei der GmbH deutlich umfangreicher und damit kosten- und zeitintensiver sind.[187] Ferner muss eine GmbH ihren Jahresabschluss nach § 325 HGB offenlegen. Nachteilig sind auch die Anforderungen an die Handelsregistereintragung nach § 7 GmbHG. Ferner fallen für die Rechtsanwaltsgesellschaft Industrie- und Handelskammerbeiträge sowie die Kosten an, die bei der Veräußerung und Abtretung von Geschäftsanteilen und den Registereintragungen fällig werden.[188]

Die Zahlen in der Praxis bestätigen, dass Rechtsanwälte deutlich häufiger in Partnerschaften zusammengeschlossen sind als in der Rechtsform der GmbH, sodass für die Praxis der rechtsberatenden Berufe festgestellt werden kann, dass sich die Partnerschaft in der Praxis durchgesetzt hat.[189]

3.3 GmbH & Co. KG

3.3.1 Charakteristika

Die GmbH & Co. KG ist eine Personengesellschaft, für deren Verbindlichkeit regelmäßig keine natürliche Person haftet, sondern nur die Komplementär-GmbH

---

185 *Henssler*, PartGG, Einf., Rn. 15 ff..

186 *Schäfer*, in MükoBGB, Vorbem. PartGG, Rn. 22; *Seibert/Kilian*, in Kilian, PartGG, 2012, Einl., Rn. 4.

187 *Schäfer*, in MükoBGB, Vorbem. PartGG, Rn. 22; vgl. §§ 8 Abs. 1, 10 GmbHG.

188 *Grunewald*, ZIP 2012, 1115 (1116).

189 Vgl. die große Mitgliederstatistik zum 01.01.2012 der Bundesrechtsanwaltskammer, BRAK Mitt. 2012, 118. So existierten am 01.01.2012 bundesweit 3029 als Partnerschaft organisierte RA-Sozietäten gegenüber 535 in der Rechtsform der GmbH und 23 in der Rechtsform der AG organisierten Rechtsanwaltsgesellschaften; zur Entwicklung der RA-Sozietäten in Form der Partnerschaft; *Schäfer*, in Ulmer/Schäfer, vor § 1 PartGG, Rn. 23, 28 m. w. N..

mit ihrem Gesellschaftsvermögen.[190] Mit dieser Rechtsform kann somit erreicht werden, dass keine natürliche Person für Schulden der Gesellschaft haftet, wobei aber gleichzeitig die Vorteile der Personengesellschaft geboten werden.

Die Rechtsform der GmbH & Co. KG steht den Steuerberatern und Wirtschaftsprüfern für die Berufsausübung unter bestimmten Voraussetzungen als Alternative zur Verfügung. § 27 Abs. 2 WPO und § 49 Abs. 2 StBerG bestimmen, dass die KG als Steuerberatungs- bzw. Wirtschaftsprüfungsgesellschaft anerkannt werden kann, wenn sie wegen ihrer Treuhandtätigkeit als Handelsgesellschaft in das Handelsregister eingetragen wurde. Damit ist die GmbH & Co. KG als Rechtsform für diese Berufsausübungsgesellschaften unter Ausschluss jeder persönlichen Haftung der beteiligten Berufsträger grundsätzlich berufsrechtlich zulässig. Die Haftung für die Verbindlichkeiten der Gesellschaft (KG) ist somit auf das Vermögen der Kommanditgesellschaft und ihrer Komplementär-GmbH beschränkt, ohne dass ein Steuerberater oder Wirtschaftsprüfer als natürliche Person eine unbeschränkte Haftung eingehen muss. Als Nachteil ist möglicherweise der höhere organisatorische Aufwand zu nennen, da stets zwei Berufsausübungsgesellschaften (KG und Komplementär-GmbH) beteiligt sein müssen, die jeweils den berufsrechtlichen Anforderungen entsprechend geführt werden müssen.

In den vergangenen Jahren wurde allerdings von den Registergerichten unter Hinweis auf die fehlende gewerbliche Betätigung der Berufsausübungsgesellschaft die Eintragung der KG in das Handelsregister verweigert.[191] Zur Begründung wurde darauf abgestellt, dass der Zweck nach der Definition in § 161 Abs. 1 HGB auf den Betrieb eines Handelsgewerbes ausgerichtet und einem Steuerberater bzw. einer Steuerberatungsgesellschaft eine gewerbliche Tätigkeit gerade nicht gestattet ist (§ 57 Abs. 4 Nr. 1 i. V. m. § 72 Abs. 1 StBerG); entsprechendes gilt für den Wirtschaftsprüfer (§ 43a Abs. 3 Nr. 1 i. V. m. § 56 Abs. 1 S. 1 WPO) und den Rechtsanwalt (§ 2 Abs. 2 BRAO). Lediglich bei solchen Gesellschaften, die schwerpunktmäßig Treuhandtätigkeiten ausführen, wurde die Eintragung in das Handelsregister ohne Probleme vorgenommen. Der BGH hat allerdings mit Beschluss vom 15.07.2014 entschieden, dass eine Steuerberatungsgesellschaft in der Form der KG mit dem Gesellschaftszweck „Geschäftsmäßige Hilfeleistung in Steuersachen einschließlich der Treuhandtätigkeit" in das Handelsregister eingetragen werden kann.[192]

---

190 Vgl. *Saenger*, § 9, Rn. 420.

191 OLG Dresden, DStR 2013, 1102; vgl. hierzu *Hölscheidt*, S. 7 ff..

192 BGH, Beschluss v. 15.07.2014 (II ZB 2/13). Damit entfällt das Erfordernis, dass die Steuerberatungs-GmbH & Co. KG schwerpunktmäßig die Treuhandtätigkeit ausüben

3.3.2 Keine Organisationsform für die rechtsanwaltliche Tätigkeit

Diese Rechtsform steht jedoch den meisten anderen Freiberuflern, vor allem auch Rechtsanwälten, nicht zur Verfügung. So hatte der BGH entschieden, dass sich Rechtsanwälte nicht in der Rechtsform der GmbH & Co. KG konstituieren können. Der BGH leitete die Unzulässigkeit allerdings nicht aus dem anwaltlichen Berufsrecht her, sondern daraus, dass die anwaltliche Tätigkeit nicht gewerblich i. S. v. §§ 161 Abs. 1, 105 Abs. 1 S. 1, Abs. 2 HGB sei.[193] Zudem sei die Tätigkeit der Rechtsanwälte aufgrund der Historie von denjenigen der Steuerberater und der Wirtschaftsprüfer zu unterscheiden. Eine gegen dieses Urteil eingelegte Verfassungsbeschwerde der beiden in Gründung befindlichen Gesellschaften hat das BVerfG nicht zur Entscheidung angenommen.[194] In der Praxis wurden diese Bedenken nicht geteilt. Der Gesetzgeber hat bislang auch keine Veranlassung zu einer Klarstellung gesehen, sondern die betroffenen Berufsgruppen auf die Partnerschaft bzw. die PartG mbB verwiesen.[195]

Damit stellt die GmbH & Co. KG grundsätzlich nur für Steuerberatungsgesellschaften und Wirtschaftsprüfer eine Alternative dar, mit der sie – ebenso wie die Partnerschaft und neuerdings auch die PartG mbB – die steuerlichen Vorteile der Personengesellschaft im Verhältnis zur Kapitalgesellschaft nutzen können und andererseits die Haftung der Gesellschafter für die Verbindlichkeiten der Gesellschaft nicht für die Folgen beruflicher Fehler, sondern insgesamt auf das Geschäftsvermögen beschränken können. Dieser Aspekt ist insbesondere in größeren Gesellschaften, bei denen die Verbindlichkeiten auch aus anderen

---

müsste, um mit der Eintragung in das Handelsregister die berufsrechtliche Voraussetzung für die Anerkennung als Steuerberatungsgesellschaft zu erfüllen; hierzu *Hölscheidt*, S. 8 ff. auch mit Hinweis auf die Begründung des BGH und die Übertragbarkeit dieser Rspr. auf eine Wirtschaftsprüfungsgesellschaft in der Rechtsform der GmbH & Co. KG.

193 BGH, Urt. v. 18.07.2011 = NJW 2011, 3036 in einem obiter dictum; OLG Dresden, Beschluss vom 06.12.2012 (nicht rechtskräftig) = DStR 2013, 1102; in diese Richtung auch KG, Beschluss v. 27.09.2013 = NZG 2013, 1313, 1314 zur Umwandlung einer Steuerberater-GmbH in eine GmbH & Co. KG; darauf hinweisend auch *Währholz*, DStR 2013, 2637.

194 BGH, Urt. v. 18.07.2011 = NJW 2011, 3036; BVerfG v. 06.12.2011, 1 BvR 2280/11, NJW 2012, 993 (Nichtannahmebeschluss), kritisch *Henssler*, in Henssler/Prütting, vor §§ 59 c ff. BRAO, Rn. 44. Nach seiner Ansicht müsste diese Rechtsform daher auch den Rechtsanwälten zur Verfügung stehen (ebenso wie §§ 27 Abs. 2, 28 Abs. 1 WPO); vgl. *Hölscheidt*, S. 9 ff..

195 *Ruppert*, DStR 2013, 1623, 1624 ff.; *Piller*, S. 273 m. w. N..

Geschäftsbereichen eine erhebliche Größenordnung für den einzelnen Partner erreichen können, von erheblicher Bedeutung.

3.4 Zwischenergebnis

Der zentrale Unterschied der GbR zur Partnerschaft besteht darin, dass die Gesellschafter dort unmittelbar, unbeschränkt, persönlich und akzessorisch haften, und diese Haftung gesellschaftsrechtlich nicht beschränkt und formularmäßig nur in geringem Umfang beschränkbar ist. Trotz der gesetzlichen Modifizierung der Haftungsregelung in § 8 Abs. 2 PartGG 1998 mit der Möglichkeit einer gesetzlichen Haftungskonzentration ist die GbR nach wie vor bis heute die häufigste Organisationsform für die Zusammenarbeit von Freiberuflern. In der Praxis wird allerdings die Partnerschaft zunehmend häufiger von Rechtsanwälten gewählt, weniger bislang jedoch von anderen Berufsausübungsgemeinschaften.

Der zentrale Vorteil der Rechtsanwalts-GmbH bzw. Rechtsanwalts-AG gegenüber der Partnerschaft und der GbR besteht in der rechtsformbedingten umfassenden Haftungsbeschränkung für sämtliche Verbindlichkeiten auf das Gesellschaftsvermögen. Dieser Vorteil ist zwar im Vergleich zur Partnerschaft und insbesondere zur PartG mbB seit der Möglichkeit des Haftungsausschlusses für die Partner im Fall von „Schäden wegen fehlerhafter Berufsausübung" (§ 8 Abs. 4 PartGG) reduziert, aber immer noch ein maßgebendes Entscheidungskriterium.

Allerdings gibt es für eine GmbH, z. B. eine Rechtsanwalts-GmbH, auch einige Nachteile. Zu nennen sind die Buchführungspflichten der GmbH bzw. der AG (§ 4 Abs. 1 i. V. m. § 5 Abs. 1 EStG). Rechtsanwalts-GmbHs unterliegen zudem der Gewerbesteuerpflicht. Die Partnerschaft ist dagegen – ebenso wie andere (nicht als Kapitalgesellschaft organisierte) Zusammenschlüsse von Freiberuflern – einkommensteuerrechtlich gesehen kein selbstständiges Steuersubjekt. Eine Partnerschaft unterliegt geringeren Publizitätspflichten als die GmbH und auch keiner kaufmännischen Rechnungslegungspflicht. In der Praxis hat sich jedenfalls bei rechtsberatenden Berufen die Partnerschaft gegenüber der GmbH durchgesetzt.

4. Gesellschaften ausländischer Rechtsform

4.1 Ausgangssituation

Seit Inkrafttreten des PartGG haben sich die rechtlichen Rahmenbedingungen nicht nur auf nationaler, sondern auch auf europäischer Ebene verändert, insbesondere durch die zunehmende Harmonisierung der nationalen Rechte durch Vorgaben des europäischen Gesetzgebers und nicht zuletzt durch die Rechtsprechung des EuGH.

In den vergangenen Jahren war ein Trend zu beobachten, dass zunehmend deutsche Kanzleien die englische Rechtsform der Limited Liability Partnership (LLP) wählen.[196] Die Besonderheit besteht darin, dass diese Kanzleien in England gegründet werden und dort ihren satzungsmäßigen Sitz haben, jedoch ihren tatsächlichen Verwaltungssitz nach Deutschland verlegen. Eine aktive Tätigkeit der Kanzlei in England ist von vornherein nicht beabsichtigt. Die Gesellschaft nimmt ihre Tätigkeit ausschließlich in Deutschland auf. Daher werden diese Gesellschaften auch als „Scheinauslandsgesellschaften" oder „Briefkastengesellschaften" bezeichnet.[197] Es geht dabei ausdrücklich nicht um die Fallkonstellation, dass die LLP ihre Hauptniederlassung in England hat und zugleich auch eine Zweigniederlassung in Deutschland unterhält. Im Rahmen dieser rechtsvergleichenden Betrachtung geht es somit nur um ausländische Gesellschaften, die ihre Haupttätigkeit in Deutschland entfalten.

Im Folgenden werden nach der international-privatrechtlichen Rechtslage die rechtlichen Rahmenbedingungen des Vertrages über die Arbeitsweise der Europäischen Union (AEUV) und die Rechtsprechung des EuGH zur Niederlassungsfreiheit sowie die Folgen für das deutsche Internationale Privatrecht dargestellt, um vor diesem Hintergrund sowohl die rechtliche Zulässigkeit dieser Scheinauslandsgesellschaften als auch – unter IV. – die analytische vergleichende Betrachtung zwischen der LLP und der PartG mbB besser nachvollziehen zu können.

4.2 Gesellschaftsstatut – Sitz- und Gründungstheorie

Eine Gesellschaft kann rein tatsächlich einen vom Satzungssitz abweichenden Verwaltungssitz haben. Mit Satzungssitz wird dabei der in der Gründungsurkunde bezeichnete Standort der Gesellschaft bezeichnet, an dem diese, soweit dies nach dem geltenden Recht erforderlich ist, registriert ist. Dagegen befindet sich der Verwaltungssitz an dem Ort, an dem die Willensbildung der Gesellschaft tatsächlich vorgenommen wird, d. h. die grundlegenden Entscheidungen der Unternehmensführung getroffen werden, also von dem aus das Unternehmen verwaltet wird.[198]

---

196 RegE zur Einführung einer PartG mbH, BT-Drucks. 17/10487, S. 1.

197 *Weller/Kienle*, DStR 2005, 1060 (1064).

198 Vgl. *Bank*, S. 338 m. w. N..

Voraussetzung ist zunächst, dass die Rechtsordnung des Gründungsstaates einen vom Satzungssitz abweichenden Verwaltungssitz zulässt. Das Recht in Großbritannien erlaubt einen vom Satzungssitz abweichenden Verwaltungssitz, d. h. solange der Satzungssitz in England bleibt, ist eine Verlegung des Verwaltungssitzes ins Ausland unproblematisch möglich.[199] Der Bestand der Gesellschaft bleibt unverändert. Dies folgt aus der in Großbritannien geltenden sogenannten Gründungstheorie.

Nach der „Gründungstheorie", der aus historischen Gründen Großbritannien, Irland und die Niederlande folgen,[200] ist für das Gesellschaftsstatut das Recht maßgebend, nach dem die Gesellschaft errichtet wurde, also das Recht des Gründungs- und Registrierungsortes. Für eine im Ausland gegründete Gesellschaft, deren Verwaltungssitz durch die Konzentration ihrer Geschäftstätigkeit in Deutschland demzufolge nach Deutschland verlegt wird, ist nach dieser Theorie für gesellschaftsrechtliche Angelegenheiten das Recht des Gründungsstaates maßgebend. Wenn danach diese Gesellschaft etwa als rechtsfähig anerkannt ist, hat der effektive Verwaltungssitz, also der Ort, an dem die grundlegenden Entscheidungen der Unternehmensleitung effektiv in laufende Geschäftsführungsakte umgesetzt werden, keine Auswirkungen auf das Gesellschaftsstatut und damit auf die maßgeblichen Verhältnisse der Gesellschaft im Innen- und Außenverhältnis.

Für Kanzleien, die mit einer – in Großbritannien gegründeten – LLP ausschließlich in Deutschland tätig werden möchten, bestehen insoweit keine rechtlichen Probleme.

Es stellt sich allerdings die Frage, wie diese Gesellschaften im Inland rechtlich einzuordnen sind. Es ist zum einen zu klären, ob die so gegründete LLP in Deutschland in ihrer Rechtsform überhaupt anerkannt werden kann. Zum anderen stellt sich darüber hinaus die Frage, welche Rechtsordnung bzw. welches Recht auf diese Gesellschaften anzuwenden ist.

Die Anerkennung und gesellschaftsrechtliche Behandlung einer im Ausland gegründeten Gesellschaft, die ihren Verwaltungssitz nach Deutschland verlegt hat, bestimmt sich nach dem nationalen Kollisionsrecht, also nach den Regeln des (deutschen) Internationalen Privatrechts. Das Internationale Privatrecht enthält auch Kollisionsregeln, die bestimmen, welcher Rechtsordnung eine Gesellschaft untersteht. Es geht dabei um die Bestimmung des Rechts, das auf eine Gesellschaft anzuwenden ist, also um diejenigen Sachnormen, die die

199 Vgl. *Bank*, S. 338 m. w. N..
200 Vgl. *Saenger*, Rn. 830 m. w. N..

Entstehung bzw. Gründung, den Fortbestand, die Organisation, die Rechtsstellung nach außen und die Beendigung der Gesellschaft betreffen.[201] Dieses sogenannte Gesellschaftsstatut ist vergleichbar mit dem Heimatrecht natürlicher Personen, wobei zu beachten ist, dass juristische Personen keine Staatsangehörigkeit haben und die Zuordnung zu einer bestimmten Rechtsordnung nach unterschiedlichen Anknüpfungskriterien erfolgen kann, da das Personalstatut der Gesellschaft nicht einheitlich geregelt ist.[202]

In Deutschland ist die Anknüpfung des Gesellschaftsstatuts nicht gesetzlich geregelt. Es gibt im Internationalen Privatrecht grundsätzlich zwei Anknüpfungspunkte, die oben bereits angesprochene Gründungstheorie und die Sitztheorie.

Nach der „Sitztheorie" ist alleine auf das Recht des Staates abzustellen, in dem die Gesellschaft ihren tatsächlichen Verwaltungssitz hat. Maßgebend ist der Ort, an dem die Gesellschaft ihre Tätigkeit entfaltet und an dem die maßgebenden Entscheidungen getroffen werden.[203]

Hat nach dieser Theorie eine Gesellschaft einen von ihrem Satzungssitz im Ausland verschiedenen Verwaltungssitz, z. B. in Deutschland (oder in einem anderen Staat, der der Sitztheorie folgt), unterliegt sie dem deutschen Recht (bzw. dem Recht des jeweiligen Staates), da sich die Hauptverwaltung in Deutschland befindet. Eine ausländische Rechtsform könnte danach weder als juristische Person anerkannt werden, noch findet ausländisches Recht auf diese Gesellschaft Anwendung. Sie wäre als Gesamthandsgemeinschaft anzusehen. Dies entsprach bis 2002 der Rechtslage im deutschen Recht. Da keine Gründung und Registereintragung in Deutschland erfolgte, wurde eine ausländische juristische Person in Deutschland als nicht rechtsfähiges Gebilde betrachtet.[204] Eine ausländische Gesellschaft müsste demzufolge in einer deutschen Rechtsform neu gegründet werden. Das bedeutete darüber hinaus, dass in allen dem Gesellschaftsstatut zuzuordnenden Fragen auf die ausländische Gesellschaft deutsches Recht und nicht etwa das Recht des Gründungsstaates Anwendung gefunden hat.

Aufgrund der fortschreitenden Harmonisierungen der nationalen Rechtsordnungen in der Europäischen Union gab es infolge der Rechtsprechung des EuGH

---

201 *Herdegen*, § 16, Rn. 1 ff.; die Rechtsnormen, die sich auf die gesellschaftsrechtlichen Angelegenheiten beziehen. *Bank*, S. 340 spricht von den Vorschriften, die für das „Leben einer Gesellschaft" maßgebend sind, *von Bernstorff*, RIW 2004, 498.

202 *Herdegen*, § 16, Rn. 1 ff..

203 BGHZ 134, 116 (118); BGHZ 97, 269 (272); *Kindler*, in MükoIntGesR, Rn. 420 ff.; *Bank*, S. 340 m. w. N..

204 Vgl. BGH, NJW 1986, 2194; vgl. hierzu *Bettinger*, S. 119 m. w. N..

zur Niederlassungsfreiheit gravierende Änderungen in der deutschen Rechtsprechung, weil der BGH von der Sitztheorie Abstand nehmen musste, soweit es um Gesellschaften aus anderen EU-Staaten ging.[205]

4.3 Rechtsprechung des EuGH zur Niederlassungsfreiheit

Im Vertrag über die Arbeitsweise der Europäischen Union (AEUV) ist die Niederlassungsfreiheit festgeschrieben. Nach Art. 49 AEUV sind Beschränkungen der freien Niederlassung von Staatsangehörigen eines Mitgliedstaates im Hoheitsgebiet eines anderen Mitgliedstaates nach Maßgabe der Art. 50 ff. AEUV verboten. Die Niederlassungsfreiheit gilt aufgrund der Verweisungsnorm in Art. 54 Abs. 1 AEUV grundsätzlich auch für Gesellschaften, die nach den Vorschriften eines Mitgliedstaates wirksam gegründet wurden, und bewirkt so eine Gleichstellung der Gesellschaften mit natürlichen Personen. Art. 49 AEUV verlangt zunächst die Inländergleichbehandlung, sofern die Gesellschaften nach dem Recht eines Mitgliedstaates wirksam gegründet worden sind und eine örtliche Verbindung der Gesellschaft mit einem Mitgliedstaat besteht. Die hinreichende örtliche Verbindung gilt dabei immer dann als gegeben, wenn sich der satzungsmäßige Sitz, die Hauptverwaltung oder die Hauptniederlassung in der EU befinden. Mit Hauptverwaltung ist dabei der Ort gemeint, an dem die eigentliche unternehmerische Leitung der Gesellschaft erfolgt, i. d. R. der Sitz der Geschäftsleitung; Hauptniederlassung bedeutet z. B. bei einem Industrieunternehmen der Ort der zentralen Produktionsstätte.

Von zentraler Bedeutung sind vor allem die drei grundlegenden EuGH-Entscheidungen Centros[206], Überseering[207] und Inspire Art.[208]

In einer ersten wegweisenden Entscheidung „Centros“ ging es um die Frage, ob vor dem Hintergrund der Niederlassungsfreiheit eine Gesellschaft, für die im Gründungsstaat kein Mindestkapitalerfordernis gilt, im Inland anzuerkennen ist, obwohl die nationalen Vorschriften ein Mindestkapital vorsehen. Der EuGH entschied, dass es gegen die Niederlassungsfreiheit verstoße, wenn einer Gesellschaft, die in einem Mitgliedstaat wirksam gegründet wurde, die Eintragung

---

205 BGHZ 154, 185 (188).

206 EuGH, Urt. v. 09.03.1999, Rs. 212/97, Slg. 1999, I-1459 – *Centros* = NJW 1999, 2027.

207 EuGH, Urt. v. 05.11.2002, Rs. C-208/00, Slg. 2002, I-9919 – *Überseering* = NJW 2002, 3614.

208 EuGH, Urt. v. 30.09.2003, Rs. C-167/01, Slg. 2003, I-10155 – *Inspire Art* = NJW 2003, 3331; *Kindler*, in MükoIntGesR, Rn. 420 ff. zu den Entscheidungen des EuGH zur Niederlassungsfreiheit.

einer Zweigniederlassung in einem anderen Mitgliedstaat mit der Begründung verweigert würde, die gesellschaftsrechtlichen Voraussetzungen dieses anderen Mitgliedstaates seien nicht erfüllt. Die Anerkennung dieser Gesellschaft dürfe auch dann nicht verweigert werden, wenn die Gründung im Ausland nur zu dem Zweck erfolgte, um bestimmte gesellschaftsrechtliche Anforderungen, die das Recht dieses Mitgliedstaates (Dänemark) aufstellt, zu umgehen. Dies allein stelle noch keine missbräuchliche Ausnutzung des Gemeinschaftsrechts dar, sodass der betroffenen Gesellschaft eine Berufung auf die Niederlassungsfreiheit nicht verwehrt werden darf.[209]

In der Entscheidung „Überseering" entwickelte der EuGH seine Rechtsprechung fort und sprach sich im Ergebnis für die Anwendung der Gründungstheorie aus, soweit es um die Anerkennung der Rechts- und Parteifähigkeit der Gesellschaft geht. In dieser Entscheidung stellte er Voraussetzungen für eine Beschränkung der Niederlassungsfreiheit auf. Es lasse sich zwar nicht ausschließen, dass im Einzelfall Gründe des Allgemeinwohls, wie etwa der Schutz von Arbeitnehmern, Gläubigern, Minderheitsgesellschaftern oder des Fiskus, eine Beschränkung der Niederlassungsfreiheit rechtfertigen können. Aber auch solche Gründe können nicht dazu führen, dass einer nach dem Recht eines Mitgliedstaates wirksam gegründeten Gesellschaft in einem anderen Mitgliedstaat die Rechts- und Parteifähigkeit abgesprochen werde.[210]

Die rechtliche Folge aus diesen beiden Entscheidungen ist, dass Gesellschaften aus dem europäischen Ausland, auch wenn sie ihre Aktivitäten hauptsächlich oder sogar ausschließlich im Inland entfalten, als Gesellschaft des jeweiligen ausländischen Rechts in der jeweiligen Rechtsform anzuerkennen sind.[211] Nach der Ansicht des EuGH gilt dies auch für „Briefkastengesellschaften", die in dem Mitgliedstaat, in dem sie gegründet und registriert worden sind, keinerlei Geschäftstätigkeit entfalten, sondern ihre Aktivitäten allein auf einen anderen oder mehrere andere Staaten der EU beschränken.

In einer weiteren Entscheidung aus dem Jahr 2003 „Inspire Art" entschied der EuGH aufbauend auf den erwähnten Entscheidungen, dass es Mitgliedstaaten auch nicht durch eine spezielle Gesetzgebung für Auslandsgesellschaften möglich sei, diesen die Einhaltung der Gründungsvoraussetzungen nationaler

209 EuGH, Urt. v. 09.03.1999, Rs. 212/97, Slg. 1999, I-1459 – *Centros* = NJW 1999, 2027 (2028).

210 EuGH, Urt. v. 05.11.2002, Rs. C-208/00, Slg. 2002, I-9919 – *Überseering* = NJW 2002, 3614 (3617).

211 Entsprechendes gilt für Gesellschaften aus dem Europäischen Wirtschaftsraum (EWR) sowie auf staatsvertraglicher Grundlage für Gesellschaften aus den U.S.A..

Gesellschaften aufzuzwingen. Durch eine solche Regelung werde die Niederlassungsfreiheit in unzulässiger Weise eingeschränkt.[212]

In der Folgezeit wurde durch den EuGH das Recht auf freie Niederlassung noch erweitert. Mit der Entscheidung „SEVIC"[213] griff der EuGH der inzwischen in Kraft getretenen Verschmelzungsrichtlinie[214] vor, die grenzüberschreitende Verschmelzungen innerhalb der EU ermöglicht. In der Entscheidung „VALE"[215] entwickelte der EuGH seine Rechtsprechung noch weiter und entschied, dass ein Mitgliedstaat gegen Art. 49, 54 AEUV verstößt, wenn nationales Recht für inländische Gesellschaften die Möglichkeit einer Umwandlung vorsieht, allerdings die Umwandlung einer dem Recht eines anderen Mitgliedstaates unterliegenden Gesellschaft in eine inländische Gesellschaft generell ausschließt. Danach genießen alle grenzüberschreitenden Umwandlungsvorgänge (auch Sitzverlegungen) den Schutz der Niederlassungsfreiheit.[216]

4.4 Praktische Konsequenzen

4.4.1 Kollisionsrecht

Zusammenfassend lässt sich feststellen, dass seit den EuGH-Entscheidungen „Überseering" und „Inspire Art" der Zuzug von Gesellschaften aus anderen EU/EWR-Mitgliedstaaten nach Deutschland zulässig ist.[217] Infolge der Rechtsprechung des EuGH zur Niederlassungsfreiheit sind somit Gesellschaften, die in einem Mitgliedstaat wirksam gegründet worden sind, in allen anderen Staaten

---

212 EuGH, Urt. v. 30.09.2003, Rs. C-167/01, Slg. 2003, I-10155 – *Inspire Art* = NJW 2003, 3331 (3333).

213 EuGH, Urt. v. 13.12.2005, Rs. C-411/03, Slg. 2005, I-10805, EuZW 2006, 81 = SEVIC; hierzu *Streinz*, Rn. 908, dort Fn. 240 m. w. N..

214 RL 2011/35/EU v. 05.04.2011, ABl. 2011 L 110.

215 EuGH, Urt. v. 12.07.2012, Rs. C-378/10 – VALE.

216 *Bieber/Epiney/Haag*, § 11, Rn. 121 m. w. N..

217 Vgl. anders zum Wegzug von Gesellschaften, EuGH, Urt. v. 16.12.2008 – C 210/06 (Cartesio) = Slg. 2008, I-09641 = NJW 2009, 569, 572. Hier hatte der EuGH – in Bestätigung seiner Entscheidung von 1988 „Daily Mail" – einen identitätswahrenden Wegzug einer Gesellschaft abgelehnt. Obwohl eine Sanktionierung der Verwaltungssitzverlegung einer Gesellschaft durch ihren Gründungsstaat für europarechtlich zulässig angesehen wird, haben mittlerweile zahlreiche Mitgliedstaaten ihren Gesellschaften eine Verlegung des Verwaltungssitzes gestattet. Nach den im Rahmen des MoMiG 2009 eingeführten § 4a GmbHG und § 5a AktG können auch deutsche Kapitalgesellschaften ihren Verwaltungssitz ins Ausland verlegen; hierzu *Piller*, S. 119 m. w. N..

der EU als Gesellschaften ausländischen Rechts in der jeweiligen Rechtsform anzuerkennen, selbst wenn in dem Gründungsstaat keinerlei Geschäftstätigkeit entfaltet wird.[218] Dies gilt allerdings nicht für Rechtsformen aus Drittstaaten, soweit keine staatsvertraglichen Regelungen, wie etwa zwischen Deutschland und den U.S.A., bestehen.

Aufgrund dieser Rechtsprechung des EuGH ist die bis dahin im deutschen Recht geltende Sitztheorie europarechtswidrig, da sie eine identitätswahrende Sitzverlegung verhinderte, indem sie diese Auslandsgesellschaften entweder als nicht rechtsfähig betrachtete[219] oder in eine deutsche Personengesellschaft umqualifizierte.[220]

Der EuGH hat mit seinen Entscheidungen zwar explizit weder EU-rechtliches Kollisionsrecht geschaffen noch direkte Aussagen zum Internationalen Gesellschaftsrecht der Mitgliedstaaten getroffen. Nach nunmehr herrschender Meinung gilt jedoch im deutschen Recht für das Gesellschaftsstatut für Rechtsformen aus anderen EU-Staaten faktisch die Gründungstheorie, soweit es sich um Zuzugsfälle handelt.[221] Dies gilt nicht nur für Fragen der Rechts- und Parteifähigkeit, sondern für alle Regelungsbereiche, die nach allgemeiner Auffassung dem Gesellschaftsstatut zuzuordnen sind.[222]

Der EuGH hat damit den Wettbewerb der (Gesellschafts-) Rechtsformen in Europa verstärkt und zu einer weiteren Integration des Binnenmarktes beigetragen.

4.4.2 Bevorzugung englischer Rechtsformen

Da die in Großbritannien herrschende Gründungstheorie einen vom Satzungssitz abweichenden Verwaltungssitz gestattet, profitieren alle Gesellschaftsformen britischen Rechts von der Rechtsprechung des EuGH zur Niederlassungsfreiheit.

Von praktischer Bedeutung war zunächst die englische Kapitalgesellschaft „private limited company by shares" (kurz: „Limited"). Der Grund für die Beliebtheit der „Limited" als Rechtsformalternative zu deutschen Kapitalgesellschaften

---

218 *Bank*, S. 338 ff. Damit wird das Prinzip der gegenseitigen Anerkennung, welches der EuGH zunächst in der Entscheidung *Cassis de Dijon* für die Warenverkehrsfreiheit aus Art. 34 AEUV anerkannt und in der Folge sukzessive auf die übrigen Grundfreiheiten übertragen hat, auch auf die Niederlassungsfreiheit angewendet; vgl. *Cassis de Dijon*, Rs. 120/78, Slg. 1979, 649, Rn. 14.

219 OLG Zweibrücken, NJW 1990, 3092; BayObLG, NJW-RR 1999, 401.

220 BGH v. 01.07.2002 – II ZR 380/00, NJW 2002, 3539; sog. modifizierte Sitztheorie.

221 Vgl. *Bank*, S. 344 m. w. N..

222 BGHZ 154, 185 (190); *Triebel/Otte/Kimpel*, BB 2005, 1233 m. w. N..

sind die relativ geringen und kostengünstigen Gründungsanforderungen. Im Unterschied zur GmbH wird kein Mindestkapital verlangt; hinzu kommt, dass das englische Recht als Recht des Gründungsstaates den Wegzug gestattet.[223] Die Geltung des englischen Gesellschaftsstatuts bedeutet aber nicht, dass die Anwendung sonstiger, nicht zum Gesellschaftsstatut gehörender Regelungen auf eine im Inland ansässige „Limited" grundsätzlich ausgeschlossen ist. Umstritten ist vor allem die Frage nach der Anwendbarkeit bestimmter Haftungstatbestände, insbesondere der Haftung wegen existenzvernichtenden Eingriffs und Insolvenzverschleppung.[224]

Zu den mit der deutschen GmbH weiteren konkurrierenden Rechtsformen zählen neben der englischen Limited die niederländische Besloten Vennootschap met beperkte aansprakelijkheid (BV), die schwedische Aktiebolag (AB) oder die französische Société à Responsabilité Limitée (S.à.r.L.).[225]

Im Ergebnis stehen damit auch den deutschen Freiberuflern nicht nur das Spektrum der deutschen Rechts- bzw. Gesellschaftsformen, sondern auch die entsprechenden Rechtsformen aus den anderen EU-Mitgliedstaaten zur Verfügung.

4.5 Auswirkungen auf die englische Briefkasten-LLP

Danach kann auch eine in Großbritannien inkorporierte LLP demzufolge in allen Staaten der EU als solche auftreten und tätig werden. Deutsche Unternehmen und Freiberufler können eine LLP gründen, den tatsächlichen Verwaltungssitz der Gesellschaft in Deutschland haben und als „Briefkasten-LLP" britischen Rechts ausschließlich in Deutschland tätig werde. Auf dem deutschen Rechtsberatungsmarkt sind seit Jahren große „law firms" aktiv. So sind einige der großen Kanzleien in Deutschland in der Rechtsform der LLP organisiert, einige davon mit originär deutschen Wurzeln (aber mit Verwaltungssitz in Großbritannien).

Das wesentliche Merkmal einer LLP, die in Großbritannien seit dem Jahr 2001 den Angehörigen aller Berufe zur Verfügung steht, ist, dass sie als juristische Person konzipiert ist, die in ihrer Existenz von den Gesellschaftern unabhängig ist. Mit der Konzipierung der LLP als eigenständige Rechtsperson ist die

223 Vgl. *Schnittker/Bank*, Rn. 5, 10.
224 *Henssler*, NJW 2014, 1761.
225 *Piller*, S. 119 m. w. N..

Möglichkeit der Haftungsbeschränkung bei vertraglichen Pflichtverletzungen der Mitglieder (members) auf das Gesellschaftsvermögen gegeben.[226]

Von der Anerkennung der Gesellschaft in ihrer gegründeten Rechtsform ist die Frage zu unterscheiden, welche Rechtsordnung im Inland auf die Verhältnisse der Gesellschaft anzuwenden ist. Von Bedeutung ist daher, nach welcher Rechtsordnung sich die gesellschaftsrechtliche Haftung der in England gegründeten, aber in Deutschland tätigen LLPs richtet. In Betracht kommt daher zum einen die Haftung nach dem englischen Recht der LLP. Zum anderen könnte sich das Haftungsregime aber auch nach dem deutschen Gesellschaftsrecht richten. Die Gründungstheorie besagt lediglich, dass das Gesellschaftsstatut an die Rechtsordnung des Gründungsstaates anknüpft. Welche Rechtsverhältnisse im Einzelnen von dem Gesellschaftsstatut umfasst sind, ist im Kapitel IV. zu konkretisieren.

4.6 Zwischenergebnis

Die vorstehenden Ausführungen haben deutlich werden lassen, dass sich durch die weitere Entwicklung des EU-Rechts die Rechtsformwahlfreiheit für Unternehmen und Freiberufler vergrößert hat. Freiberuflern stehen damit nicht mehr nur die deutschen Rechts- und Kooperationsformen zur Verfügung, sondern auch die entsprechenden Rechtsformen aus den anderen Mitgliedstaaten. „Wettbewerber" der Partnerschaft im Gesellschaftsrecht europäischer Staaten sind u. a. die französische société civile professionelle, die italienische società tra avvocati und vor allem die englische limited liability partnership (LLP).[227] Aktuelle Entwicklungen in den vergangenen Jahren haben – wohl auch sprachlich bedingt – einen Trend erkennen lassen, wonach sich in Deutschland tätige Rechtsanwälte vor allem der englischen LLP bedienen.[228]

5. Rechtspolitische Stellungnahmen

Freiberufler können sich in der Rechtsform der GbR und in Form der Partnerschaft zusammenschließen. Darüber hinaus steht ihnen die Organisationsform der GmbH und der AG zur Verfügung, soweit das jeweilige Berufsrecht dies zulässt.

---

226 Vgl. *Triebel/Otte/Kimpel*, BB 2005, 1233; *Piller*, S. 121 mit Hinweis auf die große Beliebtheit der LLP; *Posegga*, DStR 2012, 611; vgl. *Payne*, LLP's 10 years on, The Law Gazette, 08.05.2012, unter www.lawgazette.co.uk.

227 *Henssler/Mansel*, NJW 2007, 1393 (1394.)

228 Zur Organisationsform der LLP mit Verwaltungssitz in Deutschland sowie die auf sie anzuwendenden Rechtsvorschriften, vgl. Kapitel IV.

Die GmbH & Co. KG ist weitestgehend nur für Steuerberater und Wirtschaftsprüfer eine Alternative, nicht jedoch für Rechtsanwälte und andere Freie Berufe.

Aufgrund der Rechtsentwicklung auf der Ebene der EU vergrößerte sich die Rechtsformwahlfreiheit für Freiberufler insbesondere um die Möglichkeit, sich in einer LLP zusammenzuschließen und den Verwaltungssitz in Deutschland zu nehmen.

In der Literatur wurde vor diesem Hintergrund teilweise vertreten, dass die Einführung der PartG mbB nicht erforderlich sei. Es bestehe kein Bedarf, für Rechtsanwälte, Patentanwälte, Steuerberater und Wirtschaftsprüfer neben der GmbH eine Personengesellschaft zur Verfügung zu stellen, in der die Haftung auf das Gesellschaftsvermögen beschränkt sei. Sofern Freiberufler an einer echten Haftungsbeschränkung interessiert seien, müssen sie die Rechtsform der Kapitalgesellschaft wählen. Zwar sei die GmbH trotz der in § 13 GmbHG normierten umfassenden Haftungsbeschränkung der GmbH-Gesellschafter gegenüber der Partnerschaft in einigen Punkten nachteilig. Die buchhalterischen und steuerlichen Belastungen, welche sich aus der Wahl einer Kapitalgesellschaft ergeben, seien jedoch in Kauf zu nehmen.[229]

Dieser Ansicht ist nicht zuzustimmen. In Übereinstimmung mit der überwiegenden Ansicht in der Literatur[230] ist die Bestrebung des Gesetzgebers zu befürworten, auch Freiberuflern zur gemeinsamen Berufsausübung eine Rechtsform zur Verfügung zu stellen, in der die Vorteile der Haftungsbeschränkung und die Vorteile der Personengesellschaft miteinander kombiniert werden konnten. Die diesbezügliche Verweisung einzelner Autoren auf die Kapitalgesellschaften für die Freiberufler ist damit verfehlt. Andernfalls wären die Freiberufler gegenüber Gewerbetreibenden entgegen Art. 3 Abs. 1 GG benachteiligt, da sich Gewerbetreibende im Unterschied zu den Freiberuflern auch in der Rechtsform der GmbH & Co. KG zusammenschließen können.

Allerdings befürworten viele Vertreter dieser Ansicht statt der Einführung einer PartG mbB die KG, und zwar auch in der Rechtsform der GmbH & Co. KG, durch gesetzliche Regelung für alle Freien Berufe zu öffnen.[231] Die Unterscheidung zwischen gewerblicher Tätigkeit einerseits und freiberuflicher Tätigkeit andererseits sei aufzugeben. Zur Begründung wird auf die Entscheidung des BGH vom

---

229 *Beuthien*, ZRP 2012, 127; *Gehling*, ZIP 2012, 1118.

230 *Leuering*, ZIP 2012, 1112 (1114); *Salger*, DB 2012, 1794 (1794); *Kilian*, AnwBl. 2012, 957 (958) mit Hinweis auf eine Befragung unter Rechtsanwälten, die mehrheitlich eine PartG mbB befürworteten; *Grunewald*, ZIP 2012, 1115 (1117); *Meyer*, S. 33.

231 *Salger*, DB 2012, 1794 (1794); *Grunewald*, ZIP 2012, 1115 (1117); *Kienzler*, JR 2016, 222 (228); *Beck*, AnwBl. 2015, 380 (387).

18.07.2011[232] Bezug genommen, in der das Gericht die Zulässigkeit einer Rechtsanwalts-GmbH & Co. KG nur deshalb abgelehnt habe, weil Rechtsanwälte eben kein Gewerbe betrieben. Zur Begründung der vorzugsweisen Öffnung der GmbH & Co. KG wurden unterschiedliche Argumente vorgebracht. Es gebe keinen Grund, die Freiberufler mit einer Rechtsformvariante einer PartG mbB gegenüber Gewerbetreibenden zu privilegieren.[233] Andere bringen vor, die PartG mbB stelle einen Bruch im System des Gesellschaftsrechts dar, da sie für bestimmte Berufsgruppen vorteilhafte Merkmale der Personenhandelsgesellschaft und der Kapitalgesellschaft vermenge.[234] Zwar sei auch die GmbH & Co. KG eine Kombination aus zwei Rechtsformen. Im Unterschied zur geplanten PartG mbB werden diese jedoch nach den jeweils für sie geltenden Vorschriften behandelt. Mit der Öffnung der GmbH & Co. KG für Freiberufler könne dieser Systembruch vermieden werden.[235]

Ungeachtet der vorgenannten rechtspolitischen Kritik hat sich der Gesetzgeber für die Rechtsformvariante der PartG mbB entschieden, deren Haftungskonzept im folgenden Kapitel näher betrachtet werden soll. Die Forderung einiger Vertreter in der Literatur, statt einer PartG mbB die GmbH & Co. KG auch für Freiberufler zu öffnen, dürfte sich damit zumindest für einen gewissen Zeitraum erledigt haben, auch wenn die Bundesrechtsanwaltskammer gemäß der Stellungnahme Nr. 15/2018 einen entsprechenden Vorstoß plant. Die Klärung dieser Frage, ob die Differenzierung zwischen gewerblicher Tätigkeit und den Freien Berufen noch zeitgemäß ist oder besser aufgegeben werden sollte, kann im Rahmen dieser Untersuchung offen und späteren rechtspolitischen Diskussionen vorbehalten bleiben. In diesem Rahmen wird dann auch zu diskutieren sein, ob es nicht nur eine Öffnung der GmbH & Co. KG für Freiberufler geben soll, sondern – wie vereinzelt vorgeschlagen wird[236] – die Zweiteilung zwischen Gewerbetreibenden und Freiberuflern vollständig aufzugeben und das Personengesellschaftsrecht neu zu ordnen sei.

---

232 BGH, NJW 2011, 3036 ff..

233 *Grunewald*, ZIP 2012, 1115 (1117).

234 Dagegen *Fischer*, S. 59 mit überzeugender Begründung, dass die PartG mbB keinen Bruch im gesellschaftsrechtlichen System darstelle; sie sei nicht zwischen Personengesellschaft und juristischer Person einzuordnen. Sie habe keinen verbandsrechtlichen Charakter, sondern sei im Innenverhältnis personalistisch geprägt, sodass sie eine – wenn auch rechtsfähige – Personengesellschaft ohne hybriden Charakter bleibe. Die Einführung einer partiellen Haftungsbeschränkung und die Pflicht zum Abschluss einer Berufshaftpflichtversicherung stellten aber eine eigenständige Weiterentwicklung des Personengesellschaftsrechts dar.

235 *Henssler*, NJW 2014, 1781 (1766).

236 *Lieder/Hoffmann*, NZG 2016, 287 (294).

III. Haftungsrechtliche Aspekte bei der PartG mbB

1. Grundlagen – Ablauf der Gesetzgebung, Gründe und praktische Relevanz

1.1 Gesetzgebungsverfahren

Die Einführung der PartG mbB basiert auf einer Initiative einiger betroffener Berufsverbände. Im Jahr 2011 sprach sich nämlich die BRAK in einer Stellungnahme, der eine gemeinsame Initiative von BRAK und DAV zugrunde lag, für die Schaffung einer PartG mbB aus und schlug die Einführung eines § 8 Abs. 4 PartGG vor, nach dem für Verbindlichkeiten der Gesellschaft „aus Schäden wegen fehlerhafter Berufsausübung" nur das Gesellschaftsvermögen haftet, wenn die Gesellschaft eine zu diesem Zweck durch Gesetz begründete Berufshaftpflichtversicherung unterhält und sie den Namenszusatz „mit beschränkter Haftung" oder eine allgemeinverständliche Abkürzung dieser Bezeichnung führt.[237] Das BMJ griff den Vorschlag auf und veröffentlichte 2012 einen Referentenentwurf eines Gesetzes zur Einführung einer Partnerschaftsgesellschaft mit beschränkter Berufshaftung und zur Änderung des Berufsrechts der Rechtsanwälte, Patentanwälte und Steuerberater (RefE), um eine deutsche Alternative zur LLP zu schaffen.[238] Im Mai 2012 wurde der leicht überarbeitete Entwurf als Regierungsentwurf (RegE) dem Bundesrat vorgelegt.[239] Im September 2012 fand eine erste Lesung im Bundestag statt, nach welcher der Gesetzentwurf an den Rechtsausschuss überwiesen wurde.[240] Der Bericht des Rechtsausschusses empfahl Modifikationen in einigen wichtigen Punkten und wurde am 12.06.2013 fertiggestellt.[241] Mit diesen Änderungen wurde das Gesetz vom Bundestag am folgenden Tag beschlossen und an den Bundesrat weitergeleitet. Da dieser keine

---

237 Vgl. BRAK Stellungnahme, 31/2011, S. 3 ff.; *Posegga*, DStR 2012, 611; *Ruppert*, DStR 2013, 1623 (1624) ff..

238 *Kilian*, AnwBl. 2012, 957; *Posegga*, DStR 2012, 611.

239 BT-Drucks. 17/10487.

240 Vgl. BT-PlPr. 17/195, S. 23579 ff..

241 Vgl. Begründung des Rechtsausschusses, BT-Drucks. 17/13944.

Einwände mehr erhob, ist es am 18.07.2013 im Bundesgesetzblatt veröffentlicht worden und damit am 19.07.2013 in Kraft getreten.[242]

1.2. Gesetzesbegründung

Der Gesetzgeber begründete die Notwendigkeit der Schaffung einer PartG mbB im Wesentlichen mit Unzulänglichkeiten der bisherigen Regelung in § 8 Abs. 2 PartGG und der Konkurrenz durch die englische LLP.

Die Haftungskonzentration nach § 8 Abs. 2 PartGG ist danach nur bei kleineren und mittelgroßen Kanzleien, in denen regelmäßig nur ein Partner für ein Mandat zuständig ist, geeignet, die Haftungsrisiken zu reduzieren.[243] Bei großen Partnerschaften können diesbezüglich haftungsrechtliche Probleme auftreten. Hier werden größere Mandate häufig in Teams bearbeitet. Die aufgrund von unterschiedlicher Spezialisierung miteinander arbeitenden Partner können die Arbeitsbeiträge der anderen weder inhaltlich noch dem Umfang nach vollständig überblicken und verantworten. Die Haftungskonzentration stößt damit regelmäßig dann an ihre Grenzen, wenn eine Vielzahl von Partnern mit unterschiedlichen Spezialisierungen arbeitsteilig an einem Mandat zusammenarbeitet. Hinzu kommt, dass neben der mangelnden Kontrollmöglichkeit durch einzelne Partner die einzelnen Arbeitsbeiträge meistens auch nicht bestimmten einzelnen Partnern zugeordnet werden können, sodass einer persönlichen Haftung kein persönliches Verschulden zugrunde liegt. In der Praxis hat sich gezeigt, dass die Haftungskonzentration auch bei kleineren Partnerschaften ihre Funktion in vielen Situationen nicht erfüllt. Verstärkt wurde diese Situation durch die Rechtsprechung des BGH im Jahr 2009, nach der der mit der Bearbeitung eines Auftrags befasste Partner auch für die vor seinem Eintritt begangenen beruflichen Fehler eines anderen mit dem Auftrag befassten Partners persönlich haftet, selbst wenn er dessen Fehler im Rahmen eines „Rettungsversuchs“ nicht mehr korrigieren kann.[244] Die Haftung tritt also unabhängig von dem Zeitpunkt des Fehlers, von der Arbeitsaufnahme des Mandats und auch über Professionsgrenzen hinweg ein. Sie ist damit lediglich an das Merkmal der „Befassung“ gebunden, nicht an die Verletzungshandlung, die zu dem konkreten Berufsausübungsfehler führt.

---

242 BGBl. 2013, I, S. 2386; *Kienzler*, S. 78 ff. zum Gesetzgebungsverfahren und den wichtigsten Änderungen im PartGG, in der BRAO und im Steuerberatungsgesetz.

243 Begr. RegE, BT-Drucks., 17/10487, S. 13.

244 BGH, Urt. v. 19.11.2009 – IX ZR 12/09 = DStR 2010, 612, 614 = NJW 2010, 1360 = NZG 2010, 421 (422). Der BGH spricht von einer verschuldensunabhängigen Handelndenhaftung, vgl. *Beck*, AnwBl. 2015, 380 (387).

Dies führte zum einen zu erheblichen Schwierigkeiten bei der Rekrutierung neuer Partner, da für neu eintretende Partner unübersehbare Haftungsrisiken aus alten Mandaten drohten. Zum anderen hatte es darüber hinaus auch eine abschreckende Wirkung für die Rechtsform der Partnerschaftsgesellschaft. Vor diesem Hintergrund bestand ein Bedürfnis nach einer adäquaten Rechtsform für Freie Berufe. Die Intention des Gesetzgebers mit dieser Rechtsformvariante war es, eine weitere Haftungsbeschränkung zu erreichen, allerdings beschränkt auf die Schadenersatzhaftung aus „beruflichen Fehlern". Die Gläubigerinteressen könnten diesbezüglich durch eine Haftpflichtversicherung berücksichtigt werden, ohne jedoch die steuerlichen Vorteile einer Personengesellschaft zu gefährden.

Der Gesetzgeber befürchtete zudem eine weiter fortschreitende Dominanz der englischen LLP auf dem deutschen Anwaltsmarkt und ihre weitere Verbreitung; zudem sollte ein möglicher (weiterer) Bedeutungsverlust deutscher Rechtsformen im europäischen Wettbewerb der Rechtsformen verhindert werden.[245] Da dieser Entwicklung aufgrund der Niederlassungsfreiheit in der EU nicht durch gesetzliche Beschränkungen entgegengewirkt werden kann, bedürfe es nach Aussagen des Gesetzgebers einer gesetzlichen Modifikation des PartGG, um die Attraktivität dieser Rechtsform zu erhöhen und eine „Flucht" freiberuflicher Zusammenschlüsse in die LLP zu verhindern.[246] Bereits bestehende Sozietäten, die die Rechtsform der GbR, Partnerschaft oder GmbH gewählt haben, sollten also von dem Wechsel in eine ausländische Gesellschaftsvariante abgehalten bzw. bereits als LLP bestehende Kanzleien sogar von einer Umwandung in die PartG mbB überzeugt werden.[247]

1.3 Praktische Relevanz

Die Erfolgsaussichten einer PartG mbB wurden nach Inkrafttreten des Gesetzes unterschiedlich beurteilt. Während einige Vertreter in der Literatur bezweifelten, dass der PartG mbB große praktische Bedeutung zukommen werde[248],

245 BT-Drucks., 17/10487, S. 13 ff.; BR-Drucks., 309/12, S. 1 und 8.

246 BT-Drucks. 17/10487, S. 13 ff.; vgl. auch *Harbarth*, BT-PlPr 17/195, S. 23579C; *Hönlinger*, BT-PlPr. 17/195, S. 23581D; *Petermann*, BT-PlPr. 17/195, S. 23581A; *Strässer*, BT-PlPr. 17/195, S. 23580 A.

247 *Schüppen*, BB 2012, 783; *Posegga*, DStR 2012, 611.

248 *Kreße*, NJ 2013, 45 (49); *Ruppert*, DStR 2013, 1623 (1628); skeptisch diesbezüglich auch *Tröger/Pfaffinger*, JZ 2013, 812 (821).

bewertete die überwiegende Anzahl der Autoren die Reform des PartGG positiv und äußerte sich optimistisch im Hinblick auf die weitere Entwicklung.[249]

Im Rahmen der Verabschiedung dieses Gesetzes wurden zunächst entsprechende berufsrechtliche Regelungen für Rechts- und Patentanwälte, Steuerberater und Wirtschaftsprüfer erlassen.[250] In der Folgezeit haben fast alle Bundesländer die PartG mbB für Architekten und (beratende) Ingenieure anerkannt und entsprechende berufsrechtliche Regelungen geschaffen. Bei diesen Berufsgruppen waren bislang verhältnismäßig zahlreiche Zusammenschlüsse in Form der PartG mbB zu verzeichnen. Vereinzelt haben Bundesländer nun auch den Heilberufen den Weg in die PartG mbB geöffnet.[251]

Nach aktuellen rechtstatsächlichen Untersuchungen sind seit ihrer Schaffung Mitte 2013 bis Ende 2015 etwa 3000 PartG mbB errichtet worden.[252] Dabei ging etwa die Hälfte der bisher entstandenen PartG mbB aus bereits existierenden – regulären – Partnerschaften hervor. Insoweit ist die Transformation einer Partnerschaft der häufigste Weg in die PartG mbB.[253] Die andere Hälfte verteilt sich einerseits auf echte Sozietätsgründungen (also von Anfang an als PartG mbB organisierte Gesellschaften) und andererseits auf Umwandlungen (im weitesten Sinn) schon bestehender Sozietäten, die bisher nicht als Partnerschaft organisiert waren.[254] Im Wege der Umwandlung nach dem UmwG entstanden PartG mbB aus GmbH, UG und AG.[255] Häufig erfolgte auch ein – außerhalb des UmwG vollzogener – Wechsel von der GbR in die PartG mbB; hinzu kamen noch einige Wechsel von der KG.

Der Trend zur PartG mbB scheint weiterzugehen. Von den 5.000 Partnerschaften sind nach aktuellen Erhebungen aus 2017 der BRAK und der RA-Kammer Frankfurt/Main etwa 1900 PartG mbB mit anwaltlicher Beteiligung.

---

249 *Grunewald*, GWR 2013, 393 (394); *Leuering*, NZG 2013, 1001; *Römermann*, NJW 2013, 2305 (2310); *Währholz*, DStR 2013; *Schüppen*, WPg 2013, 1193 (1205).

250 Vgl. § 51a Abs. 2 BRAO, § 45a PAO, § 67 Abs. 2 StBerG, § 54 WPO i. V. m. § 323 Abs. 2 HGB.

251 *Lieder/Hoffmann*, NZG 2016, 28 (288), dort Fn. 21.

252 *Lieder/Hoffmann*, NZG 2016, 287; vgl. auch zu einer eigenen Erhebung des DAV, nach der am 14.12.2016 über 4000 PartG mbB im Partnerschaftsregister eingetragen waren; anwaltverein.de/files/anwaltverein.de/downloads/newsroom/davdepesche/2017/Zahlen-PartGmbB (12-2016).pdf.

253 *Lieder/Hoffmann*, NZG 2016, 287; *Kilian*, AnwBl. 2015, 772 (775).

254 Vgl. zur „Umwandlung" in die PartG mbB *Lieder*, NotBZ 2014, 128 ff. (131); *Uwer/Roeding*, AnwBl. 2013, 309.

255 Vgl. *Lieder/Hoffmann*, NZG 2016, 287.

Bislang ist nicht erkennbar, dass sich dieser Trend abschwächen wird, auch wenn eine Befragung des Soldan Instituts[256] zu dem Ergebnis kam, dass zumindest in der Anwaltschaft Vorbehalte gegen die PartG mbB bestehen, und vor allem die Rechtsform der GbR auch in Zukunft eine zentrale Rolle spielen wird.

2. Haftungsbeschränkungen für berufliche Fehler

2.1 Schäden wegen „fehlerhafter Berufsausübung"

2.1.1 Unterschiedlicher Wortlaut in § 8 Abs. 2 und 4 PartGG

Die PartG mbB ist keine eigenständige Rechtsform, sondern lediglich eine Variante der Partnerschaft. Sie haftet für die in ihrem Namen eingegangenen Verbindlichkeiten nach § 8 Abs. 1 PartGG. Insoweit bestehen keine Besonderheiten zur einfachen Partnerschaft, sodass auf die Ausführungen zur Partnerschaft verwiesen werden kann.[257] In § 8 Abs. 4 PartGG sind die Voraussetzungen für eine gesetzliche Haftungsbeschränkung auf das Gesellschaftsvermögen normiert. Zu beachten ist, dass die Haftungsbeschränkung nach § 8 Abs. 4 S. 1 PartGG nicht alle Verbindlichkeiten der Partnerschaft erfasst, sondern nur diejenigen, die auf einer „fehlerhaften Berufsausübung" beruhen.

Fraglich ist, ob es einen Unterschied zwischen dem Begriff in § 8 Abs. 4 PartGG „fehlerhafte Berufsausübung" und dem in § 8 Abs. 2 PartGG verwendeten Begriff „beruflicher Fehler" gibt.[258] Betrachtet man die Entstehungsgeschichte des PartGG, so stellt man fest, dass in § 8 Abs. 2 PartGG in der Fassung 1995, der noch eine vertraglich zu vereinbarende Haftungsbeschränkung vorsah, von „Schäden aus einer fehlerhaften Berufsausübung" gesprochen wurde. Nach der Gesetzesbegründung waren alle Verbindlichkeiten, die im Zusammenhang mit der fehlerhaften Bearbeitung des Auftrags entstanden sind, umfasst.[259] Mit der Änderung des § 8 Abs. 2 PartGG im Jahr 1998 hin zur gesetzlichen Haftungsbeschränkung wurde auch der Wortlaut dahingehend geändert, dass nun von „beruflichen Fehlern" gesprochen wurde. Damit sollte aber keine Änderung der umfassten Ansprüche verbunden sein. Der Gesetzgeber wollte lediglich die unpraktikable vertragliche Haftungsbeschränkung in eine gesetzliche

256 *Kilian*, AnwBl. 2015, 772.
257 Kap. II. 2.3.
258 Vgl. hierzu II. 2.3.3.1.
259 Vgl. Begr., RegE zur Schaffung eines PartGG, BT-Drucks. 12/6152, S. 18.

Haftungsbeschränkung umwandeln.[260] Es sind keinerlei Anhaltspunkte erkennbar, die dafür sprechen, dass damit auch eine Änderung von Inhalt und Reichweite der Haftungskonzentration verbunden sein sollte. Die Situation ist vergleichbar mit der Einfügung des § 8 Abs. 4 PartGG. Hintergrund war auch hier die Kritik an der mangelnden Eignung des § 8 Abs. 2 PartGG in größeren Sozietäten. Es besteht bei arbeitsteiliger Zusammenarbeit in größeren Sozietäten die Gefahr, dass die Haftungsbeschränkung des § 8 Abs. 2 PartGG nicht effektiv genug eingreifen kann. Nach dem Willen des Gesetzgebers sollte den Freiberuflern in einer großen, überörtlichen Sozietät mit arbeitsteiliger Organisation mit § 8 Abs. 4 PartGG eine praktikable interessengerechte Möglichkeit der Haftungsbeschränkung ermöglicht werden.[261] Es ist daher davon auszugehen, dass es sich hinsichtlich der unterschiedlichen Begrifflichkeiten um ein Redaktionsversehen des Gesetzgebers gehandelt hat, und es keinen Unterschied zwischen einem „beruflichen Fehler“ in § 8 Abs. 2 PartGG und Schäden wegen „fehlerhafter Berufsausübung“ gibt.

2.1.2 Erfasste Verbindlichkeiten

Bei den Verbindlichkeiten muss es sich um Ansprüche wegen Schäden handeln, die sich gegen die Gesellschaft richten und nicht gegen den einzelnen Partner, etwa im Fall von Einzelmandaten. Da der Vertrag regelmäßig zwischen der Partnerschaft und dem Mandanten geschlossen wird und nur ausnahmsweise mit dem handelnden Partner selbst, ergibt sich für diesen hieraus kein größeres Risiko. Aus der gesetzlichen Regelung ist allerdings nicht erkennbar, welche Verbindlichkeiten im Einzelnen unter die Haftungsbeschränkung fallen, sodass dieser Aspekt im Folgenden zu klären ist.

Die Haftungsbeschränkung nach § 8 Abs. 4 PartGG umfasst nur Verbindlichkeiten, die auf einer fehlerhaften Berufsausübung beruhen. Es muss ein Zusammenhang zur beruflichen Tätigkeit bestehen. Die Haftungsbeschränkung greift daher nicht für die sonstigen Verbindlichkeiten der PartG mbB ein. Hierzu zählen diejenigen, die sich aus dem allgemeinen Geschäftsbetrieb ergeben und in keinem direkten Zusammenhang mit der Bearbeitung eines Mandats stehen. Nicht erfasst sind insbesondere gegen die PartG mbB gerichtete Ansprüche aus Miet-, Arbeits-, Dienst-, Leasing- oder Kaufverträgen.[262] Für diese Verbindlichkeiten

---

260 Vgl. Begr., RegE, Änderung des PartGG, BT-Drucks. 13/9820, S. 21.
261 Vgl. Begr., RegE zur Einführung einer PartG mbB, BT-Drucks. 17/10487, S. 11.
262 Vgl. Begr., RegE, BT-Drucks. 17/10487, S. 14.

ohne Mandatsbezug haften neben der PartG mbB die Partner gesamtschuldnerisch persönlich (§ 8 Abs. 1 S. 1 PartGG).[263]

Nach dem Gesetzeswortlaut muss es sich um eine Verbindlichkeit handeln, die durch eine fehlerhafte Berufsausübung verursacht worden ist und zu einem Schaden geführt hat. Fehler, die außerhalb dieses Aufgabenbereichs begangen werden, fallen von vornherein nicht in den Anwendungsbereich der Haftungsbeschränkung. Welche Aufgaben im Einzelfall berufsspezifisch sind, darf nicht zu eng ausgelegt werden. Es sind sämtliche Aufgaben erfasst, die die Bearbeitung eines Mandats mit sich bringen, d. h. Hauptleistungen wie auch Nebenleistungen, soweit sie der Ausführung des Auftrags dienen.[264]

Nach § 8 Abs. 4 PartGG sind von dem Haftungsausschluss (nur) „Verbindlichkeiten aus Schäden" erfasst. Darunter fallen eindeutig nicht Ansprüche auf Erfüllung und Gewährleistung, sondern allein Ansprüche auf Schadenersatz.

Zentrale Anspruchsgrundlage für vertragliche Schadenersatzansprüche ist § 280 Abs. 1 BGB, der vor allem bei Schlechterfüllung und leistungsbezogener Nebenpflichtverletzung eingreift. Es wird sich dabei regelmäßig um Folgeschäden handeln, da es einem Mandanten weniger darum gehen wird, dass er die anwaltliche Leistung nicht akzeptiert.[265] Weiterhin in Betracht kommen – wenn auch seltener – Schadenersatzansprüche wegen Verzug (§§ 280 Abs. 2, 286 BGB), anfänglicher oder nachträglicher Unmöglichkeit bei werkvertraglichem Charakter des Anwaltsvertrages (§§ 280 Abs. 1, 3, 283 bzw. 311a BGB), Unzumutbarkeit der Hauptleistung für den Mandanten (§§ 280 Abs. 1, 3, 282 BGB) sowie Schadenersatz statt der Leistung bei Schlecht- oder Nichterfüllung (§§ 280 Abs. 1. 3. 281 BGB).[266] Es werden vom Haftungsausschluss des § 8 Abs. 4 PartGG darüber hinaus auch Schadenersatzansprüche aus berufsbezogenen oder nachvertraglichen Pflichtverletzungen, die sich zum großen Teil aus gesetzlichen Vorschriften ableiten lassen (vgl. etwa §§ 44 S. 2, 49b BRAO, § 16 BORA oder § 203 Abs. 1 Nr. 3, 204, 356 StGB; § 50 Abs. 2 BRAO), erfasst. Weiterhin zählen hierzu Schadenersatzansprüche aus Verträgen mit Schutzwirkung zugunsten

263 *Henssler*, in Henssler/Prütting, § 8 PartGG, Rn. 62 ff. m. w. N..

264 *Römermann/Praß*, NZG 2012, 601 (603); *Schumacher*, S. 54 ff.; ders. NZG 2015, 379 (380 ff.); *Fischer*, S. 94 m. w. N..

265 *Schumacher*, NZG 2015, 379 (380 ff.).

266 *Schumacher*, NZG 2015, 379 (380 ff.) mit Hinweis darauf, dass es sich bei Verletzung nicht leistungsbezogener Nebenpflichten, also Schutz- und Sorgfaltspflichten, meistens nicht um als beruflich zu qualifizierende Fehler handeln wird; ebenso vom Haftungsausschluss seien Aufwendungen nach § 284 BGB erfasst.

Dritter sowie aus Verschulden bei Vertragsverhandlungen nach §§ 311 Abs. 2, 241 Abs. 2 BGB.

Nicht ganz eindeutig ist die Einbeziehung deliktischer Ansprüche. Während von § 8 Abs. 2 PartGG sämtliche Ansprüche umfasst sind, die aufgrund eines „beruflichen Fehlers" entstanden sind, unabhängig davon, ob sie vertraglicher oder deliktischer Natur sind oder im deliktischen Bereich über § 31 BGB analog der Gesellschaft zugerechnet werden[267], wird in der Literatur vereinzelt die Auffassung vertreten, deliktische Ansprüche (z. B. aus §§ 823 Abs. 1 und 2, 824, 826 oder 831 BGB), die sich unmittelbar gegen einen Partner richten, seien vom Anwendungsbereich des § 8 Abs. 4 PartGG auszuschließen.[268] Auch in der Gesetzesbegründung werden deliktische Ansprüche, die sich unmittelbar gegen einen Partner richten, von der Haftungsbeschränkung des § 8 Abs. 4 S. 1 PartGG ausgenommen.[269]

Es ist allerdings davon auszugehen, dass die Gesetzesbegründung an dieser Stelle ungenau ist. Es ist korrekterweise zu differenzieren zwischen deliktischen Ansprüchen, die ein Partner in Ausführung einer ihm für die PartG mbB zustehenden Verrichtung, also im Rahmen der Berufsausübung begründet und dieser daher nach § 31 BGB analog zugerechnet werden, und solchen deliktischen Ansprüchen, die der PartG mbB gerade nicht nach § 31 BGB analog zugerechnet werden.[270] Handelt es sich um Angestellte, erfolgt die Zurechnung nach § 831 BGB, soweit die PartG mbB sich nicht durch ordnungsgemäße Auswahl und Überwachung des Angestellten exkulpieren kann.

Im ersten Fall, in dem der Partner im Rahmen seiner (anwaltlichen) Berufsausübung und nicht nur bei Gelegenheit agiert hat, handelt es sich aufgrund der Zurechnung nach § 31 BGB analog um eine eigene Verbindlichkeit der PartG mbB. Danach sind bei richtiger Anwendung des § 8 Abs. 4 PartGG auch diese deliktischen Ansprüche von der Haftungsbeschränkung dieser Regelung erfasst. Die eigene Haftung des deliktisch handelnden Partners (aus §§ 823 ff. BGB) wird durch die Haftungsbeschränkung nicht berührt, sodass seine Haftung neben der Haftung der PartG mbB bestehen bleibt.[271]

---

267 *Henssler*, § 8 PartGG, Rn. 55; *Schäfer*, in MükoBGB, § 8 PartGG, Rn. 15; *von Westphalen*, in Meilicke/Westphalen/Hoffmann/Lenz/Wolff, § 8 PartGG, Rn. 7.

268 *Posegga*, DStR 2012, 611 (612); *Leitzen*, DNotZ 2013, 596 (597).

269 Vgl. Begr., RegE zur Einführung einer PartG mbB; BT-Drucks. 17/10487, S. 14.

270 *Römermann*, in Michalski/Römermann, § 8 PartGG, Rn. 109; *Fischer*, S. 95.

271 *Schäfer*, in Ulmer/Schäfer, § 8 PartGG, Rn. 48; *Römermann/Praß*, NZG 2012, 601 (603); *Ruppert*, DStR 2013, 1624 ff.; *Henssler*, in Henssler/Prütting, § 8 PartGG, Rn. 62 ff. m. w. N.: vgl. *Schumacher*, NZG 2015, 379 (383) ebenso zum Umfang und zur Reichweite des Haftungsausschlusses zur Feststellung, ob ein anwaltlicher Fehler

In dem zweiten Fall, in welchem die Verbindlichkeit gerade nicht nach § 31 BGB analog der PartG mbB zugerechnet wird, handelt es sich konsequenterweise nicht um eine eigene Verbindlichkeit der PartG mbB, sodass der Tatbestand des § 8 Abs. 4 PartG mbB nicht erfüllt ist. Es haftet damit nur der handelnde Partner persönlich; gemeint sind damit nur diejenigen deliktischen Ansprüche, bei denen auch der Schadenseintritt (nicht nur die wissentliche Pflichtverletzung) vom Vorsatz erfasst sein muss (insbesondere aus § 823 Abs. 2 BGB i. V. m. § 263 StGB oder aus § 826 BGB).

2.2 Berufshaftpflichtversicherung der PartG mbB

2.2.1 Gesetzliche Regelung

Nach § 8 Abs. 4 S. 1 PartGG haftet für Verbindlichkeiten der Partnerschaft aus „Schäden wegen fehlerhafter Berufsausübung" nur das Gesellschaftsvermögen, wenn die Gesellschaft eine zu diesem Zweck durch Gesetz vorgegebene Berufshaftpflichtversicherung „unterhält", deren Anforderungen im jeweiligen Berufsrecht näher ausgestaltet sind.[272]

Die Vorschrift des § 8 Abs. 4 PartGG bestimmt, dass das jeweilige Berufsrecht die Haftungsbeschränkung durch Abschluss einer Berufshaftpflichtversicherung zulassen muss. Nach Inkrafttreten des Gesetzes gab es entsprechende Regelungen, die den Anforderungen des § 8 Abs. 4 PartGG genügten, nur in § 51a BRAO, § 45a PAO, § 67 Abs. 2 StBerG und in § 54 WPO. Für die übrigen Freien Berufe, für die eine spezielle berufsrechtliche Regelung zur Berufshaftpflichtversicherung nicht besteht bzw. die nicht über ein eigenes Berufsrecht verfügen, ist ein Zusammenschluss in einer PartG mbB nicht möglich (gewesen). Die PartG mbB stand daher zunächst nur den vorgenannten Berufsgruppen zur Verfügung. Der Grund dafür bestand darin, dass diese Berufsrechte der konkurrierenden Gesetzgebung nach Art. 74 Abs. 1 Nr. 1 i. V. m. Art. 72 Abs. 1 GG unterfallen, von der der Bund mit der Einführung von BRAO, PAO, StBerG und WPO Gebrauch gemacht hat. Gleichzeitig mit der Verabschiedung des Gesetzes zur Einführung der PartG mbB konnte der Bund deshalb die Berufsrechte diesbezüglich anpassen. Für die anderen Freien Berufsgruppen liegt die Gesetzgebungskompetenz weitgehend bei den Ländern.[273] Für die Berufsgruppen der

---

beruflich war, mit einer von ihr entwickelten typologischen Abgrenzung; *dies.*, S. 93 ff. zur Abgrenzung zwischen berufsbezogenen Fehlern und nicht berufsbezogenen Fehlern.

272 Vgl. *Sommer/Treptow*, NJW 2013, 3269.

273 Vgl. *Jäger*, S. 192 ff..

Ingenieure, Architekten und Ärzte haben in der Folgezeit einige Bundesländer spezielle berufsrechtliche Regelungen erlassen.[274]

Aus dem Gesetzeswortlaut ist zu entnehmen, dass die Berufshaftpflichtversicherung gerade darauf ausgelegt ist, die Haftungsbeschränkung des § 8 Abs. 4 PartGG herbeizuführen. Die spezielle Berufshaftpflichtversicherung tritt bei der PartG mbB an die Stelle der persönlichen Haftung der Partner; mit anderen Worten: es existiert bei der PartG mbB zum Schutz der Gläubigerinteressen statt der persönlichen Haftung für berufliche Fehler eine gesonderte Berufshaftpflichtversicherung; sie stellt das notwendige Korrelat zur beschränkten Haftung dar.[275]

Jede der Vorschriften setzt eine Mindestversicherungssumme fest, die dem Risiko des jeweiligen Berufsfeldes gerecht werden soll. Das PartGG selbst regelt dagegen nicht die Mindesthöhe der Versicherungssumme. § 8 Abs. 4 PartGG verweist nur auf die einschlägigen berufsrechtlichen Regelungen. Entsprechendes gilt für die anderen Freiberufler. Für eine aus Rechts- und/oder Patentanwälten bestehende Partnerschaft beläuft sich nach § 51a Abs. 2 S. 1 BRAO bzw. § 45a Abs. 2 PAO die Mindestversicherungssumme auf 2,5 Mio. Euro je Versicherungsfall; im Vergleich dazu liegt für einen einzelnen Rechtsanwalt die Mindestversicherungssumme nach § 51 Abs. 4 BRAO bei 250.000 Euro.

Diese Mindestversicherungssumme der PartG mbB ist mit 2,5 Mio. Euro für jeden Versicherungsfall genauso hoch wie die Mindestversicherungssumme der Rechtsanwalts-GmbH. Bei der GmbH wird die erhöhte Versicherungssumme vornehmlich damit begründet, dass kein Gesellschafter persönlich haftet.[276]

Eine aus Steuerberatern und/oder Wirtschaftsprüfern bestehende Partnerschaft muss nach § 67 Abs. 2 StBerG bzw. § 54 Abs. 1 WPO (i. V. m. § 322 Abs. 2 HGB) mit 1 Mio. Euro je Versicherungsfall versichert sein; bei bayerischen Ärzten beträgt die Mindestversicherungssumme 5 Mio. Euro je Versicherungsfall (vgl. § 18 HKatG).

Schließen sich Berufsträger verschiedener Freier Berufe in einer PartG mbB zusammen, besteht dahingehend Einigkeit, dass sich die

---

274 *Saenger*, § 8, Rn. 416 m. w. N.; vgl. *Lieder/Hoffmann*, NZG 2016, 287 zum aktuellen Stand und Hinweis auf bestehende Regelungen für (beratende) Ingenieure und Architekten; vereinzelt auch für Heilberufe.

275 *Ruppert*, DStR 2013, 1623 (1625); *Fischer*, S. 97, dort ebenso S. 54 zur Einordnung der PartG mbB in das gesellschaftsrechtliche System als „neuer Typus" einer Personengesellschaft.

276 Vgl. *Fischer*, S. 102 ff. zur Angemessenheit der Mindestversicherung bei der PartG mbB.

Mindestversicherungssumme nur an dem höchsten vorgeschriebenen Betrag orientiert. Das ist auch sachgerecht, da sich ansonsten bei interprofessionellen Partnerschaften der vom Gesetzgeber intendierte Schutz der Gläubiger umgehen ließe.[277]

2.2.2 Rechtsnatur und Inhalt

Die Berufshaftpflichtversicherung wird, wie sich aus § 8 Abs. 4 PartGG und aus § 51a BRAO ergibt, zwischen der PartG mbB und dem Versicherungsunternehmen abgeschlossen. Das bedeutet, dass es sich um eine eigene Versicherung der PartG mbB handelt, die zugunsten der Sozietät und nicht zugunsten der einzelnen Partner abgeschlossen wird. Die PartG mbB und nicht die einzelnen Partner sind daher Vertragspartner des Versicherungsvertrages.[278] Es handelt sich um eine freiwillige Versicherung und nicht um eine Pflichtversicherung. Eine Pflichtversicherung liegt nach der Legaldefinition des § 113 VVG nur dann vor, wenn es eine gesetzliche Pflicht zum Abschluss einer solchen Versicherung gibt. Das Gesetz kennt allerdings keine Pflicht der (einfachen) Partnerschaft zum Abschluss einer solchen Berufshaftpflichtversicherung. Sie ist lediglich eine Voraussetzung für das Eingreifen der Haftungsbeschränkung (§ 8 Abs. 4 PartGG).[279] Sie ist aber keine gesetzliche Voraussetzung für den Zusammenschluss in Form einer Partnerschaft.

Die Berufshaftpflichtversicherung der PartG mbB stellt den zwingenden Ausgleich für die Haftungsbeschränkung dar. Mit ihrem Bestehen ist gewährleistet, dass bei Zugriff der Gläubiger auf das Gesellschaftsvermögen zumindest der Anspruch gegen die Versicherung gepfändet werden kann.

Zu beachten ist, dass jeder Rechtsanwalt neben der Partnerschaft auch weiterhin eine persönliche Berufshaftpflichtversicherung unterhalten muss, die von der Versicherung der PartG mbB zu unterscheiden ist. Der einzelne Rechtsanwalt bzw. Partner ist somit nach § 51 Abs. 1 BRAO selbst zum Abschluss einer Berufshaftpflichtversicherung verpflichtet, die während der gesamten Zeit seiner Berufstätigkeit aufrechtzuerhalten ist; andernfalls erfolgt keine Zulassung zur Anwaltschaft (§ 12 BRAO) bzw. ist diese zu widerrufen (§ 14 Abs. 2 Nr. 9 BRAO). Die Berufshaftpflichtversicherung des einzelnen Rechtsanwalts ist somit eine Pflichtversicherung, da sie zwingende Voraussetzung für die Zulassung zur

277 *Diller*, in Henssler/Prütting, § 51a BRAO, Rn. 17; *Kilian*, MDR 2013, 1137 (1140); *Leitzen*, DNotZ 2013, 596 (600); *Römermann*, NJW 2013, 2305 (2310).

278 *Diller*, in Henssler/Prütting, § 51a BRAO, Rn. 6.

279 BT-Drucks. 17/10487, S. 13; *Michalski/Römermann*, § 8 PartGG, Rn. 81.

Ausübung des Berufs ist.[280] Unabhängig von der Berufshaftpflichtversicherung der PartG mbB kann eine persönliche Absicherung des einzelnen Partners dann erforderlich sein, wenn es ausnahmsweise zu einer persönlichen Haftung des Partners kommt, etwa wenn die Voraussetzungen des § 8 Abs. 4 PartGG nicht wirksam herbeigeführt worden sind oder der Partner selbst als Vertragspartner Mandate übernommen hat, für welche die Versicherung der PartG mbB nicht eingreift.

Das bedeutet, dass in einer PartG mbB eine Berufshaftpflichtversicherung für die PartG mbB und parallel jeweils eine persönliche Haftpflichtversicherung der einzelnen Partner abgeschlossen wird. In der Praxis kann dies im Rahmen einer Sozietätspolice erfolgen. Entscheidend ist nur, dass durch die Versicherung solche Schäden abgedeckt werden, die sich aus der Berufstätigkeit des Rechtsanwalts ergeben. Es ist daher erforderlich (aber auch ausreichend), wenn die Versicherungspolice der PartG mbB den von § 51 BRAO geforderten Versicherungsschutz des einzelnen Partners abdeckt.[281] Dagegen verfolgt die Berufshaftpflichtversicherung der PartG mbB, wie sich aus § 8 Abs. 4 PartGG ergibt, gerade nicht den Zweck, die persönliche Haftung des Partners abzudecken. Der Umfang der Berufshaftpflichtversicherung muss jedenfalls explizit beide Elemente umfassen, d. h. sowohl die speziellen Anforderungen nach § 8 Abs. 4 S. 1 PartGG, § 51a BRAO als auch den speziellen Versicherungsschutz des einzelnen Rechtsanwalts nach § 51 BRAO. Solange dies gewährleistet ist, kommt es nicht darauf an, ob dies äußerlich durch einen Versicherungsvertrag in einer Urkunde oder durch zwei getrennte Verträge erfolgt.

2.2.3 Unterhalten der Berufshaftpflichtversicherung

Die Haftungsbeschränkung tritt nach § 8 Abs. 4 S. 1 PartGG nur ein, wenn die Partnerschaft die Berufshaftpflicht in dem genannten Umfang „unterhält". Erforderlich ist hierfür nach der (knappen) Gesetzesbegründung, dass die Versicherung wirksam abgeschlossen wurde und die laufenden Prämien bezahlt werden, d. h. dass im Zeitpunkt des schädigenden Ereignisses Versicherungsschutz besteht.[282] In der Literatur besteht Einigkeit darüber, dass die PartG mbB zum Schadenszeitpunkt die erforderlichen Versicherungsprämien an den Versicherer

---

280 *Henssler*, in Henssler/Prütting, § 59j BRAO, Rn. 1.
281 *Diller*, in Henssler/Prütting, § 51a BRAO, Rn. 26; *Kilian*, MDR 2013, 1137 (1140).
282 BT-Drucks. 17/10487, S. 14.

entrichtet haben muss, d. h. der Versicherungsschutz muss im Zeitpunkt der fehlerhaften Berufsausübung bestehen.[283]

Bei der Anmeldung zur Eintragung im Partnerschaftsregister ist nach § 4 Abs. 3 PartGG, § 113 Abs. 2 HGB eine Versicherungsbescheinigung vorzulegen. Diese Bescheinigung muss die Versicherungssumme und die der Versicherung zugrundeliegende Rechtsvorschrift enthalten.[284] Das zuständige Registergericht prüft sodann, ob die berufsrechtlich vorgesehene Mindestversicherungssumme erreicht ist.

Mit dem Tatbestandsmerkmal als solchem ist noch nicht gesagt, welche Rechtsfolgen, insbesondere für die Gläubiger, eintreten, wenn etwa das Versicherungsverhältnis nicht mehr besteht, wenn die Prämien nicht (mehr) gezahlt werden, wenn die Haftungssumme überschritten wurde oder Obliegenheitsverletzungen, z. B. wissentliche Pflichtverletzungen auf Seiten der Partner, vorliegen. § 8 Abs. 4 S. 2 PartGG enthält einen Rechtsfolgenverweis auf § 113 Abs. 3 VVG sowie auf §§ 114 bis 124 VVG[285], die sich für den Gläubiger günstig auswirken.

Im Rahmen des Tatbestandsmerkmals „Unterhalten einer speziellen Berufshaftpflichtversicherung“ sind daher mehrere Besonderheiten zu beachten, insbesondere die Wirkung des § 117 VVG im Zusammenspiel mit der Beendigung des Versicherungsvertrages, mit einem „kranken“ Versicherungsverhältnis sowie in anderen Fällen der Leistungsbefreiung. Diese Schutzmechanismen zugunsten des Gläubigers werden im Folgenden nach dem Abschnitt zur Mindestversicherungssumme behandelt, sodass in diesem Rahmen auch der Begriff „Unterhalten“ zu klären sein wird.[286]

2.2.4 Mindestversicherungssumme

2.2.4.1 Begrenzung der Mindestversicherungssumme auf die Anzahl der Partner

Nach § 51a Abs. 2 S. 2 BRAO können die Leistungen des Versicherers für alle innerhalb eines Versicherungsjahrs verursachten Schäden auf den Betrag der Mindestversicherungssumme, vervielfacht mit der Zahl der in der PartG mbB

283 *Diller*, in Henssler/Prütting, § 51a BRAO, Rn. 8; *Kilian*, MDR 2013, 1137 (1140); *Jäger*, S. 199 m. w. N.; *Fischer*, S. 101; *Leitzen*, DNotZ 203, 600; *Seibert*, DB 2013, 1712.

284 Vgl. *Ring*, WM 2014, 237 (240 ff.).

285 *Michalski/Römermann*, § 8 PartGG, Rn. 111; *Fischer*, S. 110.

286 Siehe hierzu unter 2.2.5.

tätigen Partner, begrenzt werden. Nicht ganz eindeutig ist, wie diese Formulierung zu interpretieren ist.

Die (verklausulierte) Vorschrift ist richtigerweise so zu verstehen, dass sich die Mindestversicherungssumme innerhalb eines Jahres nicht mit der Anzahl der Partner multipliziert, sondern die Versicherungsleistung in Höhe von mindestens 2,5 Mio. Euro innerhalb eines Jahres so oft zur Verfügung gestellt werden muss, wie die PartG mbB Partner hat; *Diller* bezeichnet dies treffend als Versicherungsschutz in der Breite statt in der Höhe.[287] Das bedeutet, dass kein Versicherungsfall mit mehr als 2,5 Mio. Euro versichert ist. Bei einer PartG mbB mit zehn Partnern muss damit die Versicherungssumme nicht in Höhe von 25 Mio. Euro abgeschlossen werden, sondern die Versicherung muss innerhalb eines Jahres z. B. zehn Versicherungsfälle zu je 2,5 Mio. Euro (oder 50 Schadensfälle zu je 500.000 Euro) abdecken bzw., falls die maximale Summe von 2,5 Mio. Euro pro Versicherungsfall nicht erreicht wird, so oft leisten, bis der Höchstbetrag (25 Mio. Euro) ausgeschöpft ist.[288] Ein anderes Verständnis in dem Sinn, dass die Versicherung den mit der Mindestversicherungssumme multiplizierten Betrag je nach Anzahl der Partner (z. B. bei zehn Partnern 10 x 2,5 Mio. Euro = 25 Mio. Euro) in voller Höhe auch dann leisten müsste, wenn es innerhalb eines Jahres nur einen Versicherungsfall gibt, dessen Schadenssumme den einfachen Mindestversicherungsbetrag von 2,5 Mio. Euro aber weit übersteigt, widerspricht sowohl dem Gesetzeswortlaut als auch dem Gesetzeszweck. Der Gesetzgeber[289] wollte mit § 51a Abs. 2 S. 2 BRAO eine echte Begrenzungsmöglichkeit schaffen, nach welcher der Versicherer jeweils nur einen Schaden bis max. 2,5 Mio. Euro zu decken hat. Auf der anderen Seite bedeutet das jedoch nicht, dass die Versicherung zahlenmäßig nur so viele Schadensfälle abdeckt, wie die PartG mbB Partner hat. Sie hat vielmehr – wie erwähnt – so oft zu leisten, bis der Höchstbetrag ausgeschöpft ist. Bei einer PartG mbB mit zehn Partnern müsste sie z. B. 50 Schadensfälle zu je 500.000 Euro abdecken, da sie andernfalls einen nicht gerechtfertigten Vorteil hätte.

---

287 *Diller*, in Henssler/Prütting, § 51a BRAO, Rn. 18; *Offermann-Burckart*, AnwBl. 2014, 474 (480). Nach einem anderen Verständnis müsste danach der aus der Anzahl der Partner mit der Mindestversicherungssumme multiplizierte Betrag von 2,5 Mio. Euro (bei zehn Partnern 25 Mio. Euro) auch dann geleistet werden, wenn es nur einen Versicherungsfall gegeben hat, dessen Schaden aber die Summe von 2,5 Mio. Euro bei weitem übersteigt.

288 *Diller*, in Henssler/Prütting, § 51a BRAO, Rn. 212.

289 Begr., RegE zur Einführung einer PartG mbB, BT-Drucks. 17/10487, S. 15.

Die Jahreshöchstleistung muss sich jedoch mindestens auf den vierfachen Betrag der Mindestversicherungssumme belaufen, bei einer aus vier Rechtsanwälten bestehenden PartG mbB somit auf 10 Mio. Euro (§ 51a Abs. 2 S. 3 BRAO). Bei einer aus zwei anwaltlichen Partnern bestehenden PartG mbB beträgt z. B. die Jahreshöchstleistung für alle in einem Versicherungsjahr verursachten Schäden (2,5 Mio. Euro x 2) 5 Mio. Euro. Jedoch muss sich wegen § 51a Abs. 2 S. 3 BRAO die Jahreshöchstleistung für alle in einem Versicherungsjahr verursachten Schäden mindestens auf den vierfachen Betrag der Mindestversicherungssumme belaufen, also auf 10 Mio. Euro. Diese Regelung hat nur Bedeutung für eine PartG mbB, die weniger als vier Partner hat. Wären es vier Partner, beliefe sich die Jahreshöchstleistung (2,5 Mio. Euro x 4) genau auf 10 Mio. Euro; bei acht Partnern beträgt die Jahreshöchstleistung (2,5 Mio. Euro x 8) 20 Mio. Euro.

Maßgebend für die Maximierung der Mindestversicherungssumme nach § 51a Abs. 2 S. 2 BRAO ist die Anzahl der Partner. Nach der Gesetzesbegründung[290] soll es hierbei auf die Zahl der im Partnerschaftsregister eingetragenen Partner ankommen. Zwar sind alle Partner nach § 4 Abs. 1 S. 2 i. V. m. § 5 Abs. 1 PartGG einzutragen. Ein Problem kann aber mitunter bei neu aufgenommenen Partnern auftreten, die noch nicht bzw. durch ein Versäumnis nicht eingetragen worden sind. Die tatsächliche Anzahl und die eingetragene Anzahl an Partnern stimmen dann nicht mehr überein. Die Folge wäre, dass die noch nicht eingetragenen Partner bei der Anzahl der zu berücksichtigenden Partner nach § 51a Abs. 2 S. 2 BRAO nicht mitzuzählen wären. Die PartG mbB brauchte dann die Versicherung auch nicht über neu aufgenommene Partner zu informieren, ohne dass ihr im Hinblick auf die Mindestversicherungssumme Sanktionen drohen.

Dieses Ergebnis wäre aus Gläubigerschutzgesichtspunkten nicht sachgerecht. Die Partner der PartG mbB könnten den Betrag der Mindestversicherungssumme durch eine Nichteintragung gezielt geringer halten als dieser tatsächlich im Falle der Eintragung aller Partner wäre. Damit würden, da mit der Anzahl der Partner auch die Wahrscheinlichkeit von Haftungsfällen steigt, auf diese Weise die versicherungsrechtlichen Mindestanforderungen nach § 8 Abs. 4 PartGG i. V. m. § 51a BRAO unterlaufen werden.

Die Anzahl der nach § 51a Abs. 2 S. 2 BRAO zu berücksichtigenden Partner kann daher nicht von der Zahl der im Partnerschaftsregister eingetragenen Partner abhängig sein. Die Eintragung in das Partnerschaftsregister hat nur einen

290 Begr., RegE zur Einführung einer PartG mbB, BT-Drucks. 17/10487, S. 15; zustimmend *Diller*, in Henssler/Prütting, § 51a BRAO, Rn. 18.

deklaratorischen Charakter.[291] Dadurch wird keine Partnerstellung begründet, sondern dies erfolgt allein durch die Vereinbarung im Partnerschaftsvertrag.[292] Es kommt daher darauf an, wer intern durch den Partnerschaftsvertrag als Partner in die PartG mbB aufgenommen wurde.

2.2.4.2 Berücksichtigung von Scheinpartnern

Noch nicht (abschließend) geklärt ist auch die Frage, ob bei der nach § 51a Abs. 2 S. 2 BRAO zu berücksichtigenden Anzahl auch Scheinpartner zu berücksichtigen sind. Im Hinblick auf die Haftungssituation sind die Scheinpartner mit den tatsächlichen Partnern vergleichbar. Im Rahmen der Ausführungen zur Partnerschaft wurde festgestellt,[293] dass auch Scheinpartner einer persönlichen Haftung unterliegen können.[294] In einer PartG mbB besteht zwar eine umfassende Haftungsbeschränkung, soweit es um berufliche Fehler geht. Die Haftungsbeschränkung nach § 8 Abs. 4 PartGG kann jedoch entfallen und die persönliche Haftung nach § 8 Abs. 1 und 2 PartGG wieder aufleben, wenn der Mindestversicherungsschutz nicht ordnungsgemäß unterhalten wird.

Wenn nun Scheinpartner in haftungsrechtlicher Hinsicht wie echte Partner zu behandeln sind, müssen sie konsequenterweise auch bei der Bestimmung der Mindestversicherungssumme i. S. v. § 51a Abs. 2 S. 2 BRAO berücksichtigt werden.

Auch der Schutzzweck des § 51a Abs. 2 S. 2 BRAO spricht für eine Berücksichtigung von Scheinpartnern. Der Sinn und Zweck der Vorschrift besteht darin, aufgrund der Maximierung der Versicherungssumme einerseits für die PartG mbB die Versicherbarkeit zu gewährleisten, aber andererseits den Versicherungsschutz der Gläubiger nicht einzuschränken. Ließe man Scheinpartner bei der Berücksichtigung der Zahl der Partner nach § 51a Abs. 2 S. 2 BRAO außer Betracht, würde sich die Maximierung der Versicherungssumme nur an den tatsächlichen Partnern orientieren. Da Scheinpartner im Rechtsverkehr wie echte Partner auftreten und im Rechtsverkehr ihre tatsächliche Stellung nicht erkennbar ist, besteht bei ihnen ein vergleichbar hohes Risiko eines Haftungsfalls wie bei einem tatsächlichen Partner. Eine Nichtberücksichtigung von

291 *Schäfer*, in MükoBGB, § 5 PartGG, Rn. 18.
292 *Zimmermann*, NJW 2014, 1142 (1144); ausführlich *Fischer*, S. 106 ff..
293 Vgl. oben II.2.3.2.2.
294 Vgl. zur Gesellschafterstellung wegen Anschein bzw. Duldung, *Odemer*, JuS 2016, 203 (204 ff.).

Scheinpartnern bei der Mindestversicherungssumme hätte zur Folge, dass der vom Gesetz intendierte Versicherungsschutz nicht mehr ausreichend gewährleistet wäre.

Die Vorschrift ist daher so auszulegen, dass damit gemeint ist: „vervielfacht mit der Zahl der Partner einschließlich solcher Anwälte, die nur als Partner auftreten, obwohl sie es nicht sind (Scheinpartner)."

Bestehende Unsicherheiten in der Praxis bei der Feststellung, ob ein Freiberufler, sei es im Angestelltenverhältnis oder als freier Mitarbeiter, als Scheinpartner auftritt, können nicht als Grund angeführt werden, diese bei der Maximierung der Versicherungssumme außer Betracht zu lassen.[295] Zur Vermeidung eines entstehenden Rechtsscheins sind daher eindeutige Hinweise bzw. Maßnahmen erforderlich, um einen solchen Rechtsschein gar nicht erst entstehen zu lassen. Im Zweifel sollten jedenfalls vorsorglich auch potenzielle Scheinpartner bei der Zahl der Partner nach § 51a Abs. 2 S. 2 PartGG berücksichtigt und die höheren Versicherungskosten zur Vermeidung von Haftungsrisiken in Kauf genommen werden. Im Zeitpunkt des beruflichen Pflichtverstoßes muss gewährleistet sein, dass die Mindestversicherungssumme entsprechend der Anzahl der Partner (einschließlich der Scheinpartner) besteht. Wird eine Erweiterung des Versicherungsschutzes von Seiten der PartG mbB um die neuen Partner bzw. Scheinpartner versäumt, dann ist gemäß § 51a BRAO die gesetzlich vorgegebene Untergrenze der Mindestversicherung unterschritten mit der Folge, dass die Tatbestandsvoraussetzungen des § 8 Abs. 4 S. 1 PartGG i. V. m. § 51a BRAO für eine Haftungsbeschränkung nicht erfüllt sind und die persönliche Haftung der Partner nach § 8 Abs. 1 und 2 PartGG wieder auflebt.

Im Ergebnis sind also bei der Anzahl der Partner nach § 51a Abs. 2 S. 2 BRAO auch Scheinpartner zu berücksichtigen. Kommt es zu einem Haftungsfall, besteht das Risiko einer Unterversicherung mit der Folge des Wiederauflebens der persönlichen Haftung nach § 8 Abs. 1 und 2 PartGG.[296]

Im Unterschied zur persönlichen Handelndenhaftung nach § 8 Abs. 2 PartGG bei der einfachen Partnerschaft kommt es bei der Haftungsbeschränkung nach § 8 Abs. 4 PartGG i. V. m. § 51a BRAO nicht darauf an, welcher Partner (unter Einbeziehung der Scheinpartner) den Berufsfehler begangen hat; diese Regelungen sind personenunabhängig. Nach der Gesetzesbegründung sollte damit

295 So jedenfalls *Jäger*, S. 198.

296 *Riechert*, AnwBl. 2014, 266 (267); *Zimmermann*, NJW 2014, 1142 (1143); *Fischer*, S. 106 ff..

eine einfache und überschaubare Regelung getroffen werden, die für die Haftung gerade nicht auf die Person des Partners abstellt.[297]

2.2.5 Schutzmechanismen auf Gläubigerseite

2.2.5.1 Rechtsfolgenverweis auf das VVG

Die Vorschrift des § 8 Abs. 4 S. 2 PartGG enthält einen Rechtsfolgenverweis auf §§ 113 Abs. 3, 114 bis 124 VVG. Das gesetzgeberische Ziel ist es gewesen, für Gläubiger einen lückenlosen Schutz zu gewährleisten.[298] Es handelt sich zwar bei der Berufshaftpflichtversicherung – wie unter III.2.2.2 aufgezeigt – nicht um eine Pflichtversicherung, sondern um eine freiwillige Versicherung. Mit dem Verweis in § 8 Abs. 4 PartGG auf die vorgenannten Vorschriften aus dem VVG finden diese Regelungen allerdings Anwendung, sodass die Berufshaftpflichtversicherung „faktisch" zu einer Pflichtversicherung wird, die den Gläubiger in folgenden Fallkonstellationen schützt.

2.2.5.2 Beendigung des Versicherungsvertrages

Wird der Versicherungsvertrag von einer Partei gekündigt, aus einem anderen Grund nicht mehr weitergeführt, oder erfüllt die Berufshaftpflichtversicherung nicht mehr die gesetzlichen Voraussetzungen (sog. Versicherungsmangel), so entfällt für die PartG mbB ex nunc mit Wirksamwerden der Kündigung die vertragliche Verpflichtung, weiterhin Versicherungsprämien zu entrichten. Dagegen endet der Versicherungsschutz nicht ex nunc, sondern nach § 8 Abs. 4 S. 2 PartGG i. V. m. § 117 Abs. 2 Alt. 2 VVG erst mit Ablauf eines Monats, nachdem der Versicherer den Umstand, der zur Beendigung des Vertrages geführt hat, der hierfür zuständigen Stelle angezeigt hat (Nachhaftung). Dies gilt auch, wenn das Versicherungsverhältnis durch Zeitablauf endet. Der Lauf der Frist beginnt nicht vor Beendigung des Versicherungsverhältnisses. Während dieser Zeit wird der Versicherungsschutz in Ansehung des Geschädigten fingiert, sodass der Versicherer diesem gegenüber in dem von § 117 Abs. 3 VVG beschriebenen Umfang haftet.

Zweck dieser Fiktionswirkung des § 117 VVG ist es, den unbeteiligten Dritten vor Nachteilen durch die Beendigung des Versicherungsvertrages, auf die er keinen Einfluss hat, zu schützen. Der Versicherer hat Dritten während der Dauer

---

297 Begr., RegE, zur Einführung einer PartG mbB, BR-Drucks. 17/10487, S. 11.

298 Beschlussempfehlung und Bericht des Rechtsausschusses zum RegE zur Einführung einer PartG mbB, BT-Drucks. 17/13944, S. 4; *Michalski/Römermann*, § 8 PartGG, Rn. 110 ff..

der Fiktionswirkung auch die Schäden zu ersetzen, die durch eine fehlerhafte Berufsausübung nach Beendigung des Versicherungsverhältnisses, aber noch vor Ablauf der Fiktionswirkung, verursacht werden.[299]

Hat der Versicherer den Geschädigten befriedigt, geht dessen Anspruch gegen die Partnerschaft nach § 117 Abs. 5 S. 1 VVG im Wege der Legalzession auf den Versicherer über, und zwar als Ausgleich dafür, dass der Versicherer ohne diese vertragliche Verpflichtung eine Schuld des Versicherungsnehmers übernommen hat. Die Versicherung kann sich also durch Inanspruchnahme der Partnerschaft schadlos halten.[300]

Daraus ergibt sich die Frage, ob der übergegangene Anspruch nach § 8 Abs. 4 PartGG auf das Gesellschaftsvermögen beschränkt ist, oder ob der Versicherer auch auf das persönliche Vermögen der Partner zugreifen kann. Dies hängt davon ab, ob mit Wirksamwerden der Kündigung auch gleichzeitig die persönliche Haftung wieder auflebt, oder ob auch der nach § 8 Abs. 4 S. 2 PartGG i. V. m. § 117 Abs. 2 VVG fingierte Versicherungsschutz für ein „Unterhalten" der Berufshaftpflichtversicherung ausreichend und daher die Haftung bis zum Ablauf der Fiktionswirkung auf das Gesellschaftsvermögen beschränkt ist.[301] Ist letzteres der Fall, gilt die Beschränkung auch gegenüber dem Versicherer, da es sich bei der übergegangenen Forderung um eine Verbindlichkeit aus fehlerhafter Berufsausübung handelt und nicht um eine Verbindlichkeit aus dem Versicherungsvertrag. In der Literatur wird diesbezüglich nur knapp darauf hingewiesen, dass nach Beendigung des Versicherungsverhältnisses die persönliche Haftung wieder auflebt, jedoch nicht näher auf den genauen Zeitpunkt des Haftungssystemwechsels eingegangen.[302] Gegen die Ansicht, dass nach Beendigung des Versicherungsvertrages die persönliche Haftung nach § 8 Abs. 2 PartGG wieder auflebt, spricht, dass man damit auf ein und dieselbe Verbindlichkeit kumulativ zwei voneinander zu unterscheidende Haftungssysteme zur Anwendung bringt. Zudem ist auch eine kraft Fiktion fortbestehende Versicherung ausreichend, um der Intention des Gesetzgebers hinsichtlich des Unterhaltens einer

299 *Prölss/Martin/Kappmann*, § 117 VVG, Rn. 11.

300 *Prölss/Martin/Kappmann*, § 117 VVG, Rn. 37; vgl. *Jäger*, S. 200 ergänzend zur Frage, ob in diesem Fall der übergegangene Anspruch nach § 8 Abs. 4 S. 1 PartGG auf das Gesellschaftsvermögen der PartG mbB beschränkt ist, oder ob der Versicherer auch auf das persönliche Vermögen der Partner zugreifen kann.

301 *Römermann/Jähne*, BB 2015, 580.

302 *Henssler*, AnwBl. 2014, 97; *Riechert*, AnwBl. 2014, 368; *Seibert*, DB 2013, 1712; *Fischer*, S. 108; *Römermann/Jähne*, BB 2015, 580; a. A. *Piller*, S. 341; hierzu *Jäger*, S. 201 m. w. N..

Versicherung Rechnung zu tragen. Es soll nach dem Zweck sichergestellt sein, dass Versicherungsschutz besteht, d. h. dass ein Versicherer grundsätzlich zur Schadloshaltung der PartG mbB verpflichtet ist. Der Dritte, der keine Einwirkungsmöglichkeit auf die Vertragsbeendigung hat, soll dadurch keinen Nachteil erleiden. Für die Dauer der Fiktionswirkung besteht kein Bedürfnis an einem vorzeitigen Wiederaufleben der persönlichen Haftung nach § 8 Abs. 2 PartGG. Somit ist in diesem Fall von einem „Unterhalten" der Berufshaftpflichtversicherung auszugehen.

§ 117 VVG enthält neben der vorgenannten Fiktionswirkung für beendete und unwirksame Versicherungsverträge in Abs. 2 S. 1 noch eine weitere Fiktion. Entsprechendes gilt, wenn das Versicherungsverhältnis erst gar nicht wirksam entstanden oder rückwirkend entfallen ist, die Vertragsparteien aber dennoch von einem wirksamen Vertrag ausgegangen und etwa Prämienzahlungen auf einen unwirksamen Versicherungsvertrag geleistet worden sind.[303]

2.2.5.3 Obliegenheitsverletzungen durch die PartG mbB

Nach § 117 Abs. 1 VVG bleibt die Verpflichtung des Versicherers zur Leistung in Ansehung des Dritten auch dann bestehen, wenn „der Versicherer von der Verpflichtung zur Leistung dem Versicherungsnehmer gegenüber ganz oder teilweise frei" ist. Eine solche Leistungsbefreiung liegt insbesondere bei Obliegenheitsverletzungen oder Verzug des Versicherungsnehmers gegenüber dem Versicherer vor. Ist die PartG mbB mit der Zahlung der Prämien im Verzug, und hat der Versicherer diese darauf aufmerksam gemacht, ist der Versicherer nach § 37 Abs. 2 VVG nicht zur Leistung im Schadensfall verpflichtet. Entsprechendes gilt nach § 28 Abs. 2 VVG bei vorsätzlichen Obliegenheitsverletzungen, z. B. durch eine unterbliebene oder verspätete Schadensmeldung. Insoweit bestünde also kein Versicherungsschutz.

Die Anwendbarkeit des § 117 Abs. 1 VVG durch den Verweis in § 8 Abs. 4 S. 2 PartGG bewirkt jedoch, dass der Versicherer auch im Fall nachträglichen Freiwerdens von der Leistungspflicht gegenüber dem Geschädigten weiterhin zur Zahlung verpflichtet bleibt. Das Bestehen eines Anspruchs gegen den Versicherer wird für den Geschädigten fingiert.[304] Das bedeutet, dass die Versicherung

---

303 Vgl. hierzu *Jäger*, S. 204 ff..

304 *Prölss/Martin/Kappmann*, § 117 VVG, Rn. 6; *Offermann-Burckart*, AnwBl. 2014, 481; *Kilian*, MDR 2013, 1137 (1141); *Michalski/Römermann*, § 8 PartGG, Rn. 111. Der Mandant kann also den (fingierten) Befreiungsanspruch der Partnerschaft pfänden und sich überweisen lassen; im Anschluss daran wird der Versicherer bei der Partnerschaft Regress nehmen.

auch dann zur Leistung verpflichtet ist, wenn sie gegenüber der versicherten PartG mbB frei geworden ist. Dass eine Obliegenheit der PartG mbB gegenüber dem Versicherer nicht zu Lasten des Vertragspartners geht, hält *Henssler* für die wichtigste Folge des in § 8 Abs. 4 S. 2 PartGG enthaltenen Verweises.[305]

Ohne diesen Verweis des § 8 Abs. 4 PartGG auf § 117 VVG würde die Versicherung von ihrer Leistungspflicht frei werden, ohne dass die Haftungsbeschränkung des § 8 Abs. 4 PartGG entfallen würde, denn allein die Obliegenheitsverletzung gegenüber der Versicherung würde nicht dazu führen, dass die Versicherung nicht mehr i. S. v. § 8 Abs. 4 PartGG „unterhalten" wird. Dieser Rechtsfolgenverweis kommt damit dem Gläubiger zugute. Somit hat auch ein „krankes" Versicherungsverhältnis nicht zur Folge, dass die spezielle Berufshaftpflichtversicherung nicht mehr als „unterhalten" angesehen wird. Die Fiktionswirkung des § 8 Abs. 4 S. 2 PartGG i. V. m. § 117 Abs. 1 VVG bewirkt somit, dass dem Geschädigten ein ausreichender Versicherungsschutz zugutekommt.

Die Forderung des Gläubigers geht bei Leistung der Versicherung auf diese nach § 117 Abs. 5 S. 1 VVG über. Sie kann diese Forderung im Wege des Regresses gegenüber der PartG mbB geltend machen und trägt damit deren Insolvenzrisiko.[306]

2.2.5.4 Direktanspruch des Gläubigers als Ausnahme

In den Fällen des § 115 Abs. 1 Nr. 2 VVG (über § 8 Abs. 4 S. 2 PartGG) steht dem geschädigten Gläubiger sogar ein Direktanspruch gegen den Versicherer zu. Ein Direktanspruch nach § 115 Abs. 1 S. 1 Nr. 1 VVG scheidet aus, da die Berufshaftpflichtversicherung der PartG mbB keine Haftpflichtversicherung i. S. d. Pflichtversicherungsgesetzes (PflVG) darstellt. Das PflVG regelt nämlich nur die Pflicht zum Abschluss einer Haftpflichtversicherung für Halter von Kraftfahrzeugen.

Ein Direktanspruch kommt dann gemäß § 115 Abs. 1 S. 1 Nr. 2 VVG in Betracht, wenn über das Vermögen der PartG mbB das Insolvenzverfahren eröffnet oder ein Antrag auf Eröffnung eines Insolvenzverfahrens mangels Masse abgelehnt oder ein vorläufiger Insolvenzverwalter bestellt worden ist. Darüber hinaus kommt ein Direktanspruch des Geschädigten nach § 115 Abs. 1 S. 1 Nr. 3 VVG in Betracht, wenn der Aufenthalt des Versicherungsnehmers unbekannt ist; letzteres dürfte allerdings in der Praxis kaum vorkommen.

Die Folge des Direktanspruchs ist, dass nach § 115 Abs. 1 S. 4 VVG (i. V. m. § 8 Abs. 4 S. 2 PartGG) die Versicherung und die PartG mbB als Gesamtschuldner

---

305 *Henssler*, AnwBl. 2014, 96 (97).

306 *Michalski/Römermann*, § 8 PartGG, Rn. 111; *Fischer*, S. 111.

haften. Im Innenverhältnis ist jedoch nach § 116 Abs. 1 S. 1 VVG die Versicherung alleine verpflichtet, soweit diese der PartG mbB aus dem Versicherungsverhältnis zur Leistung verpflichtet ist. Ein Gesamtschuldnerausgleich findet dann nicht statt.[307]

In den Fällen, in denen ein Direktanspruch nach § 8 Abs. 1 Nr. 2 oder 3 VVG (über § 8 Abs. 4 S. 2 PartGG) nicht in Betracht kommt, kann der Geschädigte seinen Anspruch nur gegenüber der PartG mbB geltend machen. Hat er in einem Erkenntnisverfahren einen Titel erwirkt, wandelt sich dieser Freistellungsanspruch der PartG mbB gegen die Versicherung in einen Zahlungsanspruch, den dieser im Wege der Zwangsvollstreckung pfänden und sich überweisen lassen kann (§§ 829, 835 ZPO).

§ 100 VVG schützt den durch einen beruflichen Fehler geschädigten Mandanten, dem infolgedessen ein Schadenersatzanspruch gegen die PartG mbB zusteht. Da die PartG mbB lediglich einen Anspruch auf Freistellung von Ansprüchen Dritter hat, kann sie nicht von dem Versicherer vorher Zahlung verlangen und die Versicherungsleistung zweckwidrig verwenden. Der vertragliche Deckungsanspruch geht daher nur auf Freistellung von begründeten und auf Abwehr unbegründeter Haftpflichtansprüche, nicht dagegen auf Zahlung.

2.2.5.5 Leistungsbefreiung des Versicherers

Weiterhin sind Fälle denkbar, dass zwar ein wirksamer Vertrag zustande gekommen ist und weiter besteht, der Versicherer aber trotzdem nicht zur Leistung verpflichtet ist, weil der Anwendungsbereich des § 117 VVG nicht gegeben ist. Eine solche Leistungsbefreiung ist nach der Gesetzesbegründung gegeben, wenn die Schadenssumme die vorgegebene Haftungssumme der Versicherung übersteigt, oder die Versicherung wegen grober Fahrlässigkeit oder Vorsatz im Einzelfall nicht eintritt.[308]

Ist die Haftungssumme der Versicherung im konkreten Fall überschritten, sei es, dass die konkrete Schadenssumme die Mindestversicherungssumme pro Schadensfall übersteigt, oder dass die maximale Jahreshöchstleistung durch vorherige Schadensfälle bereits aufgebraucht wurde und der konkrete Schadensfall die Jahreshöchstsumme überschreitet, dann ist der Versicherer in beiden Fällen seiner vertraglichen Verpflichtung, die PartG mbB bei Inanspruchnahme wegen Verbindlichkeiten aus Schäden wegen fehlerhafter Berufsausübung freizustellen, in dem von ihr geschuldeten Umfang nachgekommen. Der darüber

---

307 *Prölss/Martin/Kappmann*, § 116 VVG, Rn. 4.

308 Begr., RegE, zur Einführung einer PartG mbB, BT-Drucks. 17/10487, S. 14.

hinausgehende Differenzbetrag muss vom Versicherer nicht mehr getragen werden. Damit entfällt allerdings nicht zugleich auch die Haftungsbeschränkung nach § 8 Abs. 4 PartGG, sondern sie bleibt bestehen. Das Haftungsprivileg knüpft allein an das Unterhalten bzw. Bestehen der Berufshaftpflichtversicherung im beschriebenen Umfang an. Auf die tatsächliche Deckung des Schadens kommt es gerade nicht an.[309] Der Gläubiger kann sich, wenn der entstandene Schaden höher ist als die Deckungssumme oder die Jahreshöchstleistung der Versicherung erreicht ist, nur an das Gesellschaftsvermögen und nicht an die einzelnen Partner halten.[310] Mangels eines Anspruchs auf Deckung des Schadens der PartG mbB gegen ihren Versicherer kann dieser vom Gläubiger nicht gepfändet werden. Ist das Gesellschaftsvermögen nicht ausreichend, um den gesamten Schaden begleichen zu können, bleibt der Gläubiger mit seinem Anspruch teilweise unbefriedigt.

Die Leistungspflicht des Versicherers erlischt nach § 103 VVG. Der Versicherer ist danach nicht zur Leistung verpflichtet, wenn der Versicherungsnehmer vorsätzlich und widerrechtlich den bei dem Dritten eingetretenen Schaden herbeigeführt hat. In allen anderen Fällen ist die Versicherung grundsätzlich leistungspflichtig, also auch in den Fällen, in denen aufgrund einer wissentlichen Pflichtverletzung ein Schaden entstanden ist. Bei einer wissentlichen Pflichtverletzung kennt der jeweilige Berufsträger die von ihm verletzte Pflicht und setzt sich bewusst auch darüber hinweg. Im Unterschied zur vorsätzlichen Schadenszufügung ist aber der Schadenseintritt bei der wissentlichen Pflichtverletzung gerade nicht vom Vorsatz des handelnden Partners erfasst; dieser rechnet möglicherweise auch fest damit, dass kein Schaden eintritt oder hat die Möglichkeit eines Schadenseintritts unter Umständen gar nicht erkannt. Einen nur aufgrund einer wissentlichen Pflichtverletzung entstandenen Schaden müsste die Versicherung grundsätzlich ersetzen. § 103 VVG enthält jedoch kein zwingendes Recht. Daher kann vom Grundsatz der Leistungsbefreiung nur bei vorsätzlichem und widerrechtlichem Handeln wegen des dispositiven Charakters der Norm abgewichen werden.[311] Von dieser Abweichmöglichkeit wurde in §§ 51 Abs. 3 Nr. 1 BRAO, § 45 Abs. 3 Nr. 1 PatO, § 53a Abs. 1 Nr. 1 DVStB und § 4 Abs. 1 Nr. 1 WPBHV Gebrauch gemacht. Kurz vor Abschluss des Gesetzgebungsverfahrens zur Einführung der PartG mbB wurde allerdings im Berufsrecht der Rechtsanwälte und der Patentanwälte eine Änderung vorgenommen, nach der der im

---

309 *Kilian*, MDR 2013, 1137 (1141).

310 *Michalski/Römermann*, § 8 PartGG, Rn. 103; *Fischer*, S. 111.

311 *Littbarski*, in MükoVVG, § 103 VVG, Rn. 15.

Regierungsentwurf noch vorgesehene Verweis in § 51a Abs. 1 BRAO (bzw. § 45a Abs. 1 S. 2 PAO) auf § 51 Abs. 3 Nr. 1 BRAO (bzw. auf § 45 Abs. 3 Nr. 1 PAO), der den Ausschluss der Leistungspflicht des Versicherers bei wissentlichen Pflichtverletzungen enthielt, wieder gestrichen wurde. Folglich gilt jetzt wieder § 103 VVG, nach dem die Versicherung nur dann von der Leistungspflicht befreit ist, wenn auch der Schaden vorsätzlich herbeigeführt wurde. Im Fall einer wissentlichen Pflichtverletzung von Rechts- und Patentanwälten bleibt die Leistungspflicht der Versicherung mangels vertraglicher Ausschlussmöglichkeit bestehen. Zur Begründung wurde darauf hingewiesen, dass die Gläubiger im Fall des Ausschlusses der Leistungspflicht bei einem wissentlichen Pflichtverstoß des Rechtsanwalts auf das Vermögen der PartG mbB als Haftungsmasse neben deliktischen Ansprüchen gegen den handelnden Rechtsanwalt beschränkt gewesen wären. Da aber der deliktische Anspruch bei Vermögensschäden nur dann besteht, wenn auch der Schaden vom Vorsatz erfasst ist, was aber nicht zwingend der Fall sein muss, hätte es hier erhebliche Lücken im Gläubigerschutz geben können.[312] Somit bleibt bei einer wissentlichen Pflichtverletzung die volle Leistungspflicht der Versicherung erhalten.[313]

Diese unterschiedliche gesetzliche Handhabung zur Leistungsbefreiung bei wissentlicher Pflichtverletzung ist unproblematisch, wenn die in einer PartG mbB zusammengeschlossenen Freiberufler derselben Berufsgruppe angehören. Bei interprofessionellen Partnerschaften (z. B. Rechts- und Patentanwälte, Steuerberater, Wirtschaftsprüfer …), in denen die Möglichkeit des Haftungsausschlusses von Seiten der Versicherung unterschiedlich geregelt ist, stellt sich die Frage nach der Rechtslage. Aus Gründen des Gläubigerschutzes ist hier von einer einheitlichen Handhabung auszugehen. Das Berufsrecht der Rechts- und Patentanwälte färbt sozusagen auf die beteiligten Steuerberater und Wirtschaftsprüfer ab, sodass auch bei diesen die Leistungspflicht des Versicherers bei einer wissentlichen Pflichtverletzung aufrechterhalten wird.[314] Eine Parallele besteht insoweit zur Gleichbehandlung bei der Bestimmung der Mindestversicherungssumme, da auch hier aus Gründen des Gläubigerschutzes auf das strengste Berufsrecht mit der höchsten Mindestversicherungssumme abgestellt wird.

Anders ist es in den Fällen, in denen nicht nur die Pflichtverletzung willentlich begangen wurde, sondern auch der Schaden vorsätzlich herbeigeführt wurde. In diesen Fällen stützt sich die Gesetzesbegründung ohne explizite

312 *Jäger*, S. 212 mit kritischer Anmerkung zur Gesetzesbegründung.
313 *Michalski/Römermann*, § 8 PartGG, Rn. 110; vgl. hierzu auch *Fischer*, S. 112.
314 Vgl. *Jäger*, S. 216.

Nennung der Norm auf § 103 VVG. Nach dieser Vorschrift ist der Versicherer dann nicht zur Leistung verpflichtet, wenn der Versicherungsnehmer vorsätzlich und widerrechtlich den bei dem Dritten eingetretenen Schaden herbeigeführt hat. In allen anderen Fällen bleibt er zur Leistung verpflichtet. Die Haftungsbeschränkung der PartG mbB besteht dennoch fort, sodass der Gläubiger nicht nach § 8 Abs. 2 PartGG auf das Privatvermögen des vorsätzlich schädigenden Partners zugreifen kann. Unabhängig von der ausgeschlossenen Haftung nach § 8 Abs. 2 PartGG hat der Gläubiger aber in diesem Fall einen direkten deliktsrechtlichen Anspruch gegen den schuldhaft handelnden Partner, insbesondere aus § 823 Abs. 2 BGB i. V. m. den entsprechenden vermögensbezogenen Straftatbeständen, z. B. aus § 263 StGB oder aus § 826 BGB wegen vorsätzlicher sittenwidriger Schadenszufügung.[315] Somit besteht für den Geschädigten kein allzu großes Ausfallrisiko, wie es andernfalls gegeben wäre, wenn er sich wegen der Leistungsbefreiung des Versicherers nur an das Gesellschaftsvermögen halten könnte und ihm kein Anspruch gegen den Schuldner zustünde.

3. Zeitpunkt der Wirksamkeit der Haftungsbeschränkung

3.1 Ausgangssituation

Bei einem Wechsel von einer anderen Rechtsform in die PartG mbB stellt sich die Frage, ab wann die Haftungsbeschränkung für berufliche Fehler nach § 8 Abs. 4 PartGG eingreift. Der Zeitpunkt, ab dem die Haftungsbeschränkung auf das Gesellschaftsvermögen nach § 8 Abs. 4 PartGG im Außenverhältnis ihre Wirksamkeit entfaltet, hängt davon ab, ob es sich um eine Neugründung einer PartG mbB oder um eine „Umwandlung“ einer GbR oder einer Kapitalgesellschaft oder einer bereits bestehenden Partnerschaft in eine PartG mbB handelt. Zudem stellt sich die Frage, welches Haftungssystem auf die Aufträge anzuwenden ist, die bereits vor der „Umwandlung“ in eine PartG mbB abgeschlossen wurden. Hier ist vor allem der Wechsel von einer GbR und einer einfachen Partnerschaft in eine PartG mbB von hoher Praxisrelevanz, da bei diesen Rechtsformen die Partner persönlich für Gesellschaftsschulden haften.[316] Die Entwicklung in der Praxis hat gezeigt, dass „Umwandlungen“ in eine PartG mbB überwiegend von einer GbR oder einer einfachen Partnerschaft aus erfolgen.[317] Zudem stellt sich auch die Frage der Begrenzung einer möglichen Nachhaftung.

---

315 *Henssler*, AnwBl. 2014, 96 (100); *Fischer*, S. 112 m. w. N..
316 *Lieder/Hoffmann*, NZG 2014, 127 (128).
317 Vgl. zu den Rechtstatsachen *Lieder/Hoffmann*, NZG 2016, 287 ff..

3.2 Vertragsabschluss nach Rechtsformwechsel in die PartG mbB

3.2.1 Neugründung

Eine Neugründung einer PartG mbB erfordert den Abschluss eines schriftlichen Gesellschaftsvertrages (§ 3 PartGG) durch Angehörige eines Freien Berufs (§ 1 PartGG) sowie die Anmeldung und Eintragung zum Partnerschaftsregister (§§ 4 ff., 7 Abs. 1 PartGG). Zusätzlich bedarf es des Abschlusses und der Unterhaltung einer den Anforderungen des § 8 Abs. 4 S. 1 PartGG i. V. m. § 51a BRAO genügenden, wirksamen Berufshaftpflichtversicherung durch die Gesellschaft, deren Bescheinigung nach § 4 Abs. 3 PartGG i. V. m. § 113 Abs. 2 VVG bei der Anmeldung zur Eintragung beigefügt werden soll.

Mit einer konstitutiv wirkenden (Erst-)Eintragung entsteht die PartG mbB im Außenverhältnis unter gleichzeitigem Ausschluss der persönlichen Haftung der Partner für Schäden wegen fehlerhafter Berufsausübung. Im Fall der Neugründung handelt es sich bis zu deren Wirksamkeit im Außenverhältnis um eine Vor-Partnerschaft, auf die § 8 PartGG noch nicht Anwendung findet, sondern die den Regeln der GbR (§§ 705 ff. BGB) unterliegt. Für eventuell bereits bestehende Verbindlichkeiten aus der Gründungsphase gilt also die persönliche Haftung nach § 128 HGB analog. Die Entstehung einer PartG mbB durch vollständige Neugründung[318] kann allerdings hier zur Beantwortung der Frage nach der Haftung für „Altverbindlichkeiten" außer Betracht bleiben, da solche Verbindlichkeiten nur dann bestehen können, wenn die Berufsträger zuvor bereits in einer anderen Rechtsform tätig waren, was naturgemäß bei einer vollständigen Neugründung einer Gesellschaft nicht der Fall sein kann.

3.2.2 Umwandlung von einer GbR und einer Kapitalgesellschaft

Bei einer „Umwandlung" aus einer anderen Rechtsform kann die genaue Bestimmung des Zeitpunkts, in welchem die Voraussetzungen der Haftungsbeschränkung vorliegen, mitunter problematisch sein. Maßgebend für das Eingreifen der Haftungsbeschränkung wegen fehlerhafter Berufsausübung ist allgemein und unabhängig von der Rechtsform, von der aus in die PartG mbB gewechselt wird, dass die von § 8 Abs. 4 PartGG geforderte Berufshaftpflichtversicherung abgeschlossen und unterhalten wird. Dagegen ist die Einhaltung der namensrechtlichen Vorschriften nach § 8 Abs. 4 S. 3 i. V. m. § 2 Abs. 1 PartGG als zwingende Voraussetzung im Rahmen des Gesetzgebungsverfahrens aufgegeben und in eine

---

318 Vgl. *Henssler*, AnwBl. 2014, 96 (98).

rein firmenrechtliche Anforderung geändert worden.[319] Bei Nichteinhaltung der namensrechtlichen Grundsätze sind allerdings die Grundsätze des Firmenrechts bzw. der Rechtsscheinhaftung zu beachten.[320]

Geht es um einen Wechsel von einer GbR in eine PartG mbB, so kann dieser nach herrschender Meinung durch einen identitätswahrenden Rechtsformwechsel außerhalb des Umwandlungsgesetzes nach dem Personengesellschaftsrecht[321] ohne Übertragung von Gesellschaftsvermögen erfolgen. Die Zulässigkeit eines solchen Rechtsformwechsels ergibt sich implizit aus § 2 Abs. 2 PartGG, der von der Möglichkeit eines Wechsels von der GbR zur Partnerschaft ausgeht und nach Etablierung der PartG mbB auch diese Rechtsformvariante mitumfasst.[322] Bei der GbR handelt es sich allerdings um eine andere Rechtsform. Eine GbR wird in kein Register eingetragen (vgl. §§ 705 ff. BGB). Eine Partnerschaft bzw. eine PartG mbB wird im Verhältnis zu Dritten nur durch Eintragung wirksam (§ 7 Abs. 1 PartGG). Die Eintragung hat damit konstitutive Wirkung. Daher bedarf der Wechsel von einer GbR in eine Partnerschaft bzw. in eine PartG mbB – neben der Beachtung der Anforderung des § 8 Abs. 4 PartGG – zwingend einer Eintragung in das Partnerschaftsregister.[323]

Vor diesem Zeitpunkt existiert die PartG mbB also nicht, sodass in dem Zeitpunkt auch keine vertraglichen Verpflichtungen für sie eingegangen werden können. Das Mandatsverhältnis kann in diesem Stadium nur mit der GbR als Vertragspartnerin geschlossen werden.

Bei der Umwandlung von einer Rechtsanwalts-GmbH (oder einer Rechtsanwalts-AG) in eine PartG mbB bietet sich zur Vermeidung einer Liquidation und Neugründung ein Rückgriff auf das Umwandlungsgesetz an.[324] § 3 UmwG enthält eine Aufzählung derjenigen Gesellschaftsformen, die an einer Umwandlung beteiligt sein können; zu diesen zählt seit 1998 auch die Partnerschaft.[325] Soll

---

319 Bericht des Rechtsausschusses, vgl. BT-Drucks. 17/13944, S. 20.

320 Vgl. im Folgenden unter III. 4.

321 *Schäfer*, in Ulmer/Schäfer, § 1 PartGG, Rn. 27, 31 ff..

322 *Lieder*, NotBZ 2014, 128 (133).

323 Vgl. *Henssler*, AnwBl. 2014, 96 (98); *ders.* § 1 PartGG, Rn. 33. Die Umwandlung erfolgt dabei ohne Vermögensübertragung oder Liquidation, da die Identität der Gesellschaft gewahrt bleibt.

324 *Henssler*, AnwBl. 2014, 96 (98); ders. § 7 PartGG, Rn. 11 ff..

325 Vgl. hierzu *Schäfer*, in Ulmer/Schäfer, § 8 PartGG, Rn. 41; *Posegga*, DStR 2012, 611 (612); *Seibert*, DB 2013, 1710 (1712); *Uwer/Roeding*, AnwBl. 2013, 309 (311); *Beck*, DZWiR 2012, 447 (448); *Schumacher*, S. 136 ff., nach denen auch die Rechtsformvariante der PartG mbB einbezogen ist, da es sich juristisch um eine Partnerschaft handelt, die nach § 3 Abs. 1 Nr. 1 Alt. 2 PartGG umwandlungsfähig ist.

eine GmbH in eine PartG mbB überführt werden, bieten sich der Formwechsel (§ 228 Abs. 2 UmwG), die Verschmelzung (§§ 45a ff. UmwG) oder die Spaltung (§ 125 S. 1 UmwG) an. An der entstehenden bzw. aufnehmenden Partnerschaft bzw. PartG mbB können nach §§ 45a, 125 S. 1, 228 Abs. 2 UmwG stets nur natürliche Personen beteiligt sein, die einen Freien Beruf i. S. v. § 1 Abs. 1 und 2 PartGG ausüben und außerdem die allgemeinen Anforderungen des jeweiligen Berufsrechts erfüllen (§ 1 Abs. 3 PartGG).[326] Das Umwandlungsverfahren richtet sich dann nach den allgemeinen Vorgaben des UmwG.

Es müssen darüber hinaus sämtliche Gründungsvoraussetzungen für die PartG mbB erfüllt sein, d. h. das Vorliegen eines Gesellschaftsvertrages unter Beachtung der Vorgaben des § 3 Abs. 2 PartGG und der Abschluss einer Berufshaftpflichtversicherung nach § 8 Abs. 4 PartGG. Wirksam werden der Formwechsel, die Verschmelzung oder die Spaltung mit der Eintragung in das Partnerschaftsregister (§§ 20 Abs. 1 Nr. 1, 131 Abs. 1 Nr. 1, 202 Abs. 1 Nr. 1 UmwG). Mit der Eintragung im Partnerschaftsregister erlischt die bislang bestehende Kapitalgesellschaft.[327]

Auf die Haftungsbeschränkung kann sich die aus einer GbR oder einer Kapitalgesellschaft umgewandelte PartG mbB erst ab dem Zeitpunkt berufen, zu dem der Wechsel vollständig durchgeführt worden ist. Die Haftungsbeschränkung gilt ab dem Zeitpunkt ohne Einschränkung für alle Mandantenverträge, die danach abgeschlossen wurden, d. h. also für Neumandate.[328] Damit handelt es sich bei Verbindlichkeiten, die noch vor der Eintragung der PartG mbB eingegangen wurden, um sog. Altverbindlichkeiten. Für alle Verbindlichkeiten, die vor diesem Zeitpunkt begründet worden sind, gilt das Haftungssystem der vorher bestehenden Gesellschaft fort.

3.2.3 Wechsel von einer einfachen Partnerschaft in eine PartG mbB

Sind die Gesellschafter bereits in Form einer einfachen Partnerschaft organisiert, bedarf es für einen Wechsel zur PartG mbB grundsätzlich nur des Abschlusses einer den gesetzlichen Vorgaben des § 51a BRAO entsprechenden Berufshaftpflichtversicherung, deren Bestehen gegenüber dem Registergericht durch eine Bescheinigung i. S. v. § 4 Abs. 3 PartGG nachzuweisen ist.[329] Der Formwechsel

326 *Leuering*, NZG 2013, 1001 (1005).

327 *Schäfer*, in Ulmer/Schäfer, § 1 PartGG, Rn. 26 ff..

328 *Henssler*, AnwBl. 2014, 96 (99).

329 *Lieder*, NotBZ 2014, 128 (133). Im Innenverhältnis bedarf es für die Entscheidung zum Abschluss einer Versicherung i. S. v. § 8 Abs. 4 PartGG eines Partnerschaftsbeschlusses, wobei ein Mangel die Wirksamkeit im Außenverhältnis unberührt lässt.

vollzieht sich außerhalb des Partnerschaftsregisters; es ändert sich lediglich die Haftungsstruktur innerhalb derselben Gesellschaft. Die konstitutive Eintragung der Partnerschaft i. S. v. § 7 PartGG ist bereits erfolgt, als sie mit dem Haftungssystem des § 8 Abs. 2 PartGG gegründet worden ist.

Die Haftungsbeschränkung tritt in dem Zeitpunkt ein, in dem die gesetzlich vorgesehene Berufshaftpflichtversicherung „unterhalten" wird, regelmäßig also mit dem Abschluss eines entsprechenden Versicherungsvertrages. Die Änderung des Gesellschaftsvertrages[330] und die Anmeldung und Eintragung der Namensänderung als PartG mbB in das Partnerschaftsregister haben keine konstitutive Wirkung für das Haftungsprivileg nach § 8 Abs. 4 PartGG, sondern nur deklaratorische Bedeutung.[331] Unterbleibt eine entsprechende Eintragung, oder wird der Name nicht im Rechtsverkehr ordnungsgemäß geführt, besteht für die Partner ein Haftungsrisiko nach den allgemeinen zivil-, handels- und gesellschaftsrechtlichen Grundsätzen wegen unrichtiger Namensführung.

Aus diesem Grund kann es nicht auf den Zeitpunkt der Namensänderung für das Wirksamwerden der Haftungsbeschränkung ankommen. Maßgebend ist der Zeitpunkt des Abschlusses des Versicherungsvertrages, ab dem die Haftungsbeschränkung nach § 8 Abs. 4 PartGG für die PartG mbB Wirksamkeit entfaltet. Zu beachten ist dabei, dass der Zeitpunkt des Vertragsabschlusses nicht notwendigerweise mit dem Zeitpunkt der Leistungsverpflichtung des Versicherers übereinstimmen muss. Aus Gründen des Gläubigerschutzes kann die Haftungsbeschränkung aber erst in dem Zeitpunkt eintreten, wenn die Versicherung aus dieser speziellen Berufshaftpflichtversicherung zur Leistung bei Schäden wegen fehlerhafter Berufsausübung verpflichtet ist. Über den Zeitpunkt des sog. materiellen Versicherungsbeginns können sich die PartG mbB und die Versicherung vorab auch verständigen.[332]

---

330 *Leuering*, NZG 2013, 1001 (1005). Dies wird allerdings regelmäßig der Fall sein. Nach § 4 Abs. 1 S. 2 und 3 PartGG ist die Änderung des Gesellschaftsvertrages (regelmäßig voraussetzend einen gemeinsamen vertragsändernden Gesellschafterbeschluss auch wegen der nach § 4 Abs. 1 S. 3 PartGG eintragungspflichtigen Namensänderung) zur Eintragung in das Partnerschaftsregister anzumelden, die daraufhin vom Registergericht bekannt gemacht wird.

331 Vgl. OLG Nürnberg, NZG 2014, 422 ff.; *Beck*, AnwBl. 2015, 380 (384); *Sommer/Treptow*, NJW 2013, 3269 (3270); a. A. *Leuering*, NZG 2013, 1001 (1004), der von einer konstitutiven Wirkung spricht.

332 Vgl. auch *Jäger*, S. 233.

3.3 Vertragsabschluss vor vollendetem Wechsel in die PartG mbB

3.3.1 Ausgangssituation

Fraglich ist, wie diese Altmandate oder Altaufträge, d. h. Mandatsverhältnisse, bei denen das Vertragsverhältnis schon vor dem vollendeten Wechsel[333] in die PartG mbB unter dem Haftungsregime der vorherigen Gesellschaft begründet worden sind, rechtlich zu behandeln sind. Die Haftungsregeln der umgewandelten GbR, Kapitalgesellschaft oder einfachen Partnerschaft gelten jedenfalls für diejenigen Vertragsverhältnisse weiter, bei denen sowohl der Vertragsabschluss als auch die fehlerhafte Berufsausübung zeitlich vor der „Umwandlung" in eine PartG mbB liegen. Umgekehrt gilt die Haftungsbeschränkung auf das Gesellschaftsvermögen nach § 8 Abs. 4 PartGG in denjenigen Fällen, bei denen sowohl der Vertragsabschluss als auch die fehlerhafte Berufsausübung in den Zeitraum nach der „Umwandlung" fallen.

Problematisch sind die Altfälle, bei denen die Auftragsbearbeitung bereits vor der Umwandlung begonnen wurde, jedoch die fehlerhafte Berufsausübung erst dann unterlief, nachdem die PartG mbB im Außenverhältnis wirksam war.

Das PartGG enthält diesbezüglich keine Regelungen. Der Gesetzgeber hat dieses Problem nicht gesehen, sodass sich auch aus den Gesetzesbegründungen keine Anhaltspunkte entnehmen lassen; dementsprechend gibt es auch keine ausdrückliche Überleitungsvorschrift für „Altfälle".[334] Eine solche Überleitung lässt sich auch nicht systematisch oder mit dem Gesetzeszweck begründen. Die Beantwortung der Frage, ob nach dem erfolgten Wechsel in das neue Haftungsregime der PartG mbB die Haftung für Altmandate an die neue Haftungssituation angepasst wird, oder ob die alte Haftungsverfassung der ursprünglichen Rechtsform weiterhin Anwendung findet, ist sowohl für die Partner der nunmehr als PartG mbB agierenden Gesellschaft als auch für deren Gläubiger von großer praktischer Relevanz.[335]

Mangels einer gesetzlichen Regelung lassen sich allerdings für die Beantwortung der Frage, ob und in welchem Umfang eine bereits begründete Verbindlichkeit einer Nachhaftungsbegrenzung unterliegt, nur ähnliche Situationen heranziehen.

---

333 Vgl. zum Rechtsformwechsel III. 3.2.

334 *Henssler*, AnwBl. 2014, 96 (99).

335 BGHZ 142, 324 = NJW 2000, 208 (209); BGH, NJW 2007, 3297 (3298), *Wischemeyer/Honisch*, NJW 2014, 881 (882) zur Behandlung von Primäransprüchen aus Dauerschuldverhältnissen; in Bezug auf Schadenersatzansprüche vgl. *Fischer*, S. 132; *Wollweber*, DStR 2014, 1926 (1929); *Schumacher*, S. 144 m. w. N..

3.3.2 *Zeitlich begrenzte Nachhaftung in ähnlichen Situationen*

Im Gesellschaftsrecht gibt es vergleichbare Fallgestaltungen, in denen – anders als bei der PartG mbB – gesetzliche Regelungen existieren. So sieht z. B. § 224 i. V. m. § 225c i. V. m. § 225a UmwG für die Umwandlung einer Partnerschaft in eine Kapitalgesellschaft eine zeitlich begrenzte Nachhaftung der Gesellschafter von fünf Jahren seit Eintragung des Ausscheidens vor. Nach § 224 Abs. 1 UmwG bezieht sich diese Nachhaftung auf Verbindlichkeiten der formwechselnden Gesellschaft, für die die Gesellschafter im Zeitpunkt des Formwechsels persönlich haften. Die persönliche Haftung der Gesellschafter wiederum besteht für Verbindlichkeiten, die im Zeitpunkt des Formwechsels bereits begründet waren.

Die Vorschrift des § 160 Abs. 3 HGB enthält eine entsprechende Regelung sowohl für das Ausscheiden eines Gesellschafters aus einer Personenhandelsgesellschaft als auch für den Wechsel eines persönlich haftenden Gesellschafters in eine Kommanditistenstellung.[336]

Grundgedanke der genannten Regelungen ist, dass das Vertrauen in das ursprüngliche Haftungskonzept im Interesse des Schuldners nicht zeitlich unbefristet bestehen kann. Nach dem Willen des Gesetzgebers soll es keine unbefristete Nachhaftung für bereits begründete Verbindlichkeiten beim Formwechsel, beim Ausscheiden eines Gesellschafters aus einer Personenhandelsgesellschaft oder bei einem Wechsel eines persönlich haftenden Gesellschafters in eine Kommanditistenstellung geben.

Nicht anders ist die Situation zu beurteilen, wenn eine GbR oder eine einfache Partnerschaft in das Haftungsregime einer PartG mbB wechselt. In diesem Fall soll jedenfalls weitgehend für Berufsfehler keine persönliche, sondern nur eine auf die Gesellschaft beschränkte Haftung bestehen. Maßgeblicher Zeitpunkt ist der Entstehungszeitpunkt der PartG mbB.

Da es sich beim Wechsel von einer GbR in eine PartG mbB um einen Formwechsel handelt, der außerhalb des UmwG erfolgt, sind diese Vorschriften daher nicht direkt anwendbar; Entsprechendes gilt auch dann, wenn nicht einmal ein Formwechsel zwischen verschiedenen Varianten innerhalb der Rechtsform der Partnerschaft vorliegt. Auch die Vorschriften des HGB passen für diese Fallkonstellation nicht direkt.[337]

Als Lösungsansatz kommt eine analoge Anwendung in Betracht. Voraussetzungen für eine Analogie sind eine planwidrige Regelungslücke und die

---

336 *Henssler*, AnwBl. 2014, 96 (99).
337 *Fischer*, S. 132.

Vergleichbarkeit der Interessenlagen. Der Gesetzgeber hat, wie bereits festgestellt,[338] diesen Aspekt nicht gesehen, sodass eine planwidrige Regelungslücke vorliegt.[339] Auch eine Vergleichbarkeit der Interessenlage besteht. Gerade bei Mandatsverhältnissen als Dauerschuldverhältnissen kann eine persönliche Haftung trotz eines zeitlich seit längerem zurückliegenden Wechsels der Gesellschaftsform unbillig werden und zu einer endlosen Haftung führen. Da nun weder ein Wechsel innerhalb des UmwG (wie er den §§ 224, 225a ff. UmwG zugrunde liegt) noch ein Fall des § 160 HGB vorliegt, erscheint eine Gesamtanalogie zu §§ 160 Abs. 1, 3 HGB, §§ 224, 225a, 225c UmwG vorzugswürdig.

Sämtliche Regelungen sehen eine fünfjährige Ausschlussfrist (§ 224 Abs. 2 bis 4 UmwG, § 160 Abs. 1 S. 1 a. E. i. V. m. S. 2, 3 HGB) vor. Die Frist beginnt analog § 224 Abs. 3 S. 1 UmwG mit dem Tag, an dem der haftungsbeschränkende Zusatz in das Partnerschaftsregister eingetragen wurde, obwohl die PartG mbB mit Beschlussfassung und Unterhalten der Berufshaftpflichtversicherung entstanden ist. Der Gesetzgeber hält diesen Zeitraum wohl bereichsübergreifend als ausreichend zum Schutz der Gläubiger.[340]

3.3.3 Maßgebender Zeitpunkt für die Begründung einer Verbindlichkeit

3.3.3.1 Meinungsstand

Die entscheidende Frage für die Nachhaftung ist vor allem, wann eine Verbindlichkeit i. S. d. §§ 160 Abs. 1, 3 HGB, §§ 224, 225c, 225a UmwG als „begründet" anzusehen ist.

Von der Beantwortung der Frage hängt es ab, ob der Gesellschafter entsprechend der Haftungsverfassung der ursprünglichen Rechtsform seiner Gesellschaft persönlich – allerdings zeitlich beschränkt auf fünf Jahre nach dem Wechsel in die neue Rechtsform, d. h. Eintragung und Bekanntmachung im Partnerschaftsregister – haftet, oder ob die neue Haftungsverfassung, in die gewechselt wurde, Anwendung findet.

Im Rahmen einer Interessenabwägung ist auf der einen Seite das Interesse der an der PartG mbB beteiligten Partner an dem Erreichen einer schnellstmöglichen

---

338 Vgl. hierzu III. 3.3.1.

339 Für eine Analogie *Sommer/Treptow/Dietlmeier*, NJW 2011, 1551 (1553 ff.); *Sommer/Treptow*, NJW 2013, 3269 (3273); *Sommer/Treptow/Friemel*, NZG 2012, 1249 (1254); *Währholz*, DStR 2013, 2637 (2641); *Schäfer*, in Ulmer/Schäfer, § 8 PartGG, Rn. 16a; *Vossius*, GmbHR 2012, R213 (R241).

340 Vgl. *Sommer/Treptow*, NJW 2013, 3269 (3272); *Hennen*, S. 149; *Schmidt*, in MükoHGB, § 160 HGB, Rn. 19.

Haftungsbeschränkung nach der neuen Rechtsform und dem Schutz vor einer überlangen Belastung durch Altverbindlichkeiten zu berücksichtigen, während auf der anderen Seite der Mandant als Gläubiger aber auch im Vertrauen darauf handeln darf, dass ein vereinbartes Haftungskonzept Bestand hat und zumindest nicht durch Vorgänge entfällt, auf die er keinen Einfluss hat und die einseitig von der Gesellschaft zu seinem Nachteil bestimmt werden.[341]

Hinsichtlich einer solchen Nachhaftung für vertragliche Schadenersatzansprüche kommen grundsätzlich drei Möglichkeiten in Betracht.[342] Das Abstellen auf den Zeitpunkt des Schadenseintritts wäre daher der spätestmögliche Zeitpunkt, wird allerdings weder in der Literatur noch von der Rechtsprechung vertreten. Der Grund besteht darin, dass dieser grundsätzlich vom Zufall abhängt und auch nur eine Folge von Rechtsvorgängen ist, die vorher bereits angelegt waren. Dies erscheint willkürlich und würde den Vertragspartner zu Unrecht erheblich benachteiligen.

Möglich wären weiterhin ein Abstellen auf den Zeitpunkt der Begehung der Pflichtverletzung oder – als frühestmöglicher Zeitpunkt – auf den Zeitpunkt des Abschlusses des Mandantenvertrages.

3.3.3.2 Zeitpunkt des Vertragsabschlusses

Die überwiegende Meinung stellt auf die Auslegung zu § 160 HGB ab und sieht bei einer Haftung von Anwaltssozietäten als maßgeblichen Zeitpunkt für die Begründung einer Verbindlichkeit den Zeitpunkt als maßgebend an, zu dem der Rechtsgrund für die Verbindlichkeit gelegt wurde. Das wäre regelmäßig der Zeitpunkt des Abschlusses des Anwaltsvertrages mit dem Mandanten.[343] Nach

---

341 *Schumacher*, S. 140 m. w. N..

342 Vgl. *Wischemeyer/Honisch*, NJW 2014, 881 (882) mit Hinweis darauf, dass die Nachhaftung für Forderungen für Primäransprüche aus Dauerschuldverhältnissen (z. B. Miet-, Arbeits- oder Leasingverträgen) nach gefestigter Rspr. einheitlich behandelt wird, nach der es für die Begründung der Nachhaftung ausreicht, wenn der Rechtsgrund, d. h. der Vertragsabschluss, noch während der Gesellschaftszugehörigkeit des Gesellschafters entstanden ist; das erst spätere Fälligwerden einzelner konkreter Forderungen ist insoweit unbeachtlich.

343 *Sommer/Treptow*, NJW 2013, 3269 (3272); *Sommer/Treptow/Dietlmeier*, NJW 2011, 1551 (1553); *Sommer/Treptow/Friemel*, NZG 2012, 1249 (1254); *Gladys*, DStR 2013, 2416 (2417); *Tröger/Pfaffinger*, JZ 2013, 812 (814); *Wischemeyer/Honisch*, NJW 2014, 881 (882) mit Bezug auf BGH, NJW 2006, 765; OLG Saarbrücken, DStR 2008, 534 (535); *Schäfer*, in Ulmer/Schäfer, § 8 PartGG, Rn. 16a aus teleologischen Gründen und wegen der haftungsbegründenden Funktion von Berufsfehlern; *Schäfer*, in MükoBGB,

dieser Auffassung reicht es aus, wenn bereits der Rechtsgrund für die im Wege der Nachhaftung geltend zu machende Verbindlichkeit vor Ausscheiden des Gesellschafters entstanden war. Mit dem Vertragsabschluss werden nicht nur die Primärpflichten begründet, sondern wird auch unmittelbar der Rechtsgrund für sämtliche Folgeansprüche gesetzt. Folgeansprüche, wie Schadenersatzansprüche, seien nur das Resultat der Verletzung von Vertragspflichten und konkretisieren daher nur das bestehende Vertragsverhältnis.[344] Bei Dauerschuldverhältnissen werde im Vertragsverhältnis eine Rechtsgrundlage, eine Art „Stammrecht", gelegt, aus der sich ständig neue Ansprüche entwickeln können, die sich im Prinzip „zur bestimmten Zeit als reife Frucht vom Stammrecht lösen".[345]

Übertragen auf die Anwendbarkeit der Haftungsbeschränkung nach § 8 Abs. 4 PartGG bedeutet das, dass es nicht darauf ankommt, wann die schädigende Handlung begangen wurde, sondern allein darauf, wann der betreffende Mandatsvertrag geschlossen wurde. Bei einem Wechsel von einer einfachen Partnerschaft oder einer GbR in eine PartG mbB würden alle Gesellschafter bei einem Vertragsverhältnis vor einem vollendeten Wechsel in die PartG mbB persönlich für sämtliche Folgeansprüche, d. h. insbesondere für Schadenersatzansprüche aus Mandantenverhältnissen, haften. Die persönliche Nachhaftung wäre allerdings zeitlich, wie bereits aufgezeigt (vgl. §§ 160 HGB, 224, 225c, 225a UmwG analog), auf fünf Jahre nach dem Wechsel in die PartG mbB begrenzt.

Im Ergebnis könnten somit die Partner einer PartG mbB für Altmandate nach dem alten Haftungsregime in Anspruch genommen werden, sofern die Verbindlichkeit innerhalb von fünf Jahren nach dem Wechsel in die PartG mbB fällig ist, und die Ansprüche in einer in § 160 Abs. 1 HGB, § 224 Abs. 2 UmwG bezeichneten Weise geltend gemacht worden sind. Die Auswirkungen des Wechsels würden sich dann zeigen, wenn die Verbindlichkeit erst nach über fünf Jahren fällig werden würde. In der Praxis werden diese Fälle nur selten vorkommen, sodass nach dieser Auffassung das Haftungsregime der PartG mbB nur für neu abgeschlossene Mandatsverhältnisse zur Anwendung kommt.[346]

Zur Vermeidung einer persönlichen Haftung wird in der Literatur empfohlen, bestehende Mandatsverhältnisse zu beenden und anschließend erneut zu

---

§ 736 BGB, Rn. 22; *Schmidt*, in MükoHGB, § 128 HGB, Rn. 51; *Piller*, S. 340; *Schumacher*, S. 142.

344 *Sommer/Treptow/Dietlmeier*, NJW 2011, 1551 (1553); *Sommer/Treptow/Friemel*, NZG 2012, 1249 (1254).

345 *Schmidt*, Gesellschaftsrecht, § 51 I Nr. 3a; *Schumacher*, S. 142.

346 *Fischer*, S. 134. *Posegga*, in Peres/Senft, § 19, Rn. 27, spricht von einer temporären Aushöhlung des Haftungsregimes der PartG mbB bei Dauermandaten.

begründen.[347] Die Bundesrechtsanwaltskammer hält in ähnlicher Weise eine Haftungsbeschränkung auf das Gesellschaftsvermögen nach § 8 Abs. 4 PartGG bei Altmandaten für möglich, wenn die Mandanten über den Wechsel informiert werden und in die Haftungsbeschränkung für berufliche Fehler eingewilligt haben.[348] Der zuerst genannte Weg, die bestehenden Verträge durch Kündigung zu beenden und nach der „Umwandlung" neu zu begründen, damit die Partner auch bei Altmandaten in den Genuss der Haftungsbeschränkung kommen können, ist praktisch nicht durchführbar. Daher ist der zweite Weg einer individuellen Vereinbarung mit dem Mandanten der einfachere. Eine solche Vereinbarung kann für einen Mandanten sogar dann vorteilhaft sein, wenn etwa die Deckungssumme der Berufshaftpflichtversicherung höher liegt als das private Vermögen des handelnden Partners einschließlich des Vermögens der Partnerschaft. Die Nachhaftung für Altmandate kann folglich dadurch abbedungen werden, dass die bestehenden Mandantenverträge auf den Zeitpunkt nach der „Umwandlung" in eine PartG mbB individualvertraglich transferiert werden. Auswirkungen hat dies nur für Berufsausübungsfehler, da nur diese von der Haftungsbeschränkung nach § 8 Abs. 4 PartGG erfasst sind; nach der individualvertraglichen Übertragung entfällt diesbezüglich die persönliche Haftung der Partner nach § 8 Abs. 1 und 2 PartGG.

3.3.3.3 Zeitpunkt der Pflichtverletzung

In Rechtsprechung[349] und Literatur[350] wird teilweise vertreten, es sei auf den konkreten Zeitpunkt der Vornahme der Pflichtverletzung abzustellen. Danach kommt für vor dem Wechsel in die PartG mbB erteilte Altmandate

---

347 *Währholz*, DStR 2013, 2337 (2341).

348 Vgl. BRAK-Mitteilungen – Fragen und Antworten zur PartG mbB; *Sommer/Treptow*, NJW 2013, 3269 (3273).

349 LG Bonn, Urt. v. 13.04.2010, NZG 2011, 143 (145): „Ein ausgeschiedener Scheingesellschafter einer Rechtsanwaltssozietät haftet dem Mandanten nach §§ 736 Abs. 2 BGB, 160 Abs. 1 S. 1 HGB nur dann auf Schadenersatz wegen anwaltlicher Pflichtverletzung, wenn die Pflichtverletzung vor seinem Ausscheiden begangen worden ist." Diese Entscheidung ist unbeanstandet durch das Berufungsgericht OLG Köln, Urt. v. 06.04.2011 – 11 U 107/10 – geblieben. Vgl. auch *Henssler*, AnwBl. 2014, 96 (99); *Kilian*, MDR 2013, 1137 (1142).

350 *Hirtz*, in Henssler/Strohn, § 8 PartGG, Rn. 8; *Meixner/Schröder*, DStR 2008, 527 (528); *Henssler*, AnwBl. 2014, 96 (99). Zur Begründung stellt *Henssler* im Rahmen der Nachhaftung bei einem Wechsel in die PartG mbB mit den Argumenten der Unbedenklichkeit und „Versicherungsakzessorietät" auf den Zeitpunkt der Pflichtverletzung ab.

die Haftungsbeschränkung dann zur Anwendung, wenn die Pflichtverletzung nach dem Wechsel erfolgt. Der Anlass der Haftung sei gerade die Pflichtverletzung, nicht der Vertragsabschluss. Außerdem sei die Haftungsbeschränkung vom Unterhalten des geforderten Versicherungsschutzes abhängig. Die persönliche akzessorische Gesellschafterhaftung bei einer einfachen Partnerschaft wird bei der PartG mbB durch einen besonderen Versicherungsschutz ersetzt, wenn dieser im Zeitpunkt der schädigenden Handlung besteht.[351] Dem Mandanten kommt dieser Versicherungsschutz zugute, da sich dieser regelmäßig nach dem Zeitpunkt des Pflichtverstoßes orientiert. Maßgebend für die Anwendbarkeit der Haftungsbeschränkung ist also das versicherungsrechtliche Verstoßprinzip. Es sei daher sinnvoll, sich im Hinblick auf das Entstehen des Haftungsanspruchs und damit einhergehend in Bezug auf die anzuwendenden Haftungsgrundsätze ebenfalls am Verstoßprinzip des Versicherungsrechts auszurichten[352], um einen Gleichlauf der Haftung mit der Abdeckung möglicher Schäden zu gewährleisten. Eine interessengerechte Lösung könne nur erreicht werden, wenn nicht pauschal auf den Zeitpunkt des Vertragsabschlusses, sondern auf die Entstehung der konkreten Verbindlichkeit abgestellt werde.[353] Danach würde es für das Eingreifen der Haftungsbeschränkung nach § 8 Abs. 4 PartGG ausreichen, wenn die Pflichtverletzung nach dem Wechsel in die PartG mbB erfolge, und zwar unabhängig davon, wann der zugrundeliegende Vertrag abgeschlossen wurde.[354]

Für das Abstellen auf den Zeitpunkt der Begehung der Pflichtverletzung spreche insbesondere, dass es nicht interessengerecht sei, den ausgeschiedenen Gesellschafter für Pflichtverletzungen haften zu lassen, die erst nach seinem Ausscheiden begangen worden sind. Er habe nach seinem Ausscheiden aus der Gesellschaft keine Möglichkeit mehr, die Geschäftsführung zu beeinflussen oder zu überwachen bzw. Einblick in die Tätigkeit der Gesellschafter zu nehmen. In den hier hauptsächlich interessierenden Fällen wird es sich regelmäßig um eine Verbindlichkeit wegen Schlechterfüllung des Mandatsvertrages aufgrund eines beruflichen Fehlers handeln.

351 *Kilian*, MDR 2013, 1137 (1142).

352 Vgl. auch *Henssler*, AnwBl. 2014, 96 (99); *ders.* in Henssler/Prütting, § 8 PartGG, Rn. 66; *Diller*, in Henssler/Prütting, § 51a BRAO, Rn. 28; *Kilian*, MDR 2013, 1137 (1142).

353 LG Bonn, NZG 2011, 143 (145).

354 Vgl. auch *Henssler*, in Henssler/Prütting, § 8 PartGG, Rn. 66; *Kilian*, MDR 2013, 1137 (1142).

3.3.3.4 Stellungnahme

Die besseren Argumente sprechen dafür, auf den Zeitpunkt des Vertrages abzustellen. Dies ergibt sich unter anderem aus einer Parallelwertung zu § 224 Abs. 1 UmwG (i. V. m. § 225c UmwG), der die Nachhaftung persönlich haftender Gesellschafter bei einem Formwechsel festlegt. Insoweit ist der haftungsrechtliche Übergang von einer Personengesellschaft in eine Kapitalgesellschaft mit dem in eine PartG mbB vergleichbar. Danach besteht eine Haftung für alle Verbindlichkeiten der Gesellschaft, deren Rechtsgrund dergestalt gelegt worden ist, dass die wesentlichen Entstehungsvoraussetzungen vor dem Formwechsel liegen, selbst wenn weitere Bedingungen erst danach eintreten.

Mit dem Abschluss des Anwaltsvertrages werden nicht nur die Primärpflichten begründet, sondern durch den Vertragsabschluss wird auch unmittelbar der Rechtsgrund für sämtliche etwaigen Folgeansprüche, insbesondere Schadenersatzansprüche wegen Schlechterfüllung des Anwaltsvertrages, gelegt. Die Begehung einer Pflichtverletzung stellt sich dann als Konkretisierung des bestehenden Anwaltsvertrages dar.[355] Demnach ist für den Zeitpunkt der Einteilung in Neu- und Altverbindlichkeiten die objektive Rechtslage, bei Verbindlichkeiten aus Vertrag dessen Abschluss maßgebend. Die Interessen der Gesellschaft können dadurch ausreichend gewahrt werden, dass man die bereits dargelegte[356] Nachhaftungsbegrenzung anerkennt.

Trotz der rechtsdogmatisch korrekten Argumente ist es aus Gläubigerschutzgesichtspunkten abzulehnen, auf den Zeitpunkt der Pflichtverletzung abzustellen. Für das Abstellen auf den Zeitpunkt des Vertragsabschlusses spricht insbesondere, dass ein Gläubiger auf das Haftungskonzept der Gesellschaft, der er das Mandat übertragen hat, vertrauen durfte. Außerhalb seines Einflussbereichs liegende Ereignisse, wie etwa ein späterer Austritt eines Gesellschafters, eine „Umwandlung" der Rechtsform oder der konkrete Zeitpunkt der Pflichtverletzung, dürfen ihm keine Schuldner entziehen.

Daher kann es auch aus Gründen des Gläubigerschutzes allein auf den Zeitpunkt ankommen, wann das zugrundeliegende Mandatsverhältnis begründet worden ist.[357]

Zu beachten ist allerdings, dass die Haftungsbeschränkung danach zwar nicht für die sog. Altmandate gilt, jedoch dem Mandanten der Versicherungsschutz des § 8 Abs. 4 S. 1 PartGG unabhängig davon zugutekommt (sogar auch der

---

355 *Sommer/Treptow*, NZG 2012, 1249 (1254).

356 Vgl. vorhergehend unter 3.3.2.

357 *Wischemeyer/Honisch*, NJW 2014, 881 (882) m. w. N..

Direktanspruch nach § 115 VVG), soweit der Berufsfehler nach der „Umwandlung“ unterläuft.[358] Der Versicherungsschutz richtet sich nämlich regelmäßig nach dem Zeitpunkt des Pflichtverstoßes[359] und nicht nach dem Zeitpunkt, zu dem das Vertragsverhältnis begründet worden ist.[360] Dennoch würden nach anderer Ansicht dem Mandanten durch den Wegfall der persönlichen Haftung der an der Auftragserteilung beteiligten Partner Haftungsschuldner entzogen, sodass dies nur mit seiner Zustimmung zulässig ist. Zudem ist nicht auszuschließen, dass ein Mandant – dem historischen Bild des Freien Berufs folgend – in der persönlichen Haftung seiner Berater eine gewisse Garantie für die Qualität der Beratung sieht und daher selber entscheiden möchte, ob er sich stattdessen mit dem Versicherungsschutz zufrieden geben möchte.

Der Mandant hat somit im Fall eines Altmandats die Wahlmöglichkeit, ob er sich auf die persönliche Haftung der handelnden Partner nach § 8 Abs. 1 und 2 PartGG bezieht oder die Versicherung direkt bzw. über die PartG mbB in Anspruch nimmt.

Im Rahmen der Ausführungen zur einfachen Partnerschaft wurde dargelegt[361], dass der in eine bereits bestehende Partnerschaft eintretende Partner nach § 8 Abs. 1 S. 2 PartGG i. V. m. § 130 HGB für die vor seinem Eintritt begründeten Verbindlichkeiten auch dann haftet (§ 8 Abs. 2 PartGG), wenn er nach seinem Eintritt mit dem Mandat befasst ist, selbst wenn er den Fehler nicht mehr korrigieren konnte. Dieses Risiko hat sich mit der Schaffung der PartG mbB möglicherweise erledigt. Der neu eintretende Partner haftet nicht für solche Berufsausübungsfehler, die innerhalb eines Mandantenvertrages begangen wurden. Damit hat der neu eintretende Partner die Sicherheit, dass er bei neu begründeten Mandantenverhältnissen nicht persönlich haftet.

Allerdings ist fraglich, ob dies auch im Fall von Altmandaten gilt. Wurde das Mandat bereits vor der „Umwandlung“ in eine PartG mbB begründet, könnte auch für den neuen Partner das alte Haftungsregime gelten. Besteht z. B. vor der Umwandlung eine GbR oder PartG, dann darf der Mandant darauf vertrauen, dass für ihn das zum Zeitpunkt des Vertragsabschlusses geltende Haftungsregime erhalten bleibt. Handelte es sich vor der Umwandlung um eine GbR, dann vertraut der Mandant darauf, dass sämtliche Gesellschafter persönlich haften, unabhängig davon, ob diese im Zeitpunkt der Begründung des

358 Ebenso *Leitzen*, DNotZ 2013, 596 (600).

359 *Littbarski*, in MükoVVG, § 100, Rn. 103 ff.; *Sommer/Treptow*, NJW 2013, 3269 (3273).

360 Vgl. *Kienzler*, S. 105; *Littbarski*, in MükoVVG, § 100 VVG, Rn. 103–106.

361 Vgl. hierzu unter II. 2.3.4.1.

Mandantenverhältnisses bereits Gesellschafter waren oder erst zu einem späteren Zeitpunkt in die Gesellschaft eingetreten sind. Im Fall einer Partnerschaft besteht das Vertrauen darin, dass zumindest der mit dem Auftrag befasste Partner persönlich haftet.

Der BGH hatte bereits in seiner Entscheidung zu § 8 Abs. 2 PartGG von 2009[362] ausgeführt, dass auch neu eintretende Gesellschafter für Altmandate haften können, wenn sie mit dem Auftrag befasst waren. Ist das der Fall, indem derjenige etwa den Auftrag übernimmt, gelten dieselben Grundsätze wie bei der persönlichen (Nach-)Haftung für Altverbindlichkeiten. Der Mandant vertraut auf das Haftungsregime, das zur Zeit der Begründung des Mandantenverhältnisses bestanden hat.

Überträgt man diese Grundsätze auf die PartG mbB, dann kann nichts anderes gelten. Das Interesse der Partner an der Haftungsbeschränkung des § 8 Abs. 4 PartGG steht nicht über dem Vertrauen der Gläubiger nach § 130 HGB. Der neu eintretende Partner kann sich über das zu übernehmende Mandantenverhältnis informieren. Er erkennt bei Eintritt in die Partnerschaft, ob es sich um ein neues oder ein bereits bestehendes Mandantenverhältnis handelt. Demgegenüber ist dem Gläubiger mitunter gar nicht bewusst, dass eine „Umwandlung" stattgefunden bzw. welche Folgen diese mit sich gebracht hat. Hinzu kommt, dass das alte Mandatsverhältnis durch individualvertragliche Regelung auf die PartG mbB angepasst werden kann. Das Interesse der Partner an einer Haftungsbeschränkung ist zwar groß, übersteigt aber nicht das Gläubigervertrauen auf das zum Zeitpunkt des Vertragsverhältnisses begründete Haftungsregime.[363] Diese Frage stellt sich dann nicht, wenn die Haftung nach dem Zeitpunkt der begangenen Pflichtverletzung bestimmt wird.[364]

Erfolgt der Pflichtverstoß zur Zeit des wirksamen Bestehens der Haftungsbeschränkung nach § 8 Abs. 4 PartGG, dann greift die Haftpflichtversicherung ein, was wiederum die Befreiung der persönlichen Haftung des eintretenden Partners bedeutet.

Auch wenn man richtigerweise auf den Zeitpunkt des Vertragsabschlusses abstellt, kommt man zu dem gleichen Ergebnis wie bereits bei der persönlichen (Nach-)Haftung für Altverbindlichkeiten. So tritt in diesen Fällen die Berufshaftpflichtversicherung stets bei neu eingetretenen Partnern ein, sodass

---

362 BGH, NJW 2010, 1360.

363 Vgl. *Kienzler*, S. 105.

364 Vgl. *Henssler*, AnwBl. 2014, 96 (99); *Kilian*, MDR 2013, 1137 (1142).

der Mandant die Wahlmöglichkeit hat, ob er sich an den Partner hält oder die Befriedigung direkt von der Versicherung bzw. von der PartG mbB verlangt.

4. Haftungsrechtliche Bedeutung des Namenszusatzes

4.1 Keine materielle Voraussetzung der PartG mbB

Nach § 8 Abs. 4 S. 3 PartGG muss der Name der Partnerschaft den Zusatz „mit beschränkter Berufshaftung", die Abkürzung „mbB" oder eine andere allgemein verständliche Abkürzung (z. B. „PartG mbB") enthalten, der/die auf die beschränkte Berufshaftung hinweist. Abgesehen von namensrechtlichen Anforderungen, wie etwa nach § 2 Abs. 1 S. 1 PartGG, nach der der Name der PartG mbB mindestens den Namen eines Partners enthalten muss, sind die Partner grundsätzlich in der Gestaltung des Rechtsformzusatzes frei, sofern nur deutlich zum Ausdruck kommt, dass die Haftung der Gesellschaft für berufliche Fehler beschränkt ist.

Der Name der PartG mbB ist nach § 4 Abs. 1 PartGG anzumelden und nach § 5 Abs. 1 PartGG in das Partnerschaftsregister einzutragen. Der Namenszusatz ist auch auf Geschäftsbriefen der Partnerschaft anzugeben (§ 7 Abs. 5 PartGG i. v. m. § 125a HGB).[365] Allein aus diesem Namenszusatz, also unter der Spalte „Name" erkennt der Rechtsverkehr im Partnerschaftsregister, ob es sich um eine PartG mbB oder eine einfache Partnerschaft handelt, da in der Spalte „Rechtsform" stets nur Partnerschaftsgesellschaft eingetragen wird. Die PartG mbB ist keine eigene Rechtsform und stellt damit in der Rubrik der Rechtsform keinen eigenen tauglichen Eintragungsinhalt dar.[366] Es ist somit allein durch die Eintragung der geänderten Firmierung die Sonderform erkennbar.

Im Regierungsentwurf war ein die Haftungsbeschränkung anzeigender Zusatz in der Firmierung noch als zweite materielle Voraussetzung – neben dem Unterhalten einer speziellen Berufshaftpflichtversicherung – für das Eingreifen der Haftungsbeschränkung auf das Gesellschaftsvermögen vorgegeben.[367] Im Gesetz

---

365 *Leuering*, NZG 2013,1001; zu offenen Fragen bei fehlendem Rechtsformzusatz *Henssler*, AnwBl. 2014, 96 (100). Unzulässig sei die Abkürzung „mbH", da diese den Eindruck einer umfassenden Haftungsbeschränkung für sämtliche Verbindlichkeiten erweckt und die Gläubiger von einer Rechtsverfolgung abhalten könnte.

366 OLG Nürnberg v. 05.02.2014 – 12 W 351/14, BB 2014, 534

367 Vgl. RegE zum Gesetz zur Einführung einer PartG mbB, BT-Drucks. 17/10487, 4, 17; § 8 Abs. 4 im RegE lautet: „Für Verbindlichkeiten der Partnerschaft aus Schäden wegen fehlerhafter Berufsausübung haftet den Gläubigern nur das Gesellschaftsvermögen, *wenn* 1. die Partnerschaft eine zu diesem Zweck durch Gesetz begründete Berufshaftpflichtversicherung unterhält *und* 2. ihr Name den Zusatz „mit beschränkter

besteht dieser „Wenn-dann“-Bezug nur noch zwischen der Haftungsbeschränkung und der unterhaltenen Berufshaftpflichtversicherung. Der Gesetzgeber hatte auf Empfehlung des Rechtsausschusses die Verknüpfung von Haftungsbeschränkung und Namensführung aufgehoben.[368] Die Regelung in § 8 Abs. 4 PartGG wurde dahingehend modifiziert, dass es sich bei den Namensvorschriften um nicht (mehr) mit der Haftungsbeschränkung verknüpfte Regelungen handelt. Es wurde als systematisch konsequenter angesehen, die Eintragung des Namens nur anzuordnen, nicht aber zu einer echten Bedingung der Haftungsbeschränkung zu machen.[369] Nach der Gesetzesbegründung handelt es sich bei § 8 Abs. 4 S. 3 PartGG um eine firmenrechtliche Vorschrift.[370] Dem Namenszusatz kommt damit nur deklaratorische Bedeutung für die Haftungsbeschränkung zu.

Diese deklaratorische Bedeutung könnte auf den ersten Blick im Widerspruch zu § 7 Abs. 1 PartGG i. V. m. § 125a HGB stehen, demzufolge die Partnerschaft im Verhältnis zu Dritten erst mit Eintragung ins Partnerschaftsregister wirksam wird. Hier ist allerdings zu beachten, dass § 7 Abs. 1 PartGG nicht die Wirksamkeit der Haftungsbeschränkung betrifft, sondern die Wirksamkeit der Gesellschaft Dritten gegenüber. Es geht um die Frage, ob und ab wann sich die Partner auf das Bestehen der Gesellschaft und mithin auf die Haftungsbeschränkung berufen können. § 7 Abs. 1 PartGG führt aber nicht dazu, dass der Eintragung des Namenszusatzes konstitutive Bedeutung für die Wirksamkeit der Haftungsbeschränkung zukommt. Entsprechendes gilt für § 7 Abs. 5 PartGG, der verdeutlichen soll, dass der auf die Haftungsbeschränkung hinweisende Zusatz auch auf Geschäftsbriefen anzugeben ist. Danach muss eine Partnerschaft, die die Voraussetzungen nach § 8 Abs. 4 PartGG erfüllt, den gewählten zulässigen Namenszusatz, die Rechtsform, ihren Sitz, das Registergericht und die Nummer, unter der sie in das Partnerschaftsregister eingetragen ist, auf allen Geschäftsbriefen angeben.

Daher sind somit weder die Eintragung des Namenszusatzes im Register noch die Führung des Namenszusatzes auf Geschäftsbriefen konstitutive Voraussetzungen für die Haftungsbeschränkung auf das Gesellschaftsvermögen. Die

---

Berufshaftung“ oder eine allgemein verständliche Abkürzung dieser Bezeichnung enthält.

368 Vgl. Beschlussempfehlung des Rechtsausschusses, BT-Drucks. 17/13944, S. 15.

369 Begr., RegE, BT-Drucks. 17/10487, S. 14.

370 Beschlussempfehlung des Rechtsausschusses, BT-Drucks. 17/13944, S. 15; RegE zum Gesetz zur Einführung einer PartG mbB, BT- Drucks. 17/10487, S. 13, 14; *Leitzen*, DNotZ 2013, 596 (601); *Michalski/Römermann*, § 8 PartGG, Rn. 118.

Haftungsbeschränkung besteht auch dann, wenn der Namenszusatz nicht eingetragen wurde.

Kommen die Partner ihrer Pflicht, die PartG mbB zur Eintragung anzumelden (§ 4 Abs. 1 i. V. m. § 3 Abs. 2, § 8 Abs. 4 S. 3 PartGG, §§ 106, 108 HGB entsprechend), nicht nach, drohen firmenrechtliche Sanktionen nach § 2 Abs. 2 Hs. 1 PartGG i. V. m. § 37 HGB. So kann das zuständige Registergericht die Partner, d. h. die zur Vertretung der Gesellschaft ermächtigten Gesellschafter,[371] durch die Festsetzung eines Zwangsgeldes in Höhe von 5.000 Euro zur Anmeldung des Rechtsformzusatzes (wie aller weiteren eintragungspflichtigen Tatsachen) anhalten.[372]

4.2 Haftung nach Rechtsscheingrundsätzen

4.2.1 Haftungsrelevante Fallkonstruktionen

Unabhängig von dem Aspekt der Wirksamkeit der Haftungsbeschränkung stellt sich die Frage, ob sich die Partner in jeder Situation auf die Haftungsbeschränkung berufen können. Kommt die PartG mbB ihrer Pflicht zur Eintragung und Führung des Namenszusatzes nicht nach, so kann dies neben den angesprochenen firmenrechtlichen Konsequenzen vor allem eine Haftung nach Rechtsscheingrundsätzen zur Folge haben. Zwei Fallkonstellationen können diesbezüglich in der Praxis von Relevanz sein.

In der ersten möglichen Fallkonstellation wird ein Partnerschaftsvertrag entsprechend geändert und eine den Anforderungen des § 51a BRAO genügende Berufshaftpflichtversicherung abgeschlossen und unterhalten. Es wird allerdings die Namensänderung mit dem Hinweis auf die Rechtsformvariante nicht eingetragen und bekannt gemacht, der Namenszusatz aber ungeachtet dessen im Rechtsverkehr geführt.[373]

In der zweiten Fallvariante wird die PartG mbB ordnungsgemäß gegründet, in das Partnerschaftsregister eingetragen und bekannt gemacht. Jedoch wird im Rechtsverkehr der Namenszusatz unter Verstoß gegen § 7 Abs. 5 PartGG i. V. m. § 125a HGB nicht geführt, z. B. durch Weiterverwendung von alten Briefbögen, auf denen die Gesellschaft als GbR oder einfache Partnerschaft gekennzeichnet ist.

---

371 *Lieder*, NotBZ 2014, 128 (129) zu den Maßnahmen des Registergerichts.
372 *Schäfer*, in Ulmer/Schäfer, § 7 PartGG, Rn. 23.
373 *Henssler*, AnwBl. 2014, 96 (100).

4.2.2 Folgen einer unterbliebenen oder fehlerhaften Eintragung

Wurde die Berufshaftpflichtversicherung ordnungsgemäß abgeschlossen und unterhalten und zudem auch der Name der Gesellschaft durch Änderung des Partnerschaftsvertrages den Vorgaben des § 8 Abs. 4 PartGG angepasst, jedoch keine Eintragung der Änderung des Namens vorgenommen, dann findet § 15 Abs. 1 HGB i. V. m. § 5 Abs. 2 PartGG Anwendung. Es liegt eine eintragungspflichtige Namensänderung vor. Nach § 15 Abs. 1 HGB kann eine in das Handelsregister einzutragende Tatsache, die nicht eingetragen und bekanntgemacht ist, von demjenigen, in dessen Angelegenheiten sie einzutragen war, einem Dritten nicht entgegengesetzt werden, es sei denn, dass sie diesem bekannt war. Diese Regelung enthält den Grundsatz der negativen Publizität, nach dem auf das Schweigen des Handelsregisters vertraut werden darf. Dies gilt für die PartG mbB in Relation zum Partnerschaftsregister entsprechend (§ 5 Abs. 2 PartGG i. V. m. § 15 HGB). Der Vertragspartner der PartG mbB kann auf das Schweigen des Partnerschaftsregisters vertrauen und sich damit auf die Haftungsverfassung der einfachen Partnerschaft berufen,[374] d. h. es kann den vertraglichen Gläubigern nicht entgegengehalten werden, dass die Haftung der Partner für berufliche Fehler beschränkt sei. Die Partner, die mit dem Mandat befasst waren, haften persönlich neben der Partnerschaft und der Berufshaftpflichtversicherung. Diese Rechtsfolgen der negativen Publizität können nur vermieden werden, wenn dem Mandanten positive Kenntnis von der Haftungsbeschränkung nachgewiesen werden kann; eine fahrlässige Unkenntnis reicht dafür nicht aus. Für die positive Kenntnis genügt es aber, wenn die Partner jeweils den mit richtigem Rechtsformzusatz versehenen Briefbogen verwenden, sofern dieser Rechtsformzusatz ohne weiteres deutlich auf dem Briefbogen erkennbar ist. Den Geschäftspartnern der PartG mbB sind zwar Nachforschungen in Bezug auf die tatsächliche Rechtsform nicht zuzumuten. Soweit sich allerdings die Rechtsform eindeutig und gut erkennbar aus dem verwendeten Geschäftspapier ergibt, kann im Geschäftsverkehr davon ausgegangen werden, dass die andere Partei hiervon Kenntnis nimmt. Andernfalls hätte es der Vertragspartner in der Hand, die Wirkung des § 15 Abs. 1 HGB stets für sich zu beanspruchen. Das wiederum entspricht aber nicht den allgemeinen Grundsätzen der Risikoverteilung. Wie beim Zugang von Willenserklärungen nach § 130 BGB muss der Erklärende dafür Sorge tragen, dass die Erklärung in den Machtbereich des Empfängers gelangt,

374 *Henssler*, AnwBl. 2014, 96 (100 ff.); *Henssler*, in Henssler/Prütting, § 8 PartGG, Rn. 71 ff.: Bericht des Rechtsausschusses, BT-Drucks. 17/13944, S. 20; vgl. *Leuering*, NZG 2013, 1001 (1003); *Tröger/Pfaffinger*, JZ 2013, 812 (814).

und er muss ferner unter normalen Umständen davon ausgehen können, dass der Empfänger von ihr Kenntnis nehmen kann.[375] Ob der Empfänger tatsächlich Kenntnis nimmt, liegt außerhalb des Risikobereichs des Erklärenden, da er hierauf keinen Einfluss nehmen kann. Entsprechendes gilt für die hier angesprochene Situation im Rahmen des § 15 Abs. 1 HGB.[376]

In der Literatur wird vereinzelt die Auffassung vertreten,[377] dass die fehlende Eintragung des die Haftungsbeschränkung anzeigenden Namenszusatzes keine Haftung aus § 5 Abs. 2 PartGG i. V. m. § 15 Abs. 1 HGB begründe, da die Aufnahme des Rechtsformzusatzes in den Namen der PartG mbB keine konstitutive Voraussetzung der Haftungsbeschränkung i. S. v. § 8 Abs. 4 S. 1 PartGG sei.

Das schließt jedoch die Anwendung der negativen Registerpublizität nach § 15 Abs. 1 HGB nicht aus. Es handelt sich ungeachtet dessen um eine eintragungspflichtige Tatsache in diesem Sinne. § 15 Abs. 1 HGB hebt auch die Haftungsbeschränkung nicht auf, sondern gewährt lediglich Vertrauensschutz für den Fall, dass die Haftungsbeschränkung nicht aus dem Register ersichtlich und der Vertragspartner gutgläubig ist. Der Vertrauenstatbestand dieser Vorschrift greift etwa beim Eintritt und Ausscheiden eines OHG-Gesellschafters (§§ 106 Abs. 2 Nr. 1, 143 Abs. 2 HGB) sowie bei Erteilung und Widerruf einer Prokura (§ 53 Abs. 1 und 2 HGB). In diesem Fall haften daher alle Partner, die nicht die Voraussetzungen der Haftungskonzentration nach § 8 Abs. 2 PartGG erfüllen.[378] Gutgläubige Dritte können sich demnach auf den Schutz durch § 15 PartGG berufen.[379]

Zweifelhaft ist allerdings, ob der geschädigte Mandant tatsächlich besser gestellt ist, wenn er sich auf die Rechtslage, die sich aus dem Register ergibt, beruft. Gerade bei größeren Kanzleien, für die eine PartG mbB interessant ist, ist der vorhandene Versicherungsschutz regelmäßig weitaus höher. Der Versicherungsschutz beginnt mit dem Abschluss und Unterhalten der Versicherung; die fehlende Eintragung steht der Wirksamkeit nicht entgegen. Fraglich könnte sein, ob die Berufung auf § 8 Abs. 2 PartGG für den geschädigten Mandanten günstiger ist. Bei einer PartG mbB steht ihm regelmäßig eine solvente Haftpflichtversicherung als Haftungsschuldner (zumindest mittelbar) zur Verfügung. Das kann, muss aber kein Vorteil sein, wenn man berücksichtigt, dass die

375 Palandt/*Ellenberger*, § 130 BGB, Rn. 5.

376 Vgl. *Fischer*, S. 128 ff..

377 *Sommer/Treptow*, NJW 2013, 3269 (3272).

378 *Meyer*, S. 143; *Piller*, S. 360 ff..

379 Vgl. *Hennen*, S. 140 ff..

Versicherungsleistung (durch vorhergehende) Schadensfälle aufgebraucht und kein nennenswertes Gesellschaftsvermögen vorhanden ist. Zudem gewährt § 15 Abs. 1 HGB einem Gläubiger das Recht, sich die für ihn günstige Rechtsfolge auszuwählen, d. h. der Gläubiger hat die Wahl, ob er sich an die PartG mbB und deren Haftpflichtversicherung hält, oder ob er an der alten Haftungsstruktur der vorherigen Gesellschaft festhält.[380]

4.2.3 Allgemeine Rechtsscheinhaftung bei Nichtführung des Namenszusatzes

4.2.3.1 BGH-Rechtsprechung zur Rechtsscheinhaftung

Aus § 8 Abs. 4 S. 3 PartGG folgt die Pflicht der PartG mbB, den Namenszusatz im Rechtsverkehr zu führen. Der Zweck besteht darin, den Rechtsverkehr über die bestehende beschränkte Berufshaftung zu informieren. In der zweiten Fallvariante tritt die PartG mbB trotz Eintragung des Namenszusatzes ins Register im Geschäftsverkehr als einfache Partnerschaft auf. Fraglich ist, welche Rechtsfolgen eintreten, wenn der handelnde Vertreter der PartG mbB den Namenszusatz weglässt oder die PartG mbB falsch bezeichnet. Es besteht, unabhängig davon, ob die Partnerschaft als PartG mbB eingetragen ist, die Gefahr, dass sie im Geschäftsverkehr als einfache Partnerschaft mit der Haftungsbeschränkung nach § 8 Abs. 2 PartGG wahrgenommen wird.

Die Vorschrift des § 15 HGB ist auf diese Fallgestaltung nicht anwendbar, da die PartG mbB ihrer Eintragungspflicht nachgekommen ist. Nach der Gesetzesbegründung sollen Verstöße gegen diese firmenrechtlichen Vorschriften, mit der die Gesellschaft im Rechtsverkehr über ihre Haftungsbeschränkung täuscht, nach den allgemeinen Regeln behandelt werden.[381] Welche Regeln hier genau gemeint sind, nennt die Gesetzesbegründung nicht ausdrücklich.

Bei einem Rechtsgeschäft, das unter Verstoß gegen das Gebot zur Namensführung zustande gekommen ist, und der Vertragspartner unrichtige Vorstellungen über die Person des Unternehmensinhabers hatte, kann eine Anfechtung des Vertrages wegen Irrtums über eine verkehrswesentliche Eigenschaft der Person des Vertragsgegners nach § 119 Abs. 2 BGB in Betracht kommen. Handelt der Stellvertreter arglistig, kann auch ein Anfechtungsrecht nach § 123 BGB analog[382] bestehen. Aus praktischer Sicht ist allerdings eine Anfechtung wegen der Rechtsfolgen der rückwirkenden Nichtigkeit (§ 142 BGB) nicht zu empfehlen.

---

380 *Kienzler*, S. 108 mit Hinweis auf die Rosinentheorie; a. A. *Jäger*, S. 223, die wohl sogar eine Handelndenhaftung nach § 8 Abs. 2 PartGG ablehnt,

381 Begr., RegE, BT-Drucks. 17/10487, S. 14.

382 *Lieder*, NotBZ 2014, 128 (129) mit Hinweis auf die Möglichkeit einer Anfechtung.

In Betracht kommt die Anwendung der Rechtsprechungs-Regeln des BGH zu vergleichbaren Fallgestaltungen aus dem Bereich des Gesellschaftsrechts, in denen bei Weglassen des Rechtsformzusatzes eine persönliche Erfüllungshaftung des für die Gesellschaft auftretenden Vertreters kraft Rechtsschein nach § 179 BGB analog angenommen wird.[383] Der BGH[384] und die herrschende Meinung in der Literatur[385] wenden in den Fällen, in denen eine Gesellschaft mit Haftungsbeschränkung im Rechtsverkehr ohne einen die Haftungsbeschränkung anzeigenden Rechtsformzusatz auftritt, die Vorschrift des § 179 BGB analog an. Der BGH hatte dies erstmals in einem Fall zu entscheiden, in welchem eine GmbH & Co. KG unter Verstoß gegen § 35a GmbHG ohne Rechtsformzusatz im Rechtsverkehr auftrat.[386] Der BGH hat die Vorschrift des § 179 BGB ebenfalls analog auf einen Fall angewendet, in dem der in § 5a Abs. 1 GmbHG vorgeschriebene Rechtsformzusatz für eine Unternehmergesellschaft (haftungsbeschränkt – UG) im Rechtsverkehr weggelassen wurde. In dieser Entscheidung bezeichnete ein Geschäftsführer einer UG diese als GmbH. Der Geschäftspartner werde durch den falschen Rechtsformzusatz über die gesetzliche Kapitalausstattung falsch informiert. Es werde der Anschein erweckt, die Gesellschaft habe ein Stammkapital von mindestens 25.000 Euro. Der erzeugte Rechtsschein führe daher ebenfalls zu einer Haftung des Handelnden aus § 179 BGB analog. Der Handelnde schaffe durch die Abgabe der sachlich nicht zutreffenden Erklärung einen Vertrauenstatbestand, der eine schuldunabhängige Garantiehaftung begründe; diese Haftung trete dann gesamtschuldnerisch neben die Haftung des Unternehmensträgers.[387] Die Rechtsscheinhaftung setze zudem voraus, dass der auf den Rechtsschein vertrauende Vertragspartner keine Kenntnis von der tatsächlichen Rechtsform gehabt habe und daher und im Vertrauen darauf, dass es

---

383 *Fastrich*, in Baumbach/Hueck, § 4 GmbHG, Rn. 15; *Henssler*, AnwBl. 2014, 96 (101), *ders.*, in Henssler/Prütting, § 8 PartGG, Rn. 72 m. w. N., zur dogmatisch angreifbaren Rspr. des BGH, der bei Weglassen des Rechtsformzusatzes eine Erfüllungshaftung des für die Gesellschaft handelnden Vertreters kraft Rechtsschein analog § 179 BGB anordnet.

384 BGHZ 62, 216 (222 ff.), BGH, NJW 2012, 2871 m. w. N. (st. Rspr.).

385 *Schmidt*, Handelsrecht, S. 155 ff. m. w. N.; *Altmeppen*, NJW 2012, 2833 (2835) m. w. N.; *Fischer*, S. 116 ff..

386 BGHZ 62, 216 ff. Es ging um einen Verstoß gegen § 4 GmbHG a. F., der entsprechend § 35a GmbHG die Führung eines haftungsbeschränkten Zusatzes in der Firma der GmbH vorschrieb.

387 BGH, NJW 2012, 2871 m. w. N. (st. Rspr.).

sich um eine GmbH handelt, mit dieser Gesellschaft in Geschäftsbeziehung trat. Dies darzulegen und zu beweisen sei allerdings Sache des Handelnden.

Derjenige, der die Rechtsfolgen nicht gegen sich gelten lassen möchte, muss danach darlegen und beweisen, dass sein Vertragsgegner die wahren Verhältnisse kannte oder kennen musste, oder dass diese für ihn im konkreten Fall keine Rolle gespielt haben. Ob ein entsprechender Rechtsschein der unbeschränkten Haftung gesetzt wurde, lässt sich nur anhand der Umstände im Einzelfall beurteilen.[388] In der Literatur wird von einigen Anhängern der herrschenden Meinung die Ansicht vertreten, dass die Haftung des Stellvertreters nach § 179 BGB analog auf das negative Interesse zu begrenzen sei. Der BGH hat bislang offen gelassen, ob bzw. unter welchen Voraussetzungen eine solche Haftung entsprechend zu beschränken ist.[389]

4.2.3.2 Übertragung auf die PartG mbB

Nach der überwiegenden Ansicht lasse sich die Rechtsprechung des BGH grundsätzlich auf die hier zu betrachtende Fallkonstellation übertragen, in der eine PartG mbB vorgibt, eine einfache Partnerschaft zu sein, wenn eine PartG mbB entgegen § 7 Abs. 5 PartGG i. V. m. § 125a HGB ohne den die Haftungsbeschränkung anzeigenden Zusatz nach § 8 Abs. 4 S. 3 PartGG im Rechtsverkehr auftritt. Mit der weiteren Verwendung alter Briefbögen der Gesellschaft, des bisherigen Firmenschildes, des unveränderten Internetauftritts sowie alter Visitenkarten oder Firmenstempel, aus denen sich lediglich ergibt, dass es sich um eine einfache Partnerschaft oder GbR handelt, wird unter Verstoß gegen die genannten Regelungen bei den Geschäftspartnern der Eindruck erweckt, der Vertrag komme z. B. mit einer einfachen Partnerschaft zustande, bei der zumindest ein Partner nach § 8 Abs. 2 PartGG für berufliche Fehler unbeschränkt persönlich haftet. Dieses Auftreten begründet einen Vertrauenstatbestand, der es rechtfertigt, den handelnden Partner für den von ihm gesetzten Rechtsschein haften zu lassen.[390] Dieser Rechtsschein werde auch nicht durch eine korrekte Eintragung zerstört. Zwar muss ein Dritter nach § 15 Abs. 2 HGB i. V. m. § 5 Abs. 2 PartGG eingetragene und bekanntgemachte Tatsachen gegen sich gelten lassen, wenn er keine Kenntnis von der Eintragung hatte. Durch die Verwendung alter

---

388 BGH, NJW 2012, 2871 m. w. N. (st. Rspr.).

389 Vgl. *Meyer*, S. 151 m. w. N..

390 *Lieder*, NotBZ 2014, 128 (129); *Piller*, S. 365 m. w. N.; *Sommer/Treptow*, NJW 2013, 3269 (3272); *Ruppert*, DStR 2013, 1623 (1628); *Uwer/Roeding*, AnwBl. 2013, 483; *Fischer*, S. 117.

Briefbögen werde aber ein neuer Rechtsschein gesetzt, der § 15 Abs. 2 HGB insoweit vorgeht und den der Handelnde gegen sich gelten lassen muss.[391]

In der Literatur wird allerdings vereinzelt die Haftung aus § 179 BGB analog abgelehnt und bei einem Verstoß gegen das Gebot zur Führung des Rechtsformzusatzes eine alleinige Schadenersatzhaftung des Handelnden aus culpa in contrahendo (cic) nach §§ 280 Abs. 1, 311 Abs. 2 und 3, 241 Abs. 2 BGB angenommen.[392]

4.2.3.3 Stellungnahme

Es ist der herrschenden Meinung zu folgen, nach der die Einstandspflicht des Handelnden aus § 179 BGB analog auf diesen beschränkt ist. Dem Handelnden obliegt auch die Darlegungs- und Beweislast dafür, dass der Vertragspartner Kenntnis von der wahren Rechtslage hatte, oder der erzeugte Rechtsschein für das Handeln des Vertragspartners in Bezug auf den konkreten Vertragsabschluss nicht ursächlich war.[393] Für die Gläubiger von sonstigen Verbindlichkeiten, also solche außerhalb der Haftung für berufliche Fehler, ändert der Status „mbB" nichts, sodass kein von der tatsächlichen Rechtslage abweichender Rechtsschein erzeugt wird. Fraglich ist, welche Rechtsfolgen sich aufgrund einer solchen Rechtsscheinhaftung ergeben. Der handelnde Partner setzt mit Verwendung alter Briefbögen einen Rechtsschein dahingehend, dass es sich um eine einfache Partnerschaft handelt. Der Vertragspartner hat auf einen wirksamen Vertrag mit einer einfachen Partnerschaft vertraut. Tatsächlich abgeschlossen wurde jedoch ein Vertrag über §§ 164 ff. BGB mit einer PartG mbB. Diese Rechtsscheinhaftung darf nicht weiter gehen als die Schutzwürdigkeit des Vertrauens des Geschäftspartners. Es greift also nicht die persönliche Haftung aller Partner nach § 8 Abs. 1 PartGG, sondern die Handelndenhaftung nach § 8 Abs. 2 PartGG, denn nur insoweit wurde bei fehlendem Namenszusatz der Rechtsschein gesetzt. Das bedeutet, dass der handelnde Partner so zu behandeln ist, als wäre er persönlich haftender Gesellschafter. Darüber hinaus wird auch denjenigen Partner eine persönliche Haftung treffen, der für die Gesellschaft ohne einen auf die Haftungsbeschränkung hinweisenden Zusatz aufgetreten ist. Die Haftung bezieht sich auf das Erfüllungsinteresse. Eine Beschränkung der Haftung in Analogie

391 Vgl. *Hopt*, in Baumbach/Hopt, HGB, § 15 HGB, Rn. 15.

392 Vgl. *Altmeppen*, NJW 2012, 2833 (2835) mit kritischer Anmerkung zur dogmatischen Begründung des BGH.

393 Vgl. zur GmbH: BGH, NJW 2012, 2871 (2873); NJW 1990, 2678 (2679); NJW 1981, 2569 (2570).

zu § 179 Abs. 2 BGB auf das negative Interesse kommt nicht in Betracht, da eine derartige Beschränkung auch in allen anderen Fällen, in denen eine Rechtsscheinhaftung angenommen wurde, nicht besteht. Eine derartige Beschränkung würde zudem auch den Interessen des Handelsverkehrs sowie einer einfachen und berechenbaren Rechtsfolge nicht gerecht werden.

Gegen die vereinzelt in der Literatur vertretene Ansicht, nach der die Haftung aus § 179 BGB analog abgelehnt und bei einem Verstoß gegen das Gebot zur Führung des Rechtsformzusatzes eine alleinige Schadenersatzhaftung des Handelnden aus culpa in contrahendo (cic) nach §§ 280 Abs. 1, 311 Abs. 2 und 3, 241 Abs. 2 BGB angenommen wird, spricht, dass eine solche Haftung nur in Ausnahmefällen unter den Voraussetzungen des § 311 Abs. 3 BGB angenommen werden kann, soweit in besonderem Maße ein persönliches Verhandlungsvertrauen i. S. d. Vorschrift oder ein spezielles eigenes Interesse vorliegt. Da dies nur sehr selten der Fall ist, würde dies bedeuten, dass eine alleinige Haftungsgrundlage aus cic zu einem Bedeutungsverlust der Vorschriften, die eine Pflicht zur Angabe des die Haftungsbeschränkung anzeigenden Rechtsformzusatzes anordnen, führen würde.[394]

Hat ein sonstiger Stellvertreter, der nicht Partner ist, gehandelt, trifft auch diesen die Haftung aus § 179 BGB analog. Eine Haftung des nicht unmittelbar handelnden Gesellschafters wegen Verletzung von Handlungs-, Überwachungs- und Instruktionspflichten scheidet aus, da § 179 Abs. 1 BGB die Haftung des unmittelbar im Rechtsverkehr auftretenden Stellvertreters für von ihm veranlasstes Vertrauen regelt, nicht hingegen eine allgemeine Rechtsscheinhaftung.

Denkbar ist weiterhin eine Haftung des Handelnden aus § 823 Abs. 2 BGB i. V. m. § 7 Abs. 5 PartGG i. V. m. § 125a HGB. Dies setzt voraus, dass es sich bei dieser Vorschrift um ein Schutzgesetz in diesem Sinn handelt. Ein Schutzgesetz ist jede Norm, die dem Schutz der Interessen anderer dienen soll. Die betreffende Vorschrift muss den Schutz eines anderen bezwecken. Nach ständiger Rechtsprechung ist dies der Fall, wenn diese Norm neben dem Schutz der Allgemeinheit gerade auch dazu dienen soll, dem Einzelnen Schutz vor Verletzung seiner Rechte, Rechtsgüter oder rechtlich geschützter Interessen zu gewähren.[395] In der Literatur erkennt man diese Regelung nicht als Schutzgesetz an mit dem Hinweis, dass sie nur das Allgemeininteresse schütze, und der Geschädigte anderweitig ausreichend geschützt sei.[396] Dagegen spricht allerdings, dass sich

394 *Meyer*, S. 154 ff. mit Hinweis auf *Haas*, NJW 1997, 2854 (2855 ff.).

395 BGH, NJW 2014, 64; *Brox/Walker*, SchuldR BT, § 46, Rn. 2 ff.; *Palandt/Sprau*, § 823 BGB, Rn. 58 m. w. N..

396 *Meyer*, S. 156; Hinweis auf *Altmeppen*, ZIP, 889 (894).

aus der Regelung und der Gesetzesbegründung ergibt, dass es ein Anliegen des Gesetzgebers war, die beschränkte Haftung der PartG mbB im Rechtsverkehr deutlich zu machen, um damit der Fehlvorstellung potenzieller Geschäftspartner entgegenzuwirken, dass es sich um eine einfache Partnerschaft mit mindestens einem persönlich haftenden Partner handelt. Die Regelung dient damit auch dem Individualschutz, indem sie den Geschäftsverkehr informieren und dadurch auch den einzelnen Geschäftspartner schützen soll. Damit handelt es sich bei § 7 Abs. 5 PartGG um ein Schutzgesetz i. S. d. § 823 Abs. 2 BGB.[397]

4.3 Zusammenfassung

Die rein firmenrechtliche Ausgestaltung des § 8 Abs. 4 S. 3 PartGG führt dazu, dass die Partner die Haftungsbeschränkung auch herbeiführen bzw. aufrechterhalten können, wenn sie gegen die Vorschriften zur Firmierung verstoßen.

Bei Versäumnis der Eintragung und Bekanntmachung der Namensänderung mit der Rechtsformalternative „mbB" in das Partnerschaftsregister greift aus Gründen des Gläubigerschutzes die Vorschrift des § 15 Abs. 1 HGB mit ihrer negativen Publizitätswirkung ein, soweit der Gläubiger keine positive Kenntnis von der tatsächlichen Rechtsform der PartG mbB hatte. Der Gläubiger hat die Wahl, ob er sich an der tatsächlichen oder an der eingetragenen Rechtslage orientiert, soweit es sich um einen Berufsausübungsfehler handelt, da nur diesbezüglich die Haftungsbeschränkung greift.

Ist die PartG mbB ordnungsgemäß eingetragen, wird aber im Geschäftsverkehr nicht auf die Haftungsbeschränkung hingewiesen bzw. der Rechtsschein einer anderen Gesellschaft hervorgerufen, so finden die in Rechtsprechung und Literatur entwickelten Grundsätze zur Rechtsscheinhaftung nach § 179 Abs. 1 BGB analog Anwendung. Es haftet danach der handelnde Partner oder sonstige Vertreter persönlich, der selbst den Rechtsschein, der durch das Weglassen des Rechtsformzusatzes bzw. durch Falschbezeichnung der Gesellschaft erzeugt worden ist, gesetzt hat. Die Haftung bezieht sich auf das Erfüllungsinteresse.

Eine alleinige Haftung des Handelnden aus §§ 280 Abs. 1, 311 Abs. 2 und 3, 241 Abs. 2 BGB kommt nicht in Betracht, da eine Eigenhaftung des Vertreters nicht unmittelbar auf der fehlenden Angabe des Rechtsformzusatzes beruht, sondern nur unter den zusätzlichen Voraussetzungen des § 311 Abs. 3 S. 2 BGB eingreift. Der handelnde Vertreter müsste ein besonderes Vertrauen im vorvertraglichen Stadium in Anspruch genommen oder durch ein wirtschaftliches

397 *Fischer*, S. 122 m. w. N.; *Schmidt*, in MükoHGB, Bd. 2, § 125a HGB, Rn. 14; a. A. *Meyer*, S. 157.

Eigeninteresse den Vertragsabschluss in erheblichem Maße beeinflusst haben; beides liegt regelmäßig bei einem handelnden Partner oder sonstigen Vertreter nicht vor. Da diese Regelung daher nur in Ausnahmefällen zur Anwendung kommt, würde dies – wenn sie die alleinige Haftungsgrundlage wäre – zu einem erheblichen Bedeutungsverlust der Bestimmungen führen, die eine korrekte Namensführung anordnen.[398]

In Betracht kann als zusätzliche Haftungsgrundlage gegenüber dem Handelnden die Vorschrift des § 823 Abs. 2 BGB i. V. m. § 7 Abs. 5 PartGG i. V. m. § 125a HGB zur Anwendung kommen.

5. Haftung im Innenverhältnis

5.1. Nachschusspflichten der Gesellschafter bei Liquidation

5.1.1 Problemdarstellung

Die Haftungsbeschränkung auf das Gesellschaftsvermögen nach § 8 Abs. 4 PartGG schützt die Gesellschafter einer PartG mbB vor einer persönlichen Inanspruchnahme durch denjenigen, der durch einen Berufsausübungsfehler geschädigt worden ist.

Für die Partner einer PartG mbB ist nicht nur die Haftung im Außenverhältnis von Bedeutung, sondern sind dies auch die möglichen Haftungsrisiken im Innenverhältnis, d. h. im Verhältnis zur Gesellschaft. Über diese sog. Innenhaftung kann der Partner bei Vorliegen einer Anspruchsgrundlage aus unterschiedlichen Gründen von der Gesellschaft in Anspruch genommen werden und sich so unter Umständen einer erheblichen Haftung ausgesetzt sehen. Bei der PartG mbB besteht die Gefahr, dass die Haftungsbeschränkung für berufliche Fehler durch einen Umweg über die Innenhaftung letztlich wieder eingeschränkt wird.

Im Folgenden werden die Haftungsrisiken dargestellt, die sich für einen Partner einer PartG mbB ergeben können, und es wird aufgezeigt, wie diese zu vermeiden sind bzw. reduziert werden können. Die erste Frage betrifft die anteilige Verlustausgleichspflicht im Fall einer Liquidation. Die andere Frage betrifft mögliche Haftungsansprüche der PartG mbB gegen einen pflichtwidrig handelnden Partner. Dieser Aspekt erhält in den Fällen, in denen der Schaden die versicherte (Mindest-)Summe übersteigt, und dieser Betrag auch nicht von dem – üblicherweise geringen – Gesellschaftsvermögen gedeckt ist, in Anbetracht der

398 Vgl. auch *Meyer*, S. 155 ff..

Zugriffsmöglichkeit eines geschädigten Gläubigers auf das Privatvermögen der Partner praktische Relevanz.

5.1.2 Nachschusspflicht der Gesellschafter und Verlustausgleichspflicht

5.1.2.1 Anteilige Verlustausgleichspflicht bei Liquidation

Die Gesellschafter einer PartG mbB sind – ebenso wie die Gesellschafter einer GbR – nicht zu Nachschüssen in das Gesellschaftsvermögen verpflichtet (§ 1 Abs. 4 PartGG i. V. m. § 707 BGB), solange es sich um eine solvente handlungsfähige Gesellschaft handelt.[399] Wird allerdings eine Partnerschaft liquidiert, und reicht das Gesellschaftsvermögen nicht aus, um die Gläubiger der Partnerschaft zu befriedigen, dann stehen der Partnerschaft nach § 1 Abs. 4 PartGG i. V. m. § 735 BGB Ansprüche gegen die Partner auf Leistung anteiliger Liquidationsfehlbeträge zu; etwaige Überschüsse wären nach § 10 PartGG i. V. m. § 155 HGB zu verteilen. Der Anteil des einzelnen Partners an der Verlustbeteiligung richtet sich grundsätzlich nach dem im Partnerschaftsvertrag vereinbarten Verteilungsschlüssel. Diese Nachschussansprüche der PartG mbB gegen ihre Partner kann ein Gläubiger, der wegen seiner Verbindlichkeit nicht befriedigt wurde, nach § 829 ZPO pfänden und sich zur Einziehung überweisen lassen (§ 835 ZPO).[400] Im Fall der Liquidation hätten die Liquidatoren sogar die Pflicht, diese Ansprüche geltend zu machen. Eine derartige Nachschusspflicht ist bei Personengesellschaften (GbR, OHG, KG, Partnerschaft) aufgrund der persönlichen und unmittelbaren Haftung der Gesellschafter typischerweise von geringerer Praxisrelevanz, da der einzelne Gläubiger grundsätzlich nicht auf eine solche Zwangsvollstreckung angewiesen ist. Bei der PartG mbB können sich allerdings die Gläubiger, die ihre Forderung wegen eines beruflichen Fehlers nicht durchsetzen konnten, weil die Berufshaftpflichtversicherung nicht zur (vollen) Leistung verpflichtet war, und das Gesellschaftsvermögen nicht ausreichte, um den Schaden vollständig zu decken, auf diese Weise Zugriff auf das Privatvermögen der Partner verschaffen.[401] Die PartG mbB bleibt zwar Forderungsinhaber, jedoch kann der Mandant diese Forderung im eigenen Namen durchsetzen. Während des Insolvenzverfahrens kann der Insolvenzverwalter gemäß § 80 InsO die Forderungen gegen

399 *Henssler*, AnwBl. 2014, 96 (101).

400 *Wertenbruch*, NZG 2013, 1006 (1006).

401 *Lieder*, NotBZ 2014, 81 (84); *Tröger/Pfaffinger*, JZ 2013, 812 (820 ff.). Bereits aus der Gesetzesbegründung ergibt sich, dass zwar das Bestehen einer solchen Versicherung Voraussetzung für die gesetzliche Haftungsbeschränkung ist, nicht aber deren Deckung, siehe hierzu BT-Drucks. 17/10487, S. 15.

die Partner zugunsten der Insolvenzmasse geltend machen, sodass den Partnern das Vollstreckungsverbot nach § 89 Abs. 1 InsO nicht hilft. Durch diese Innenhaftung würde das Ziel des § 8 Abs. 4 PartGG faktisch aufgehoben.

5.1.2.2 Möglichkeiten des Haftungsausschlusses

Die Regelung des § 735 BGB ist dispositiver Natur,[402] sodass die Nachschusspflicht durch eine ausdrückliche Regelung im Partnerschaftsvertrag ausgeschlossen werden kann. Der Gesetzgeber hat im Rahmen der Gesetzesnovellierung die Anwendung des § 735 BGB weder eingeschränkt noch deren Dispositivität aufgehoben. Aufgrund der Dispositivität dieser Regelung können somit die Gesellschafter die Nachschusspflichten für solche Fehlbeträge ausdrücklich ausschließen, die aus Gesellschaftsverbindlichkeiten stammen, die auf ein berufliches Fehlverhalten zurückzuführen sind.

Fraglich ist allerdings, ob man in Anbetracht der Abdingbarkeit des § 735 BGB bei Fehlen einer ausdrücklichen Vereinbarung einen schlüssigen bzw. konkludenten Ausschluss annehmen kann. Aus den Gesetzesmaterialien lassen sich zur Frage der Verlustausgleichspflicht bzw. Nachschusspflicht keine Anhaltspunkte entnehmen. Dies ist eine Frage der Auslegung des Gesellschaftsvertrages nach Maßgabe der §§ 133, 157, 242 BGB. Für die Auslegung ist zwischen Verbindlichkeiten aus beruflichen Fehlern, für die nach § 8 Abs. 4 PartGG eine Haftungsbeschränkung eingreift, und sonstigen Verbindlichkeiten, für die die Partner nach § 8 Abs. 1 S. 1 PartGG neben der PartG mbB haften, zu unterscheiden.

In der Literatur wird überwiegend die Auffassung vertreten, es sei ein schlüssiger Ausschluss der Verlustausgleichspflicht anzunehmen, soweit es sich um berufshaftungsbedingte Gesellschaftsschulden handelt.[403]

Dieser Auffassung ist zuzustimmen. Die Partner bringen mit der Wahl der Rechtsform der PartG mbB und der damit verbundenen Beschränkung der Haftung für Berufsfehler zum Ausdruck, dass eine Nachschusspflicht – sofern die Unterdeckung aus einer Haftung aufgrund eines beruflichen Fehlers stammte – von den Partnern nicht erwünscht sei. Eine diesbezügliche Regelung würde die mit § 8 Abs. 4 PartGG bezweckte Befreiung der Partner von der persönlichen Haftung für berufshaftungsbezogene Verbindlichkeiten der PartG mbB

---

402 Statt vieler *Schäfer*, in MükoBGB, § 735 BGB, Rn. 2 m. w. N.; *Wertenbruch*, NZG 2013, 1006 (1007).

403 *Henssler*, AnwBl. 2014, 96 (101) mit Bezug auch auf §§ 738, 739 BGB; *Fischer*, S. 170; *Wertenbruch*, NZG 2013, 1006 (1007).

in vollem Umfang konterkarieren. Dementsprechend sind daher Ansprüche der PartG mbB auf Leistung einer Nachschusszahlung nach § 735 BGB durch die Wahl der Rechtsform konkludent ausgeschlossen.

5.1.2.3 Kein konkludenter Anspruchsausschluss bei sonstigen Verbindlichkeiten

Soweit es sich um sonstige Verbindlichkeiten der Gesellschaft handelt, die nicht auf einem beruflichen Fehler beruhen und einen Verlust der PartG mbB herbeiführen, kommt es auch hier auf eine Auslegung des Partnerschaftsvertrages an. Da die Partner für Gesellschaftsverbindlichkeiten außerhalb der Berufshaftung nach § 8 Abs. 1 PartGG persönlich haften, ist insoweit kein konkludenter Ausschluss der Nachschusspflicht anzunehmen.[404] Dies gilt insbesondere für Verbindlichkeiten aus Kauf-, Miet-, Leasing-, Darlehens- oder Arbeitsverträgen, aber auch für sonstige Erfüllungsansprüche sowie öffentlich-rechtliche Verpflichtungen, insbesondere steuerliche Verbindlichkeiten.[405] Mit der Wahl der Rechtsform der PartG mbB können die Partner die persönliche Haftung für diese Verbindlichkeiten also nicht ausschließen. Hat der Gläubiger einen Titel gegen die Gesellschaft erstritten, kann er im Fall der Liquidation der Partnerschaft die Nachschussansprüche der Gesellschaft nach § 735 BGB i. V. m. § 1 Abs. 4 PartGG pfänden und sich zur Einziehung überweisen lassen (§§ 829, 835 ZPO). Dieser mittelbare Zugriff auf das Privatvermögen der Partner führt – anders als bei Verlusten, die aus berufsbedingten Gesellschaftsverbindlichkeiten (insbesondere aus Berufspflichtverletzungen bei Geschäftsbesorgungsverträgen mit Mandatsbezug sowie mandatsbezogenen Werk- oder Dienstverträgen)[406] stammen – nicht zu einer Aushöhlung des Haftungsregimes der PartG mbB. Es macht aus haftungsrechtlicher Sicht keinen Unterschied, ob ein Gläubiger wegen seiner Verbindlichkeit zuerst die Partner nach § 8 Abs. 1 S. 1 PartGG persönlich in Anspruch nimmt oder im Fall der Liquidation der PartG mbB mittelbar auf ihr Privatvermögen zugreift, da sie bei sonstigen – nicht berufsbedingten – Verbindlichkeiten stets mit einer Inanspruchnahme rechnen müssen. Ein konkludenter Ausschluss der Nachschusspflicht kann daher ohne ausdrückliche Regelung oder Anhaltspunkte im Partnerschaftsvertrag für Verluste durch Gesellschaftsverbindlichkeiten außerhalb der Berufshaftung nicht angenommen werden.[407]

---

404 *Henssler*, AnwBl. 2014, 96 (101); *Wertenbruch*, NZG 2013, 1006 (100).
405 *Seibert*, DB 2013, 1710 (1711).
406 *Römermann/Praß*, NZG 2012, 601 (603); *Lieder*, NotBZ 2014, 81 (83).
407 *Fischer*, S. 171 m. w. N..

5.2 Ersatzanspruch der PartG mbB gegen den schuldhaft handelnden Partner

5.2.1 Voraussetzungen eines Schadenersatzanspruchs der PartG mbB

Die Ausübung eines Freien Berufs ist für die Partner nicht nur ein zentraler Beitrag i. S. v. § 706 BGB zur Förderung eines gemeinsamen Zwecks, sondern stellt auch eine Geschäftsführungsmaßnahme dar. Dies ergibt sich aus einem Rückschluss aus § 6 Abs. 2 PartGG, der den Ausschluss von der Geschäftsführung nur für die „sonstigen Geschäfte", also für solche, die nicht zur Ausübung des Freien Berufs gehören, erlaubt. In einem beruflichen Fehler der Partner liegt daher auch stets eine fehlerhafte Geschäftsführung. Begeht ein Partner gegenüber dem Mandanten der PartG mbB einen beruflichen Fehler, und kommt es dadurch zu einem Haftungsfall für die PartG mbB, so stellt dieses Verhalten nicht nur eine Verletzung des Anwaltsvertrages gegenüber dem Auftraggeber dar, sondern ist zugleich auch eine Pflichtverletzung des Partnerschaftsvertrags im Innenverhältnis. Nach dem Partnerschaftsvertrag sind die Partner zur ordnungsgemäßen Erbringung ihrer Dienstleistung verpflichtet, d. h. sie haben die Bearbeitung ihrer Aufträge unter Beachtung der berufsrechtlichen Anforderungen so auszuführen, dass sie die PartG mbB keiner Haftung wegen eines beruflichen Fehlers aussetzen.[408] Es soll ein unnötiger Zugriff auf das Gesellschaftsvermögen vermieden werden, indem sie ihren Beruf in der Weise ausüben, dass im Außenverhältnis kein Haftungsfall entsteht.

Führt nun die Verletzung der Geschäftsführungspflicht zu einem Schaden, kann dies einen Schadenersatzanspruch der Gesellschaft nach § 280 Abs. 1 BGB gegen den pflichtwidrig handelnden Gesellschafter zur Folge haben.

Ein Schadenersatzanspruch besteht aber nur, wenn der handelnde Partner die Pflichtverletzung auch zu vertreten hat (§ 280 Abs. 1 S. 2 BGB). Das Verschulden bestimmt sich grundsätzlich nach § 276 BGB, d. h. es muss vorsätzliches oder fahrlässiges Handeln vorliegen. Des Weiteren ist das Vorliegen eines kausalen Schadens erforderlich.

5.2.2 Verschulden – Sorgfaltsmaßstab des § 708 BGB

Im Rahmen des Verschuldens stellt sich die Frage, ob der Verschuldensmaßstab nicht objektiv zu bestimmen, sondern an der eigenüblichen Sorgfalt gemäß § 708 BGB zu messen ist. Aufgrund des Verweises in § 1 Abs. 4 PartGG auf die §§ 705 ff. BGB gilt für die Partner einer PartG mbB vorbehaltlich einer

---

408 *Wertenbruch*, NZG 2013, 1006 (1007).

anderweitigen Regelung im Gesellschaftsvertrag nach weit überwiegender Ansicht grundsätzlich der Sorgfaltsmaßstab der §§ 708, 277 BGB.[409] Danach hat ein Gesellschafter bei der Erfüllung seiner gesellschaftsvertraglichen Pflichten nach §§ 708, 277 BGB nur für diejenige Sorgfalt einzustehen, welche er in eigenen Angelegenheiten anzuwenden pflegt („diligentia quam in suis"), d. h. er haftet nur für Vorsatz und grobe Fahrlässigkeit. Die dogmatische Grundlage des § 708 BGB ist die Annahme, dass Personen, die miteinander eine Gesellschaft gründen, „sich gegenseitig so nehmen müssen, wie sie nun einmal sind".[410]

Eine andere Auffassung vertritt *Wertenbruch*. Er ist der Ansicht, soweit der Partnerschaftsvertrag keinen ausdrücklichen Ausschluss des § 708 BGB enthalte, folge aus dem im Partnerschaftsvertrag vereinbarten Gesellschaftszweck eine konkludente Abbedingung der Vorschrift, sodass der Sorgfaltsmaßstab des § 708 i. V. m. § 277 BGB nicht gelte.[411] Gegen die Anwendung der „diligentia quam in suis" bei der PartG mbB bringt er vor, dass sich der Sorgfaltsmaßstab an den berufsrechtlichen Regelungen orientiere und daher das anwendbare Maß an anzuwendender Sorgfalt objektiv zu bestimmen sei. Die Übereinstimmung der geschuldeten Sorgfalt im Außenverhältnis und im Innenverhältnis sei erforderlich, um Haftungsfälle zu vermeiden.[412]

Der Auffassung von *Wertenbruch* ist nicht zuzustimmen. Zwar besteht bei Berufsausübungsgesellschaften die Besonderheit, dass die von der Gesellschaft bzw. von den einzelnen Freiberuflern erbrachte Dienstleistung ein besonderes Vertrauen genießt und eine (auch berufsrechtlich bedingte) besondere Sorgfalt erwarten lässt. Daraus, dass eine besondere Pflicht im Außenverhältnis zur sorgfältigen Erledigung der übertragenen Aufgaben besteht, kann aber nicht der Schluss gezogen werden, dass daher auch im Innenverhältnis kein geringerer Sorgfaltsmaßstab gelten könne. Dagegen sprechen gesetzessystematische Gründe. Andernfalls würden das Innen- und Außenverhältnis in unzulässiger Weise vermengt. Die Partner sollen im Innenverhältnis von der Haftungsprivilegierung profitieren.[413] Auch der Gesetzgeber hat bei der Implementierung der PartG mbB durch § 1 Abs. 4 PartGG ausdrücklich die Anwendbarkeit der Normen zur GbR und damit auch des § 708 BGB angeordnet bzw. beibehalten.

---

409 *Lieder*, NotBZ 2014, 81 (84); *Seibert*, DB 2013, 1710 (1713); *Henssler*, AnwBl. 2014, 96 (102); *Währholz*, DStR 2013, 2637 (2638); *Römermann/Praß*, NZG 2012, 601 (604).

410 RGZ 143, 212 (215); *Saenger*, § 13, Rn. 140.

411 *Wertenbruch*, NZG 2013, 1006 (1007).

412 *Wertenbruch*, NZG 2013, 1006 (1007).

413 *Lieder*, NotBZ 2014, 81 (84); *Seibert*, DB 2013, 1710 (1713); *Henssler*, AnwBl. 2014, 96 (102); *Währholz*, DStR 2013, 2637 (2638); *Römermann/Praß*, NZG 2012, 601 (604).

Er war sich der Diskrepanz zwischen Außen- und Innenverhältnis bewusst. Zum anderen ist *Wertenbruchs* Argumentation widersprüchlich. Er lehnt einerseits die Geltung des § 708 BGB ab, weil ansonsten ein unterschiedlicher Sorgfaltsmaßstab im Innen- und Außenverhältnis gelten würde. Auf der anderen Seite befürwortet er einen konkludenten gesellschaftsvertraglichen Haftungsausschluss für leichte Fahrlässigkeit. Die Annahme eines konkludenten Haftungsausschlusses für leichte Fahrlässigkeit wirkt sich aber ebenfalls nur im Innenverhältnis aus, d. h. sie führt also genau wie § 708 BGB zu einem unterschiedlichen Sorgfaltsmaßstab im Innen- und Außenverhältnis. Sein Argument, dass durch einen Gesellschafter, dessen eigenübliche Sorgfalt regelmäßig den im Außenverhältnis geschuldeten Sorgfaltsmaßstab unterschreitet, fortlaufend Haftungsfälle zu erwarten seien, und daher die geschuldete Sorgfalt mit dem Sorgfaltsmaßstab im Innenverhältnis der Gesellschaft übereinstimmen müsste,[414] überzeugt auch aus einem anderen Grund nicht. In der Praxis dürfte es sich nur um Einzelfälle handeln, wenn ein Gesellschafter in eigenen Angelegenheiten die nach außen geschuldete Sorgfalt unterschreitet und dadurch einen Haftungsfall verursacht. Die Partner haben aufgrund ihrer Beteiligung selbst ein besonderes Interesse daran, Haftungsfälle zu vermeiden und den Ruf der Gesellschaft nicht zu gefährden.

Es ist daher mit der weit überwiegenden Ansicht an der grundsätzlichen Anwendbarkeit des § 708 BGB i. V. m. § 277 BGB festzuhalten. Gerade bei den Freien Berufen sind entsprechend der beruflichen Qualifikation die Maßstäbe hoch anzusetzen, sodass die Einschränkung des Haftungsmaßstabs nach § 1 Abs. 4 PartGG i. V. m. § 708 BGB in manchen Berufsfeldern praktisch bedeutungslos sein kann.

5.2.3 Kein konkludenter Ausschluss des § 708 BGB

Die Vorschrift des § 708 BGB ist dispositiv, d. h. das Privileg der Haftung nur für Verstöße gegen die eigenübliche Sorgfalt kann im Gesellschaftsvertrag ausgeschlossen werden. In diesem Fall haben die Partner im Innenverhältnis unabhängig von ihrer eigenüblichen Sorgfalt nach § 276 BGB jede Fahrlässigkeit und Vorsatz zu vertreten; es gilt mithin ein objektiver Sorgfaltsmaßstab.

Nach der oben erwähnten Ansicht von *Wertenbruch* könnte sich ein Haftungsausschluss des § 708 BGB konkludent aus den Umständen ergeben.[415]

---

414 *Wertenbruch*, NZG 2013, 1006 (1007).
415 *Wertenbruch*, NZG 2013, 1006 (1007).

Ein solcher Ausschluss ist allerdings systematisch nicht haltbar.[416] Es kann bei Fehlen einer ausdrücklichen Regelung allein aufgrund der Rechtsformwahl unter Zugrundelegung der §§ 133, 157, 242 BGB nicht von einem konkludenten Ausschluss der Norm und damit von der Vereinbarung eines objektiven Sorgfaltsmaßstabs im Innenverhältnis ausgegangen werden. Die Parteien werden sich diesbezüglich bei Abschluss des Partnerschaftsvertrags regelmäßig gar keine Gedanken gemacht haben.[417] Es bleibt daher bei der Anwendung des § 708 BGB i. V. m. § 1 Abs. 4 PartGG. Das bedeutet, dass der Partner gegenüber der Gesellschaft nur für die eigenübliche Sorgfalt, d. h. nur für Vorsatz und grobe Fahrlässigkeit, haftet.

Möchten die Partner sichergehen, dass ein die Versicherungssumme übersteigender Schaden nicht zugleich zu einem Regressanspruch der PartG mbB gegen den pflichtwidrig handelnden Partner führt, bleibt es ihnen überlassen, durch eine Vereinbarung die Haftung im Innenverhältnis auszuschließen bzw. zu begrenzen.

Möglich ist die Vereinbarung eines Haftungsausschlusses für jede Form der Fahrlässigkeit. So kann der von der PartG mbB gegen den bei der Berufsausübung fahrlässig handelnden Gesellschafter aus § 280 Abs. 1 BGB geltend gemachte Anspruch nach allgemeinen Grundsätzen mit Ausnahme der Haftung für Vorsatz (§ 276 Abs. 3 BGB) vertraglich ausgeschlossen werden.

Ein solcher Haftungsausschluss kann zwar auch konkludent erfolgen.[418] Dies gilt aber nur für einfache Fahrlässigkeit,[419] während für einen Haftungsausschluss für grob fahrlässiges Verhalten stets eine ausdrückliche Vereinbarung erforderlich ist.[420]

5.2.4 Kausaler Schaden für die PartG mbB

Weitere Voraussetzung ist das Vorliegen eines Schadens. In der Literatur wird regelmäßig aufgrund der Tatsache, dass die PartG mbB für Vertragsverletzungen gegenüber dem Mandanten haftet, stets ein Schaden der Gesellschaft

416 Abzulehnen ist auch die Auffassung von *Kienzler*, S. 150, nach der die Vereinbarung der Rechtsform der PartG mbB gleichzeitig einen Haftungsausschluss nicht nur für einfache, sondern auch für grobe Fahrlässigkeit beinhalte.

417 *Wertenbruch*, NZG 2013, 1006 (1008).

418 Palandt/*Grüneberg*, § 276 BGB, Rn. 37; vgl. *Fischer*, S. 175.

419 *Wertenbruch*, NZG 2013, 1006 (1008); vgl. *Lieder* NotBZ 2014, 81 (84).

420 OLG Hamm, NJW-RR 2006, 104; *Wertenbruch*, NZG 2013, 1006 (1007); Palandt/*Grüneberg*, § 276 BGB, Rn. 37 m. w. N.; *Henssler*, AnwBl. 2014, 96 (103).

angenommen. Es ist jedoch zu fragen, ob das ausnahmslos zutreffend ist.[421] Die Art und der Umfang des zu ersetzenden Schadens bestimmen sich nach §§ 249 ff. BGB. Es handelt sich regelmäßig um Vermögensschäden. Ob ein Vermögensschaden vorliegt, ist anhand der Differenzhypothese zu ermitteln. Danach ist ein Vermögensschaden zu bejahen, wenn die gegenwärtige Vermögenslage geringer ist als sie (hypothetisch) wäre, wenn das zum Ersatz verpflichtende Ereignis, also in diesem Fall der berufliche Fehler des Partners, nicht eingetreten wäre.[422] Ein in Geld messbarer Vermögensschaden kann auch in der Belastung mit einer Verbindlichkeit bestehen. Da die PartG mbB mit einem Schadenersatzanspruch des geschädigten Mandanten befasst wird, ist ein kausal auf den Berufsfehler beruhender Vermögensschaden der PartG mbB grundsätzlich zu bejahen. Allerdings könnte die Zahlung der Berufshaftpflichtversicherung an den geschädigten Mandanten schadensmindernd zu berücksichtigen sein. Fraglich ist, ob etwaige Zahlungen der Versicherungen im Wege der Vorteilsausgleichung relevant sind.

Es kommt darauf an, in welchen Fällen eine Zahlung des Versicherers an den geschädigten Mandanten für die PartG mbB vorteilhaft ist. So scheidet ein Vorteil für die PartG mbB aus, wenn ausnahmsweise gegenüber der PartG mbB keine Verpflichtung des Versicherers zur Freistellung von dem Schadenersatzanspruch des geschädigten Mandanten besteht, und der Versicherer daher einen Regressanspruch gegen die PartG mbB hat. Ein solcher Fall könnte etwa vorliegen, wenn der Versicherer wegen Verzugs der PartG mbB mit der Prämienzahlung oder wegen sonstiger Obliegenheitsverletzungen nach § 117 VVG von der Verpflichtung zur Leistung gegenüber der PartG mbB ganz oder teilweise frei wird und dem geschädigten Mandanten auch kein Direktanspruch nach § 115 VVG zusteht. Dann geht der Anspruch des geschädigten Mandanten gegen die PartG mbB infolge der Befriedigung durch den Versicherer nach § 117 Abs. 1 bis 4 VVG im Gegenzug auf diesen über, und der Versicherer kann bei der PartG mbB Regress nehmen (§ 117 Abs. 5 S. 1 VVG). Besteht dagegen ein Direktanspruch des geschädigten Mandanten nach § 115 Abs. 1 VVG, so ergibt sich der Rückgriffanspruch des Versicherers gegen die PartG mbB aus § 116 Abs. 1 S. 2 VVG, § 426 BGB.

Die PartG mbB hat aber dann einen Vorteil infolge der Zahlung durch die Versicherung an den geschädigten Mandanten, wenn die PartG mbB einen vertraglichen Deckungsanspruch (§ 100 VVG) hat, und der Versicherer zur

---

421 Vgl. nur *Henssler*, AnwBl. 2014, 96 (102).

422 Vgl. nur Palandt/*Grüneberg*, vor § 249 BGB, Rn. 4 m. w. N.; st. Rspr., vgl. BGH, NJW 2011, 1962 (1963).

Erfüllung dieser Verbindlichkeit an den geschädigten Mandanten zahlt. In diesem Fall muss die PartG mbB den Schaden des Mandanten, den dieser infolge der fehlerhaften Berufsausübung des Partners erlitten hat, anders als im Fall der nachträglichen Befreiung der Berufshaftpflichtversicherung von ihrer Leistungspflicht im Ergebnis nicht tragen.[423] Auch aus § 86 VVG ergibt sich nichts anderes. Eine Legalzession auf die Versicherung scheidet hier aus, da der Partner, der den Berufsfehler begangen hat, nicht Dritter i. S. d. Vorschrift ist, sondern „mitversicherte" Person. Dies ergibt eine Auslegung des Versicherungsvertrages. Hierfür spricht, soweit sich dies nicht bereits ausdrücklich aus dem Partnerschaftsvertrag ergibt, der Sinn und Zweck des Partnerschaftsvertrags. Wegen der besonderen Verbindung zwischen Gesellschaft und Gesellschafter sind bei der Vertragsauslegung neben dem Interesse der Gesellschaft auch die für den Versicherer erkennbaren Erwartungen der Gesellschafter zu berücksichtigen. Ebenso wie die Gesellschaft, so haben auch die einzelnen Gesellschafter ein Interesse daran, dass es nicht zu haftungsrechtlichen Auseinandersetzungen innerhalb der Gesellschaft kommt, und erwarten deshalb, dass sie im Haftungsfall umfassend vor einer Inanspruchnahme geschützt werden und keinen Regressansprüchen ausgesetzt sind. Hierfür spricht auch, dass Versicherungsprämien aus dem Gesellschaftsvermögen bezahlt werden, was den Gewinn schmälert und im wirtschaftlichen Ergebnis dazu führt, dass die Gesellschafter den Versicherungsschutz finanzieren.[424]

Eine Vorteilsausgleichung setzt zum einen voraus, dass der Vorteil mit dem schädigenden Ereignis in einem adäquaten Kausalzusammenhang steht. Da die Freistellungsverpflichtung des Versicherers gegenüber der PartG mbB gerade wegen des Schadenersatzanspruchs des Mandanten entsteht, ist dies zu bejahen. Eine Vorteilsausgleichung setzt weiterhin voraus, dass die Berücksichtigung des Vorteils dem Geschädigten zumutbar ist und den Schädiger nicht unangemessen entlastet.[425] Eine unangemessene Entlastung des Schädigers liegt hier nicht vor, da die Verpflichtung des Dritten auch den Zweck hat, den Schädiger zu schützen und zu entlasten. Sie dient nicht nur dem Schutz der PartG mbB, sondern auch dem Schutz des einzelnen mitversicherten Partners; sie ist für den Geschädigten auch nicht unzumutbar.

---

423 Vgl. *Meyer*, S. 110.

424 Vgl. *Meyer*, S. 113 ff..

425 BGH, NJW 2006, 499; NJW 2007, 3130 (3132); *Wandt*, § 24, Rn. 15.

5.2.5 Anspruch der PartG mbB gegen den deliktisch handelnden Partner

Soweit der schädigende Partner in Ausführung eines Auftrags der PartG mbB eine deliktische Handlung begeht, dann wird der PartG mbB dieses Verhalten über eine analoge Anwendung des § 31 BGB zugerechnet. Durch das deliktische Verhalten wird eine Gesellschaftsverbindlichkeit begründet, für die die Gesellschaft nach § 8 Abs. 1 PartGG haften muss. Übersteigt der entstandene Schaden die Versicherungssumme, muss die Verbindlichkeit aus dem Gesellschaftsvermögen beglichen werden. Der PartG mbB entsteht damit ein Schaden. Die PartG mbB kann den Schaden über einen Innenregressanspruch nach § 280 Abs. 1 BGB gegen den deliktisch handelnden Partner geltend machen. Soweit im Innenverhältnis ein Haftungsausschluss vereinbart worden ist, bezieht sich dieser auch auf einen Regressanspruch der PartG mbB wegen eines deliktischen Anspruchs. Entsprechendes gilt für die Annahme eines konkludenten Haftungsausschlusses für einfache Fahrlässigkeit. Es besteht dann insoweit kein Innenregressanspruch der PartG mbB.

In Betracht könnte ein Anspruch der PartG mbB gegen den deliktisch handelnden Partner im Wege des Gesamtschuldnerausgleichs nach § 426 Abs. 1 S. 1 BGB kommen. Grundsätzlich entsteht zwischen der PartG mbB, die über § 31 BGB analog für das deliktische Verhalten des Partners einzustehen hat,[426] und dem persönlich haftenden Partner ein Gesamtschuldverhältnis nach §§ 421 ff. BGB. Nach § 426 Abs. 1 S. 1 BGB sind die Gesamtschuldner zu gleichen Teilen verpflichtet, soweit nicht etwas anderes bestimmt ist. Soweit allerdings zugunsten des Partners ein ausdrücklicher oder konkludenter Haftungsausschluss gegenüber der PartG mbB eingreift, der auch die deliktische Haftung wegen eines beruflichen Fehlers umfasst, stellt dies insoweit eine anderweitige Bestimmung i. S. v. § 426 Abs. 1 S. 1 BGB dar.[427]

Wenn der geschädigte Gläubiger nicht die PartG mbB in Anspruch nimmt, sondern den Partner persönlich, kann der Partner umgekehrt über § 426 Abs. 1 S. 1 i. V. m. Abs. 2 BGB Freistellung von der PartG mbB verlangen.[428]

Es liegt damit eine anderweitige Bestimmung i. S. v. § 426 Abs. 1 S. 1 BGB vor. Es ist daher anzunehmen, dass der wegen eines Berufsfehlers aus Delikt unmittelbar haftende Partner vollen Ersatz von der PartG mbB verlangen kann, sofern der Gesellschaftsvertrag dies nicht ausschließt. Die anderen Gesellschafter belasten diese Ansprüche gegen die PartG mbB auch nicht unmittelbar, da

---

426 Vgl. II.2.3.3.1.

427 Vgl. *Wertenbruch*, NZG 2013, 1006 (1008).

428 Vgl. *Wertenbruch*, NZG 2013, 1006 (1008); *Henssler*, AnwBl. 2014, 96 (104).

sie für Sozialverpflichtungen, d. h. Ansprüche der einzelnen Partner gegen die Gesellschaft, von vornherein nicht nach § 8 Abs. 1 PartGG haften.[429] Der eingreifende interne Haftungsausschluss wirkt sich auf den Gesamtschuldnerregress nach § 426 Abs. 1 BGB in der Form aus, dass die PartG mbB wegen des Vorliegens einer „anderen Bestimmung" einen Ersatzanspruch gegen den betreffenden Partner nicht geltend machen kann, sodass insoweit auch keine Legalzession nach § 426 Abs. 2 BGB erfolgt.

Nicht ausgeschlossen werden kann nach § 276 Abs. 3 BGB die Haftung für vorsätzliches Verschulden. Handelt ein Partner vorsätzlich bezüglich der Pflichtverletzung, nicht jedoch hinsichtlich des Schadenseintritts, weil er darauf vertraut, dass durch die Pflichtverletzung kein Schaden entsteht, kommt es darauf an, ob die jeweiligen Versicherungsbedingungen bereits hierfür einen Haftungsausschluss vorsehen. Für Rechtsanwälte wurde diesbezüglich eine gesetzliche Erweiterung des Versicherungsschutzes angeordnet, um die Lücke im Mandantenschutz zu schließen (§ 51a Abs. 1 S. 2 BRAO).[430] Versicherungsschutz greift danach bei einer anwaltlich tätigen PartG mbB auch bei vorsätzlichem Verhalten hinsichtlich der Pflichtverletzung (nicht dagegen bei auch vorsätzlicher Herbeiführung des Schadens) ein, sodass der Gläubiger bis zur Höhe der Versicherungssumme ausreichend geschützt ist. Soweit der Schaden die Versicherungssumme übersteigt und das Gesellschaftsvermögen zur Deckung nicht ausreicht, steht dem Gläubiger die Möglichkeit offen, einen Regressanspruch der PartG mbB gegen den Partner pfänden und sich überweisen zu lassen (§§ 829, 835 ZPO). Auf diese Weise kann ein Gläubiger mittelbar auf das Privatvermögen des Partners zugreifen, obwohl er gegen diesen keinen direkten Anspruch hat. Da allerdings die Innenhaftung bis auf Vorsatz ausgeschlossen werden kann, wäre es bei einer vorsätzlichen Pflichtverletzung theoretisch denkbar, dass im Außenverhältnis die Haftungsbeschränkung auf das Gesellschaftsvermögen eingreift, jedoch der Partner im Innenverhältnis einzustehen hat. Dieses Restrisiko erscheint aber in Anbetracht der vorsätzlichen Pflichtverletzung durch den Partner gerechtfertigt. Jedenfalls ist es nicht geeignet, den Sinn und Zweck der Haftungsbeschränkung nach § 8 Abs. 4 PartGG zu unterlaufen.

Ein unmittelbarer deliktischer Anspruch des geschädigten Mandanten gegen den betreffenden Partner steht dem geschädigten Gläubiger aber dann zu, wenn auch der Schadenseintritt vorsätzlich herbeigeführt wurde. In diesen Fällen wird die Versicherung nach § 103 VVG von ihrer Leistungspflicht frei. Der Gläubiger

---

429 *Schäfer*, in MükoBGB, § 8 PartGG, Rn. 6; *Henssler*, AnwBl. 2014, 96 (104).

430 *Henssler*, in Henssler/Prütting, § 8 PartGG, Rn. 65 m. w. N..

hat in diesem Fall einen deliktsrechtlichen Anspruch gegen den schädigenden Rechtsanwalt, insbesondere aus § 823 Abs. 2 BGB i. V. m. vermögensbezogenen Straftatbeständen oder aus § 826 BGB.[431]

5.3 Zusammenfassung

Aufgrund der Dispositivität des § 735 BGB können die Gesellschafter die Nachschusspflichten für solche Fehlbeträge ausdrücklich ausschließen, die aus Gesellschaftsverbindlichkeiten stammen, die auf ein berufliches Fehlverhalten zurückzuführen sind.

Aufgrund der Rechtsformwahl ist ein konkludenter Haftungsausschluss für einfache Fahrlässigkeit anzunehmen. Die Partner bringen damit zum Ausdruck, dass sie für Berufsausübungsfehler, die auch einem sorgfältig und umsichtig arbeitenden Partner unterlaufen können, nicht persönlich haften wollen.[432] Zur Absicherung ist allerdings eine ausdrückliche Regelung hinsichtlich der umfassten Ansprüche sowie des Umfangs des Haftungsausschlusses zu empfehlen.

Soweit es um die Haftung gegenüber der PartG mbB wegen pflichtwidrigen Handelns nach § 280 Abs. 1 BGB geht, gilt § 708 BGB im Innenverhältnis, nach dem die Haftung auf eigenübliche Sorgfalt beschränkt ist. Wegen der möglichen Annahme eines konkludenten Ausschlusses für einfache Fahrlässigkeit wird allerdings der Anwendungsbereich des § 708 BGB praktisch sehr begrenzt sein und in der Praxis kaum zum Tragen kommen.[433] Die Partner können einen Haftungsausschluss für grobe Fahrlässigkeit nach allgemeiner Auffassung in Rechtsprechung und Schrifttum ausdrücklich vereinbaren, was in der Praxis auch zu empfehlen ist.[434]

Ein Haftungsanspruch der PartG mbB gegen den handelnden Partner unterliegt – unabhängig von der Möglichkeit eines weitreichenden vertraglichen Haftungsausschlusses – hohen Anforderungen. Der Partner, der den Berufsfehler begangen hat, muss gegen den Sorgfaltsmaßstab des § 708 BGB verstoßen haben; in Anbetracht der strengen berufsrechtlichen Anforderungen ein eher seltener Fall. Zudem muss ein Schaden für die PartG mbB verursacht worden sein. Zu

---

431 *Fischer*, S. 112 m. w. N.; vgl. III. 2.5.5.

432 Vgl. *Wertenbruch*, NZG 2013, 1006 (1008); *Römermann/Jähne*, BB 2015, 579 (583).

433 *Henssler*, AnwBl. 2014, 96 (103). Die Problematik der Reichweite des Haftungsprivilegs nach §§ 708, 277 BGB wird m. a. W. dadurch reduziert, dass sie durch einen konkludenten Haftungsausschluss für einfache Fahrlässigkeit überlagert wird.

434 OLG Hamm, NJW-RR 2006, 104; *Wertenbruch*, NZG 2013, 1006 (1007); Palandt/*Grüneberg*, § 276 BGB, Rn. 37; *Henssler*, AnwBl. 2014, 96 (103).

beachten ist, dass Zahlungen des Versicherers an den geschädigten Mandanten, die zur Erfüllung der Freistellungsverpflichtung gegenüber der PartG mbB erfolgen, einen im Weg der Vorteilsausgleichung anrechenbaren Vorteil der PartG mbB darstellen. Dieses ist im Rahmen eines Schadenersatzanspruchs der PartG mbB gegen den schädigenden Partner zu berücksichtigen. Das bedeutet, dass ein Schaden der PartG mbB nicht vorliegt, wenn die Zahlung des Versicherers den Schaden des Mandanten deckt, sodass der anfangs erwähnten These[435] von *Henssler*, dass ein Schaden der PartG mbB stets zu bejahen sei, in ihrer Absolutheit nicht zugestimmt werden kann. Ein Schaden wäre nur dann zu bejahen, wenn der PartG mbB gegenüber dem Versicherer entweder kein vertraglicher Deckungsanspruch zusteht, oder, falls der Versicherer deckungspflichtig ist, der Schaden des Mandanten die Versicherungssumme übersteigt, oder der PartG mbB infolge des Versicherungsfalls ggf. Prämiennachzahlungen drohen. Übersteigt der Schaden des Mandanten die Mindestversicherungssumme, besteht der Schaden der PartG mbB in Höhe der Differenz zwischen dem Schaden des Mandanten und der Versicherungssumme.[436] Ein Schadenersatzanspruch gegen den schädigenden Partner durch die PartG mbB scheidet danach aus, wenn der Versicherer die PartG mbB vom Schadenersatzanspruch des Mandanten freistellen muss, und der Versicherungsvertrag abschließend unverändert fortgeführt wird. Haftet ein Partner, der diese Pflicht verletzt, ausnahmsweise[437] gegenüber der PartG mbB aus § 280 Abs. 1 BGB i. V. m. dem Partnerschaftsvertrag, dann könnte ein geschädigter Gläubiger diesen Anspruch pfänden (§ 829 ZPO) und an sich überweisen lassen (§ 835 ZPO).[438] Die entsprechenden Grundsätze gelten auch im Fall einer deliktischen Handlung, die in Ausführung eines Auftrags der PartG mbB über eine analoge Anwendung des § 31 BGB zugerechnet wird. Es gelten die oben dargestellten Haftungsvoraussetzungen aus § 280 Abs. 1 BGB einschließlich der Haftungsausschlussmöglichkeiten. Ein Innenregress nach § 426 BGB scheidet aus, wenn ein Haftungsausschluss vereinbart wurde, da diese Regelung insoweit eine „anderweitige Bestimmung" darstellt.

Um eine persönliche Innenhaftung im Hinblick auf Fehlbeträge bei Liquidation und infolge von Berufshaftungsfehlern auszuschließen, ist im Partnerschaftsvertrag sicherheitshalber eine ausdrückliche Regelung aufzunehmen, da

---

435 Vgl. vorgehend unter 5.2.4.

436 Vgl. *Meyer*, S. 116.

437 Vgl. *Meyer*, S. 119 ff. mit Hinweis darauf, dass 95 % aller Haftungsfälle im Vermögensschadensbereich unter 50.000 Euro liegen.

438 *Römermann/Praß*, NZG 2012, 601 (604).

eine solche Haftung die Haftungsbeschränkung nach § 8 Abs. 4 PartGG konterkarieren könnte.[439]

Eine persönliche Haftung des Partners besteht nur bei vorsätzlicher Schadenszufügung gegenüber Dritten, da diese nicht nach § 31 BGB analog der PartG mbB zugerechnet wird.

6. Gläubigerschutz durch flankierende Haftungsinstitute

6.1 Risiko des Kapitalentzugs durch die Partner

Diejenigen Partner, die vom Gläubiger im Außenverhältnis nicht persönlich in Anspruch genommen werden können, sei es mangels Befasstseins mit der Auftragsbearbeitung i. S. d. § 8 Abs. 2 PartGG oder wegen der Haftungsbeschränkung nach § 8 Abs. 4 S. 1 PartGG, haften jedenfalls noch mit dem von ihnen eingebrachten oder mittlerweile erworbenen Anteil am Gesellschaftsvermögen. Wollen die Partner dies verhindern und nicht mit ihrem Anteil haften, besteht die Möglichkeit, dass sie der PartG mbB – nach Absprache mit den anderen Partnern – im Fall eines drohenden Zugriffs auf das Gesellschaftsvermögen dieses Vermögen entziehen.[440]

Dies ist möglich, da es bei der Partnerschaft wie auch bei den anderen Personengesellschaften keine gesetzliche Regelung gibt, die es Partnern verbietet, der PartG mbB Vermögen zu entziehen. Bereits bei der einfachen Partnerschaft war der Entzug von Gesellschaftsvermögen bei einer drohenden Inanspruchnahme der Partnerschaft nach § 8 Abs. 1 S. 1 PartGG, wenn das Privatvermögen des persönlich handelnden Partners sowie die Leistungen der Berufshaftpflichtversicherung offensichtlich nicht zur Deckung des Schadens ausreichen, mangels bestehender Kapitalerhaltungsvorschriften nicht zu sanktionieren.[441]

Das Problem des Entzugs von Kapital erlangt nun bei der PartG mbB in einer deutlich ausgeprägteren Form Bedeutung. Liegen die Voraussetzungen der Haftungsbeschränkung vor und ist die Versicherungssumme bereits ausgeschöpft, sehen sich die Partner einer Inanspruchnahme durch die Gläubiger ausgesetzt. Der Gesetzgeber hat ein solches Verhalten bei der PartG mbB nicht sanktioniert. Das bedeutet allerdings auf der anderen Seite nicht, dass es ausnahmslos zulässig sein sollte, der Gesellschaft Vermögen zu Lasten der Gläubiger zu entziehen.

---

439 So *Währholz*, DStR 2013, 2637 (2639); *Zimmermann*, NJW 2014, 1142 (1145); *Piller*, S. 411.

440 *Henssler*, AnwBl. 2014, 96 (103).

441 *Henssler*, AnwBl. 2014, 96 (101).

Zur Absicherung der Gläubiger werden im Schrifttum[442] neben der Anwendung der Rechtsprechungsgrundsätze zur Existenzvernichtungshaftung auf die PartG mbB die Anwendung weiterer Instrumentarien aus dem Bereich des Kapitalgesellschaftsrechts diskutiert, aus denen sich eine Durchgriffshaftung auf die Partner und somit im Ergebnis weitere Haftungsrisiken für sie ergeben könnten. Zu nennen sind eine Haftung der Partner wegen unzureichenden Versicherungsschutzes sowie eine Insolvenzverschleppungshaftung der Vertretungsorgane, die wiederum das Bestehen einer Insolvenzantragspflicht voraussetzt.

Im Folgenden geht es zunächst um die Frage einer Existenzvernichtungshaftung, die vom BGH zur GmbH entwickelt worden und in Grundzügen aufzuzeigen ist.

6.2 Existenzvernichtungshaftung

6.2.1 Grundsätze der Rechtsprechung zur Existenzvernichtungshaftung

Der BGH entwickelte im Wege der Rechtsfortbildung zur GmbH die Figur des sog. existenzvernichtenden Eingriffs, bei der sich die Gesellschafter ohne Einhaltung der Liquidationsregeln, also ohne Befriedigung der Liquidationsgläubiger und Abwarten des Sperrjahres (§ 73 GmbHG), Vermögensgegenstände der Gesellschaft verschaffen, sodass die wirtschaftliche Existenz der Gesellschaft vernichtet wird. Dies stellt unter bestimmten Voraussetzungen einen Missbrauch der Rechtsform der GmbH dar, der zum Verlust des Haftungsprivilegs des § 13 Abs. 2 GmbHG führen kann.

In der BGH-Entscheidung „Autokran“[443] ging es um die Haftung eines herrschenden Unternehmens innerhalb eines Konzerns. Der BGH erkannte hier eine Haftung des Alleingesellschafters eines Unternehmens für die Verbindlichkeiten einer von ihm beherrschten GmbH an. Der Alleingesellschafter hatte dem beherrschten Unternehmen Kapital entzogen, um dieses innerhalb des Konzerns nach dem jeweiligen Bedarf zu verwenden. Der BGH begründete die Haftung dogmatisch mit der Rechtsfigur des „qualifiziert faktischen Konzerns“. Der BGH hat in der „TBB-Entscheidung“[444] deutlich gemacht, dass der Haftungstatbestand der Existenzvernichtungshaftung die objektiv missbräuchliche Ausnutzung der Gesellschafterstellung sei, die sich durch eine nicht angemessene

---

442 Vgl. hierzu im Folgenden unter 6.2.2.

443 BGHZ 95, 330 ff. (339 ff.). Der BGH stützte den Schadenersatzanspruch auf § 302, § 322 Abs. 1 und 3 AktG analog.

444 BGHZ 122, 123 ff..

Rücksichtnahme des Gesellschafters auf die Belange der abhängigen Gesellschaft ergebe. In der Entscheidung „Bremer Vulkan"[445] gab der BGH in dogmatischer Hinsicht die Rechtsfigur des „qualifiziert faktischen Konzerns" auf und stützte die Haftung auf einen Eingriff in den Bestandsschutz der GmbH. In der „KBV-Entscheidung"[446] wurde die Haftung schließlich zu einer konzernunabhängigen Durchgriffshaftung wegen Missbrauchs der Rechtsform. Mit dieser Entscheidung war die Existenzvernichtungshaftung als von einem Konzern unabhängige gesellschaftsrechtliche Haftung etabliert. Nach dieser Entscheidung sollte die Haftung wegen existenzvernichtenden Eingriffs nur dann eingreifen, wenn die entstandenen Nachteile nicht bereits durch eine Haftung nach den §§ 30, 31 GmbHG ausgeglichen werden konnten, da es Hintergrund der Haftung sei, dass die Gesellschafter die Zweckbindung des Gesellschaftsvermögens zur vorrangigen Gläubigerbefriedigung verletzen und so die Rechtsform der GmbH missbrauchen.[447]

Mit der „Trihotel-Entscheidung" folgte eine weitere dogmatische Änderung. Bei einem sittenwidrigen, kompensationslosen Eingriff in das Gesellschaftsvermögen, der die Insolvenz verursacht oder vertieft, hervorruft oder verstärkt, sei eine vorsätzliche sittenwidrige Schädigung der Gesellschaft nach § 826 BGB anzunehmen.[448] Die Sittenwidrigkeit des Vermögensentzugs folgt nach Ansicht des BGH daraus, dass der Gesellschafter durch den Vermögensentzug die Insolvenz hervorruft oder verstärkt und sich dadurch selbst bereichert, anstatt den Gläubigern der Gesellschaft das Gesellschaftsvermögen als Haftungsmasse zur Verfügung zu stellen, obwohl das Gesellschaftsvermögen zweckgebunden ist.[449] Der Gesellschafter verstoße damit gegen die Rücksichtnahmepflicht in Bezug auf das der Zweckbindung der vorrangigen Gläubigerbefriedigung unterliegende Gesellschaftsvermögen.[450] Der handelnde Gesellschafter muss dabei mindestens mit dolus eventualis hinsichtlich des Entzugs der Vermögensmasse zu Lasten der Gläubiger gehandelt haben. Das bedeutet, dass der schädigende Gesellschafter die Herbeiführung oder Vertiefung der Insolvenz (der GmbH) als mögliche Folge seines Handelns ernsthaft für möglich gehalten und diese billigend in Kauf genommen hat. Es genügt, dass dem Gesellschafter Tatsachen bewusst sind, die

---

445 BGHZ 149, 10 ff..
446 BGHZ 151, 181 ff..
447 BGHZ 151, 181 ff.; vgl. *Fischer*, S. 139.
448 Vgl. BGHZ 173, 246 ff..
449 Vgl. BGHZ 173, 246 (252).
450 Vgl. BGHZ 173, 246 (256).

zur Sittenwidrigkeit des Eingriffs führen; nicht notwendig ist es, dass er sich auch der Sittenwidrigkeit als solcher bewusst gewesen ist.[451]

Damit sei der vermögensentziehende Gesellschafter der Gesellschaft gegenüber im Innenverhältnis zum Ersatz desjenigen Betrages verpflichtet, der erforderlich ist, um die Schulden der Gesellschaft zu begleichen; eine Wiederherstellung der Gesellschaft als ein am Wirtschaftsverkehr teilnehmendes Unternehmen ist allerdings nicht erforderlich. Den Gläubigern der Gesellschaft steht nach Ansicht des BGH kein direkter Anspruch gegen den Gesellschafter zu, da deren Schaden lediglich ein Reflex des Vermögensentzugs bei der Gesellschaft ist.[452]

In seiner vorerst letzten Entscheidung „Gamma“ lehnte der BGH eine Haftung aus existenzvernichtendem Eingriff wegen materieller Unterkapitalisierung ab. Der BGH hat in seinen Entscheidungen zur GmbH deutlich gemacht, dass es keine im Verhältnis zum Geschäftsgegenstand stehende (über das Mindeststammkapital hinausgehende) Pflicht zur Aufbringung und Erhaltung einer angemessenen Kapitalausstattung gebe.[453] Die unzureichende Kapitalausstattung steht einem existenzvernichtenden Eingriff in das zur Befriedigung von Gläubigerinteressen gebundene Gesellschaftsvermögen nicht gleich.[454]

Fraglich ist allerdings, ob die Rechtsprechung des BGH zur Existenzvernichtungshaftung auf die PartG mbB übertragen werden kann.

6.2.2 Übertragbarkeit auf die PartG mbB

In der Literatur wird die Frage kontrovers diskutiert, ob die vom BGH für die GmbH entwickelten Grundsätze der Existenzvernichtungshaftung auf die PartG mbB übertragbar sind. Hintergrund dieser Überlegung ist, dass bei der PartG mbB keine Kapitalerhaltungsvorschriften bestehen, die Partner also Gesellschaftsvermögen entziehen können, wenn infolge eines Berufsausübungsfehlers eines Partners eine Inanspruchnahme der PartG mbB droht, obwohl die persönliche Haftung der Partner für Verbindlichkeiten wegen fehlerhafter Berufsausübung ausgeschlossen ist, den Gläubigern also nur das Gesellschaftsvermögen zur Verfügung steht, wenn die Berufshaftpflichtversicherung nach § 8 Abs. 4

451 Vgl. BGHZ 173, 246 (259).

452 BGH, 13.12.1995 – VIII ZR 41/95, NJW 1996, 715 (716); BGHZ 173, 246 ff. (= NJW 2007, 2689 = VersR 2008, 83 – „Trihotel-Entscheidung“; bestätigt durch BGHZ 176, 204 (= NJW 2008, 2437 = VersR 2008, 1403 – „Gamma-Entscheidung“).

453 BGHZ 176, 204 (215) in st. Rspr..

454 Vgl. BGHZ 176, 204 ff.; *Fischer*, S. 139.

PartGG nicht eingreift oder die Versicherungssumme nicht ausreicht, um den Schaden des Mandanten zu ersetzen.

Einige Autoren sind der Auffassung, dass die Existenzvernichtungshaftung ein „allgemeines Institut des Verbandsrechts" sei, welches für alle Gesellschaften mit beschränkter Haftung gelte und daher auch auf die PartG mbB anwendbar sei.[455]

Eine andere Auffassung nimmt demgegenüber an, dass die Existenzvernichtungshaftung nicht für jede Gesellschaft mit Haftungsbeschränkung gilt, sondern nur für solche Gesellschaften, deren Gesellschaftsvermögen vorrangig der Befriedigung der Gesellschaftsgläubiger dient, mithin also im Interesse der Gläubiger zweckgebunden sei. Die PartG mbB sei aufgrund der Beschränkung der Haftung wegen Berufsfehlern auf das Gesellschaftsvermögen insoweit einer Kapitalgesellschaft angenähert, sodass auch die Partner eine Rücksichtnahmepflicht gegenüber den geschädigten Gläubigern als Korrelat zur Haftungsbeschränkung haben. Das Vermögen der PartG mbB sei danach für die Partnerschaft reserviert, sobald ein Schaden aus einem beruflichen Fehler feststehe.[456] *Tröger/Pfaffinger* gehen noch weiter und befürworten eine Existenzvernichtungshaftung bereits bei schwerwiegenden Mängeln der Arbeitsorganisation. Sie sehen in der Berufshaftpflichtversicherung der PartG mbB ein gesetzlich vorgeschriebenes Mindestvermögen der PartG mbB, das funktional einem gesetzlich vorgeschriebenen Mindestkapital entspreche und damit mit der Funktion des Gesellschaftsvermögens bei der GmbH vergleichbar sei.[457] Andere lehnen eine Übertragbarkeit ab. *Schäfer* verneint eine Zweckbindung des Gesellschaftsvermögens der PartG mbB. Die Haftungsmasse der Gläubiger sei in der Berufshaftpflichtversicherung zu sehen. Dementsprechend seien die Gläubiger vor einem Ausfall dieses Haftungsfonds zu schützen.[458]

Eine dritte Ansicht differenziert in der Weise, dass nicht jede Ausschüttung an die Partner schädlich sein dürfe, da die Partner weiterhin einen Anspruch auf eine angemessene Gegenleistung für ihre Arbeitsleistung in der Gesellschaft haben. Eine dementsprechende Auszahlung in Form einer üblichen Entlohnung für die Dienstleistung stelle keinen Rechtsmissbrauch dar und könne nicht als sittenwidrig i. S. v. § 826 BGB angesehen werden. Gesellschafter und Gläubiger seien vielmehr darauf angewiesen, dass der Geschäftsbetrieb unverändert

---

455 *Henssler*, AnwBl. 2014, 96 (102); *Lieder*, NotBZ 2014, 81 (83).
456 *Römermann/Praß*, NZG 2012, 601 (607); *Linardatos*, VersR 2014, 1488 (1495).
457 *Tröger/Pfaffinger*, JZ 2013, 812 (820); a. A. *Schäfer*, in MükoBGB, § 8 PartGG, Rn. 46.
458 *Schäfer*, in MükoBGB, § 8 PartGG, Rn. 46; *Schumacher*, S. 201 ff..

fortgeführt werde, sodass aus den erzielten Gewinnen die Gesellschaftsschulden beglichen werden können. Auch die Gläubiger könnten nicht erwarten, dass die Partner nunmehr entschädigungslos allein zur Tilgung der Gesellschaftsschulden arbeiten. Insofern bestehe zwischen Kapital und Arbeit und damit auch zwischen Kapitalgesellschaften, in denen die Gesellschafter reine Kapitalgeber sind, und Personengesellschaften, in denen – wie prinzipiell in allen freiberuflichen, zumindest in allen anwaltlichen Berufsausübungsgesellschaften – die Gesellschafter zur aktiven Mitarbeit verpflichtet sind, ein erheblicher Unterschied. Es dürfe lediglich das für den normalen Geschäftsverkehr erforderliche Eigenkapital nicht entzogen werden, durchaus jedoch die Vergütung für die freiberufliche Tätigkeit. Erst in den Fällen, in denen der Gesellschaft gezielt – über die Regelausschüttungen hinausgehend – Vermögen entzogen wird, um es nicht den Gläubigern zur Verfügung zu stellen, greife der Vorwurf der Sittenwidrigkeit und damit § 826 BGB. Diese strengen Maßstäbe können daher nicht bereits in dem Zeitpunkt gelten, in dem ein Mandant eine Schadenersatzforderung wegen einer von ihm behaupteten Falschberatung bzw. fehlerhaften Vertretung geltend macht. Erst in dem Zeitpunkt, in dem die Forderungen derart konkret sind, dass für sie im Fall der Bilanzierungspflicht des Unternehmens eine Rückstellung nach § 249 HGB gebildet werden müsste, ließe sich die primär auf Kapitalgesellschaften zugeschnittene Rechtsprechung des BGH übertragen. Auch mit diesen Einschränkungen böten die Grundsätze zur Existenzvernichtungshaftung bzw. der Rückgriff auf § 826 BGB einen hinreichenden Schutz der Gläubiger gegen die systemwidrige Verwendung der Rechtsform der Personengesellschaft. Danach sei das Gesellschaftsvermögen der PartG mbB zur vorrangigen Befriedigung nur zweckgebunden, soweit es sich um Verbindlichkeiten aus beruflichen Fehlern handelt; bei sonstigen Verbindlichkeiten der PartG mbB bestehe eine solche Zweckbindung nicht. Die Zweckbindung des Gesellschaftsvermögens der PartG mbB gehe aber nur so weit, wie das entzogene Gesellschaftsvermögen tatsächlich zur Befriedigung der Gläubigerinteressen benötigt wird. Aufgrund dieser Zweckbindung sei daher auch die Rechtsprechung des BGH zur Existenzvernichtungshaftung insoweit übertragbar.[459]

6.2.3 Stellungnahme

Vor dem Hintergrund der allgemein gehaltenen Begründung sprechen einige Anhaltspunkte dafür, die Existenzvernichtungshaftung nicht nur auf alle Kapitalgesellschaften, sondern auch auf solche Personengesellschaften, die als

459 *Fischer*, S. 144 m. w. N..

gesellschaftsrechtliche Hybride eine Form der Haftungsbeschränkung kennen, auszudehnen und sie damit zu einem allgemeinen „Institut des Verbandsrechts" weiterzuentwickeln.[460]

Die Ansicht, die eine Anwendbarkeit der Existenzvernichtungshaftung auf die PartG mbB grundsätzlich befürwortet, überzeugt nicht. Dagegen spricht, dass der BGH einen existenzvernichtenden Eingriff nur dann annimmt, wenn in das „der Zweckbindung zur vorrangigen Befriedigung der Gesellschaftsgläubiger dienende Gesellschaftsvermögen" eingegriffen wird.[461] Nach Ansicht des BGH ist die Existenzvernichtungshaftung nicht auf jede Gesellschaft anwendbar, bei der die Haftung der Gesellschafter beschränkt ist, sondern nur auf solche Gesellschaften, deren Gesellschaftsvermögen vorrangig dazu eingesetzt werden muss, die Gesellschaftsgläubiger zu befriedigen und der Gesellschaft deshalb nicht entzogen werden darf, sondern für die Gläubiger reserviert bleiben muss. Das Gesellschaftsvermögen der PartG mbB ist gerade nicht zur vorrangigen Befriedigung der Gläubiger zweckgebunden. Bei der PartG mbB wird die fehlende persönliche Haftung der Partner für berufliche Fehler durch die obligatorische Berufshaftpflichtversicherung kompensiert. Demgegenüber stellt bei der AG und GmbH das vorgesehene Gesellschaftskapital das zum Schutz der Gläubigerinteressen vorgesehene Korrelat zur fehlenden persönlichen Haftung dar.

Folglich ist bei der PartG mbB nicht das Gesellschaftsvermögen, sondern die Versicherungssumme dafür vorgesehen, die Gläubiger zu befriedigen. Der Gesetzgeber hat bewusst darauf verzichtet, in § 8 Abs. 4 PartGG Vorgaben in Bezug auf die Kapitalaufbringung und Kapitalerhaltung zu machen. Das Gesellschaftsvermögen ist daher auch nicht vor einem Zugriff der Partner zu schützen.

Die Ansicht, die eine Differenzierung in Bezug darauf vornimmt, ob es sich um allgemeine Verbindlichkeiten oder um solche handelt, die sich aus beruflichen Fehlern ergeben, ist ebenfalls abzulehnen. Auch hier wird übersehen, dass das Gesellschaftsvermögen nicht die einzige Zugriffsmasse zur Befriedigung der Gläubiger darstellt, sondern das Haftungsäquivalent vornehmlich in dem Anspruch gegen die Versicherung zu sehen ist. Der Haftungsfonds stellt die Gläubiger damit sogar vielfach besser. Zudem erschwert eine derartige Differenzierung die praktische Anwendbarkeit. Die Gläubiger sind in erster Linie dagegen zu schützen, dass dieser Haftungsfonds im Einzelfall nicht aufgrund vorwerfbaren Verhaltens der PartG mbB ausfällt.[462]

---

460 BGHZ 173, 246.

461 *Henssler*, AnwBl. 2014, 96 (102) m. w. N..

462 Vgl. *Jäger*, S. 253, die weitgehend sogar bei Vermögensentzug stets einen Anspruch aus § 280 Abs. 1 BGB annimmt, auf den die Gläubiger im Wege der §§ 829, 835 ZPO

Im Ergebnis ist der Ansicht von *Schäfer* und *Schumacher* zuzustimmen, die eine Existenzvernichtungshaftung bei der PartG mbB mangels Zweckgebundenheit des Gesellschaftsvermögens ablehnen. Das Risiko, dass die Gläubiger möglicherweise „leer ausgehen" könnten, wenn ihr Schaden die Versicherungssumme übersteigt, oder die Versicherung wegen eines Risikoausschlusses nicht eingreift, und die Partner das Vermögen der PartG mbB entziehen, z. B. durch Gründung einer neuen Gesellschaft und Übertragung des Vermögens auf diese, und die Insolvenz der PartG mbB herbeiführen, ist hinzunehmen. In der Praxis dürfte diese Fallkonstellation jedoch eine Ausnahme darstellen.[463]

6.3 Haftung wegen nicht risikoadäquatem Versicherungsschutz

Es stellt sich bei der PartG mbB weiterhin die Frage, ob aufgrund der Verknüpfung von Haftungsbeschränkung und Versicherungspflicht eine Haftung der Partner besteht, wenn diese eine Berufshaftpflichtversicherung abschließen, die im Hinblick auf das durchschnittliche Auftragsvolumen der PartG mbB im Verhältnis zu möglichen Haftungsrisiken nicht angemessen ist. Die jeweiligen Berufsgesetze sehen jeweils eine untere Grenze in Form einer Mindestversicherungssumme vor, die z. B. für Rechtsanwälte nach § 51a BRAO bei 2,5 Mio. Euro liegt.

Diese Frage könnte dann praktische Relevanz erlangen, wenn regelmäßig Mandate mit einem Gegenstandswert über diesem Betrag bearbeitet werden. Allerdings bedeutet ein hoher Gegenstandswert nicht zwangsläufig auch ein hohes Schadensrisiko. Für den betreffenden Partner ist es jedenfalls nicht vorhersehbar, wie hoch der Schaden sein wird. Zu dieser Frage der Haftung der Partner wegen einer schuldhaft zu niedrig abgeschlossenen Versicherung wurde bisher in der Literatur auch nur sehr vereinzelt Stellung genommen.[464]

Als Haftungsgrundlagen könnte zum einen § 826 BGB in Betracht kommen. Dieser setzt voraus, dass eine nicht risikoangemessene Versicherungssumme eine vorsätzliche sittenwidrige Schädigung darstellen würde. Neben der objektiven Sittenwidrigkeit der Handlung setzt § 826 BGB auf der subjektiven Seite allerdings doppelten Vorsatz voraus, d. h. sowohl hinsichtlich der Tatsachen, die der Sittenwidrigkeit zugrunde liegen, als auch bezüglich der Schädigung.

---

zugreifen könnten, sodass es keiner Übertragbarkeit der Rspr.-Grundsätze des BGH bedürfe.

463 *Schumacher*, S. 202; im Ergebnis auch *Schäfer*, in Ulmer/Schäfer, § 8 PartGG, Rn. 46.

464 Vgl. etwa *Römermann/Praß*, NZG 2012, 601 (604); *Lieder*, NotBZ 2014, 81 (85); *Tröger/Pfaffinger*, JZ 2013, 812 (818).

Zur Beurteilung der Sittenwidrigkeit sind insbesondere die Wertentscheidungen des Gesetzgebers zu beachten. Der Gesetzgeber hat sich für starre Mindestversicherungssummen einheitlich für alle Freiberufler, denen die PartG mbB offensteht, entschieden. Der Gesetzgeber war sich des Problems einer angemessen hohen Versicherung bewusst. Angenommen, man könnte unter Hinweis auf das mit einem bestimmten Mandat verbundene besondere Haftungsrisiko die Haftungsprivilegierung nach § 8 Abs. 4 PartGG ohne weiteres beseitigen, würde der mit der Implementierung der PartG mbB angestrebte Zweck eindeutig verfehlt. Die beteiligten Partner könnten sich trotz der Wahl dieser Rechtsformvariante und Unterhaltung einer den gesetzlichen Vorgaben entsprechenden Berufshaftpflichtversicherung nicht sicher sein, ob sie nicht dennoch in die persönliche Haftung geraten, d. h. ein rechtssicherer Gebrauch der PartG mbB wäre im Ergebnis ausgeschlossen. Daher kann eine materielle Unterversicherung kein Ansatzpunkt für eine Durchgriffshaftung sein, sodass aus diesem Grund eine Haftung wegen materiellrechtlicher Unterversicherung abzulehnen ist.[465]

Insoweit kann auch eine Parallele zur GmbH bzw. UG gezogen werden. Hier ist anerkannt, dass die Haftungsprivilegierung nicht aufgrund einer materiellen Unterkapitalisierung durchbrochen werden kann. Zwar kennt das GmbHG eine Pflicht zur Aufbringung und Erhaltung des Mindeststammkapitals, jedoch ist eine darüber hinausgehende Kapitalausstattung systemwidrig, die insoweit auch die Rechtsform der GmbH in Frage stellen würde. Den Gläubigern soll zwar ein gewisser Mindestschutz geboten werden. Jedoch sei es nicht das Ziel, die Lebensfähigkeit der Kapitalgesellschaft sicherzustellen. Daher kann eine im Verhältnis zum Geschäftsgegenstand nicht angemessene Kapitalausstattung nicht zu einer eigenen Haftung der Gesellschafter führen.[466]

Würde man nun bei der PartG mbB eine im Einzelfall „risikoadäquate" Versicherung verlangen, hätte das zur Konsequenz, dass dadurch die Haftungsbeschränkung unterlaufen würde, was jedoch dem gesetzgeberischen Ziel widerspricht. Ziel des Gesetzgebers war es gerade, mit der PartG mbB eine effiziente und praxistaugliche Rechtsform(variante) zu schaffen, die Unsicherheiten im Hinblick auf die Haftungsbeschränkung ausschließt. Dem Erreichen des Ziels würde es zuwiderlaufen, wenn man auf der anderen Seite einen

465 Vgl. *Lieder*, NotBZ 2014, S. 81 (85); *Tröger/Pfaffinger*, JZ 2013, 812 (818 ff.); *Piller*, S. 413 ff. m. w. N..

466 BGHZ 176, 204 (215) in st. Rspr.; vgl. insbesondere *Fischer*, S. 150 ff. mit ausführlicher Analyse, dass auch bei der PartG mbB keine Pflicht zu einer angemessenen Kapitalausstattung besteht.

risikoangemessenen Versicherungsschutz verlangen würde. Für die Partner würde dies ein nicht kalkulierbares Risiko zur Folge haben. Abgesehen davon würde in der Praxis bereits die Bewertung, wann eine Versicherung angemessen ist, auf Schwierigkeiten stoßen. Es fehlt damit ein für eine Haftung nach § 826 BGB notwendiges sittenwidriges Handeln, sodass diese Anspruchsgrundlage ausscheidet.

Denkbar ist noch eine Haftung nach § 280 Abs. 1 BGB i. V. m. dem Partnerschaftsvertrag wegen Verletzung der gesellschaftsrechtlichen Treuepflicht. Grundsätzlich sind die Gesellschafter verpflichtet, den Zweck der Gesellschaft zu fördern (§ 705 BGB) und alles zu unterlassen, was die Erreichung des Gesellschaftszwecks gefährden könnte. Nach einer in der Literatur vertretenen Ansicht stellt bei der PartG mbB bereits das Unterlassen des Unterhaltens eines objektiv angemessenen Versicherungsschutzes eine Verletzung des Gesellschaftsvertrages dar, weil das Gesellschaftsvermögen dann nicht bestmöglich vor einer Inanspruchnahme geschützt wird.[467] Dagegen spricht, dass die Gesellschafter nach § 707 BGB i. V. m. § 1 Abs. 4 PartGG keine Pflicht dahingehend haben, die Gesellschaft durch nachträgliche Beiträge am Leben zu halten. Das bedeutet, dass auch keine Treuepflicht der Partner gegenüber der PartG mbB besteht, die Versicherungssumme einem zwischenzeitlich eventuell höheren Auftragsvolumen anzupassen. Ebenso wenig kann hieraus eine Pflicht abgeleitet werden, die PartG mbB von vornherein mit einer risikoangemessenen Versicherung, die über die gesetzlich geforderte Mindestversicherungssumme hinausgeht, auszustatten.[468] Auch aus Sicht des Gläubigerschutzes kann nichts anderes gelten. Der Gesetzgeber hat durch die Festlegung von Mindestversicherungssummen deutlich gemacht, dass keine darüber hinausgehende Pflicht besteht. Den Gläubigerinteressen ist dadurch ausreichend Rechnung getragen. Eine Pflicht zu einer risikoangemessenen Versicherungssumme kann somit auch nicht mit einer gesellschaftsrechtlichen Treuepflicht begründet werden.

Im Ergebnis ist daher eine persönliche Haftung wegen schuldhafter Unterversicherung abzulehnen. Eine materielle Unterversicherung ist kein Ansatzpunkt für eine Durchgriffshaftung nach § 826 BGB. Ebenso scheidet ein Anspruch der PartG mbB gegen ihre Partner aus § 280 Abs. 1 BGB aus, da es

---

467 Vgl. *Römermann/Praß*, NZG 2012, 601 (604); *Gladys*, DStR 2013, 2416 (2420), der ein auskömmliches Gesellschaftsvermögen oder eine risikoangemessene Versicherung verlangt; in dieser Richtung auch *Salger*, DB 2012, 1794 (1796).

468 Vgl. *Tröger/Pfaffinger*, JZ 2013, 812 (818 ff.); *Piller*, S. 413 ff. m. w. N..

keine gesellschaftsrechtliche Treuepflicht der Partner gegenüber der PartG mbB gibt, die Gesellschaft mit einem risikoangemessenen Versicherungsschutz auszustatten.

6.4 Insolvenzantragspflicht und Insolvenzverschleppungshaftung

6.4.1 Meinungsstand

Es ist für die Partner einer PartG mbB aufgrund der partiellen Haftungsbeschränkung von großer Bedeutung, ob sie bei einer Insolvenz der Gesellschaft verpflichtet sind, einen Insolvenzantrag nach § 15a Abs. 1 S. 2 InsO zu stellen. § 15a Abs. 1 S. 2 InsO stellt ein Schutzgesetz i. S. v. § 823 Abs. 2 BGB dar,[469] sodass die Partner bei verspäteter oder versäumter Insolvenzantragstellung eine persönliche Haftung treffen würde. Die Haftung wegen Insolvenzverschleppung hängt also maßgeblich von der vorgelagerten Rechtsfrage ab, ob die Partner einer PartG mbB einer Insolvenzantragspflicht unterliegen. Partnerschaften sind zunächst insolvenzfähig (§ 11 Abs. 2 Nr. 1 InsO). Nach § 15a Abs. 1 S. 1 InsO sind die Mitglieder des Vertretungsorgans juristischer Personen bei Zahlungsunfähigkeit oder Überschuldung verpflichtet, ohne schuldhaftes Zögern, jedenfalls innerhalb von drei Wochen nach Eintritt der Zahlungsunfähigkeit oder Überschuldung, einen Antrag nach § 13 InsO auf Eröffnung des Insolvenzverfahrens zu stellen. Nach ihrem Wortlaut ist diese Vorschrift ausdrücklich nur auf juristische Personen anwendbar. Bei der PartG mbB handelt es sich zwar um eine rechtsfähige Personengesellschaft, nicht jedoch um eine juristische Person. Eine Anwendbarkeit des § 15a Abs. 1 S. 1 InsO scheidet daher aus. Möglicherweise könnte eine Anwendbarkeit des § 15a Abs. 1 S. 2 InsO in Betracht kommen. Danach besteht eine entsprechende Pflicht für Vertreter einer Gesellschaft ohne Rechtspersönlichkeit, bei der kein persönlich haftender Gesellschafter eine natürliche Person ist. Die PartG mbB ist als rechtsfähige Personengesellschaft grundsätzlich von der Insolvenzantragspflicht erfasst, da sie keine eigene Rechtspersönlichkeit besitzt. Das Problem besteht darin, dass nach § 15a Abs. 1 S. 2 InsO kein Gesellschafter persönlich haftet. In der Literatur ist umstritten, ob diese Voraussetzung bei der PartG mbB erfüllt ist.

Nach einer Ansicht wird eine Insolvenzantragspflicht in Übereinstimmung mit den Ausführungen des Gesetzgebers in den Materialien überwiegend abgelehnt.[470] Zur Begründung wird darauf hingewiesen, dass bei der PartG mbB

---

469 Vgl. *Fischer*, S. 159 m. w. N..

470 Begr., RegE BT-Drucks. 17/10487, S. 13; *Seibert*, DB 2013, 1710 (1711); *Römermann/ Praß*, NZG 2012, 601 (608); *Leuering*, NZG 2013, 1001 (1004).

wegen der nur partiellen Haftungsbeschränkung alle Partner persönlich haftende Gesellschafter bleiben, soweit es nicht um Schadenersatzansprüche wegen fehlerhafter Berufsausübung geht, also insbesondere für Verbindlichkeiten der Sozietät aus Kauf-, Miet-, Leasing- und Arbeitsverträgen. Es gebe daher also bei der PartG mbB weiterhin Bereiche einer persönlichen Gesellschafterhaftung. Eine etwaige Überschuldung ist daher kein Eröffnungsgrund; zudem bestehe auch keine Insolvenzantragspflicht.[471]

Nach anderer Ansicht soll es nicht auf die formale Einordnung als juristische Person oder Personengesellschaft ankommen, sondern allein auf eine Vergleichbarkeit der Haftungsverfassung mit derjenigen einer juristischen Person.[472] Eine Insolvenzantragspflicht soll nach § 15a InsO analog (mit Ausnahme der Straftatbestände des § 15a Abs. 4 und 5 InsO) in Betracht kommen, sofern die Insolvenzreife durch Verbindlichkeiten aus Berufshaftung eintritt.[473] Zur Begründung wird darauf hingewiesen, dass mit Blick auf die Ansprüche wegen fehlerhafter Berufsausübung die persönliche Haftung der Partner gerade dann nicht eingreift. Übersteigen die Verbindlichkeiten der Partnerschaft die Höchstsummen der Versicherung und das Gesellschaftsvermögen, drohe ein Wettlauf der Gesellschaftsgläubiger, der durch ein ordnungsgemäßes Insolvenzverfahren über das Vermögen der PartG mbB vermieden werden könne. Abzustellen sei auf den Regelungszweck des § 15a InsO, nach dem Altgläubiger vor einer weiteren Verringerung der Haftungsmasse geschützt und Neugläubiger vor Vertragsabschlüssen mit insolvenzreifen Gesellschaften bewahrt werden sollen. Es besteht bei der PartG mbB mit Blick auf die Haftung für Schäden wegen fehlerhafter Berufsausübung, die – im Gegensatz zu den anderen Verbindlichkeiten – die Existenz der PartG mbB bedrohen könnten, die Gefahr einer Masseschmälerung durch ein fortgesetztes Auftreten am Markt in gleicher Weise wie bei der GmbH & Co. KG. Werde eine insolvenzreife PartG mbB nicht rechtzeitig vom Markt genommen, haften nicht nur die geschäftsführenden, sondern alle Partner nach § 823 Abs. 2 BGB i. V. m. § 15a InsO analog für den entstandenen Schaden. Demgegenüber komme eine Anwendung der insolvenzrechtlichen Straftatbestände (§ 15a Abs. 4 und 5 InsO) aufgrund des strafrechtlichen Analogieverbots (Art. 103 Abs. 2 GG; § 1 StGB) nicht in Betracht.[474]

---

471 *Seibert*, DB 2013, 1710 (1711); *Römermann/Praß*, NZG 2012, 601 (608); *Leuering*, NZG 2013, 1001 (1004); *Schüppen*, Die Wpg. 2013, 1192 (1201).

472 *Linardatos*, VersR 2013, 1494.

473 *Klose*, GmbHR 2013, 119; *Linardatos*, VersR 2013, 1488 (1494).

474 *Klose*, GmbHR 1013, 1191 (1192); *Linardatos*, VersR 2013, 1498 (1494); *Lieder*, NotBZ 2014, 81 (87); mit ausführlicher Begründung in dieser Richtung auch *Fischer*, S. 162 ff..

6.4.2 Stellungnahme

Die Partner einer PartG mbB unterliegen keiner Insolvenzantragspflicht und in der weiteren Folge auch nicht einer Haftung wegen Insolvenzverschleppung. Hierfür sprechen sowohl der eindeutige Gesetzeswortlaut als auch der darin zum Ausdruck kommende Wille des Gesetzgebers, nach dem § 15a InsO auf die Partner einer PartG mbB keine Anwendung finden soll. Zu einem anderen Ergebnis kommt man nur dann, wenn man die PartG mbB nach § 15a Abs. 1 InsO als eine Gesellschaft ohne Rechtspersönlichkeit ansieht, bei der im Hinblick auf Schäden aufgrund fehlerhafter Berufsausübung kein persönlich haftender Gesellschafter eine natürliche Person ist (§ 15a InsO). Zwar haftet kein Gesellschafter persönlich, jedoch bedarf es eines „Kunstgriffs", indem man eine Trennung zwischen den Arten der Verbindlichkeiten vornimmt. Man könnte zu diesem Zweck im Wege einer teleologischen Auslegung ein gewisses Bedürfnis nach einer Insolvenzantragspflicht begründen. Hierbei wird aber übersehen, dass eine solche aufgespaltene Insolvenzantragspflicht, d. h. je nach Art der Verbindlichkeit, mit den gesetzlichen Regelungen im PartGG und in der InsO nicht zu vereinbaren ist. Im Übrigen bedürfen die Gläubiger einer PartG mbB keines Schutzes durch § 15a InsO, zumal sie zum einen nicht unter den Adressatenkreis fallen, und zum anderen das Ausfallrisiko der Gläubiger durch eine versicherungsrechtliche Lösung kompensiert wird, indem das Risiko des fehlenden Haftungsfonds der PartG mbB durch eine verpflichtende Mindestversicherung aufgefangen wird. Eine analoge Anwendung kommt somit nicht in Betracht, da es sowohl an einer entsprechenden Regelungslücke als auch an einer Gleichheit der Interessenlage fehlt.

Es besteht auch kein sachlicher Grund, die Partner einer PartG mbB einer Insolvenzantragspflicht zu unterwerfen. Zwar mag ein schützenswertes Interesse der Gläubiger vorhanden sein. *Lieder* und *Linardatos* ist insoweit zuzustimmen, dass es zu einem Wettlauf der Gläubiger kommen kann, wenn durch einen aus einem beruflichen Fehler entstandener Schaden die Versicherungsleistung ausgeschöpft ist und das Vermögen der PartG mbB zur Begleichung der Verbindlichkeiten nicht ausreicht. Dies ist hinzunehmen. Es dürfte sich aber auch hier um Ausnahmefälle handeln.

Letztlich sprechen auch rechtspolitische Gründe gegen eine Insolvenzantragspflicht bzw. eine Insolvenzverschleppungshaftung. Die Intention des Gesetzgebers bestand darin, mit der PartG mbB eine attraktive Alternative zur britischen LLP zu schaffen. Da die LLP als juristische Person unter die Insolvenzantragspflicht fällt, wäre die PartG mbB in diesem Fall insolvenzrechtlich gleichgestellt, was ihre Attraktivität (im Verhältnis zur LLP) nicht unerheblich beeinträchtigen würde.[475]

7. Vertragliche Haftungsbeschränkungen in der PartG mbB

7.1 Möglichkeiten der Haftungsbeschränkung

Die §§ 52 Abs. 1 BRAO, 45b Abs. 1 S. 1 PAO, 67a Abs. 1 S. 1 StBerG, 54a WPO regeln für Rechtsanwälte, Patentanwälte, Steuerberater und Wirtschaftsprüfer die Möglichkeit, ihre Haftung durch vertragliche Vereinbarung summenmäßig zu beschränken.

Handelt es sich um eine aus Rechtsanwälten bestehende PartG mbB, bestimmt sich die Haftungsbeschränkung nach § 52 BRAO (bis 2013: § 51b BRAO)[476] nach den Mindestversicherungssummen. Nach § 52 Abs. 1 BRAO kann die Haftung einzelvertraglich bei der PartG mbB auch für grob fahrlässig verursachte berufliche Fehler auf die Mindestversicherungssumme von 2,5 Mio. Euro beschränkt werden (§ 52 Abs. 1 Nr. 1 BRAO n. F.).[477] Diese Individualvereinbarung bedarf der Schriftform nach § 126 BGB.[478] In der Praxis dürften individualvertragliche Haftungsbeschränkungen nur selten in Betracht kommen, da sie zum einen eine abschreckende Wirkung haben dürften, zum anderen aber auch ein Aushandeln zu zeitaufwändig und mühsam sein dürfte und sie daher wenig praktikabel sind.

Durch vorformulierte Vertragsbedingungen ist die Haftungsbeschränkung nur für einfache Fahrlässigkeit[479] möglich, und zwar auf den vierfachen Betrag der Mindestversicherungssumme, d. h. auf 10 Mio. Euro, wenn insoweit Versicherungsschutz besteht (§ 52 Abs. 1 S. 1 Nr. 2 S. 2 BRAO). Es handelt sich um eine vorformulierte Vertragsbedingung, wenn die Bestimmung vom Verwender zeitlich vor dem Vertragsabschluss vorformuliert wurde, und der Auftraggeber den Inhalt der Klausel nicht beeinflussen konnte (§ 305 Abs. 1 BGB). Zu beachten ist, dass es sich auch bei einer einmaligen Verwendung um vorformulierte Vertragsbedingungen handeln kann.[480] Für eine interprofessionelle Gesellschaft

475 *Kienzler*, S. 191.

476 *Kilian*, AnwBl. 2015, 224 m. w. N. zur historischen Entwicklung von Haftungsbegrenzungsvereinbarungen.

477 Andere Berufsgruppen: § 54a Abs. 1 WPO, § 67a Abs. 1 StBerG, § 45b Abs. 1 Nr. 1 PAO.

478 Vgl. *Diller*, in Henssler/Prütting, § 52 BRAO, Rn. 39.

479 Anders ist es bei Steuerberatern und Wirtschaftsprüfern, die durch AGB ihre Haftung auch für grob fahrlässiges Verhalten ausschließen können.

480 Vgl. *Meyer*, S. 121 m. w. N..

in Form der PartG mbB, an der Rechtsanwälte beteiligt sind, bedeutet das eine Haftungsvereinbarung auf nicht weniger als 10 Mio. Euro bei gleichzeitiger Versicherungssumme in dieser Höhe; bei Steuerberatern und Wirtschaftsprüfern beträgt diese 4 Mio. Euro.[481]

7.2 Überführung bestehender Haftungsvereinbarungen in eine PartG mbB

Bei einem Wechsel von einer GbR oder einer Partnerschaft in das Haftungsregime einer PartG mbB stellt sich die Frage, ob die ursprünglich vereinbarten Haftungsbeschränkungen ohne weiteres auch in der PartG mbB Geltung besitzen. Vor dem Hintergrund, dass für eine GbR oder eine Partnerschaft nach § 52 BRAO eine betragsmäßig weiterreichende Haftungsbeschränkung besteht als in der PartG mbB, muss danach differenziert werden, wann die Verbindlichkeit begründet wurde.

Für Altmandate besteht zunächst eine fünfjährige Nachhaftung, wenn die Verbindlichkeit bereits vor dem Wechsel in die PartG mbB begründet wurde. Innerhalb dieser fünfjährigen Nachhaftungsphase können sich die Partner der jetzigen PartG mbB nicht auf die Haftungsbeschränkung nach § 8 Abs. 4 PartGG berufen. Grundsätzlich hängt die Wirksamkeit einer haftungsbeschränkenden Vereinbarung von der Rechtslage ab, die im Zeitpunkt des beruflichen Fehlers bestand.

Maßgebend ist der Zeitpunkt des Vertragsabschlusses. Erfolgte der Vertragsabschluss vor dem Wechsel in die PartG mbB, hat dies zur Folge, dass die alten Haftungsvereinbarungen mit den niedrigeren Haftungshöchstsummen nach wie vor wirksam sind. Dies gilt auch dann, wenn der Wechsel in der Zwischenzeit vollzogen ist. Es besteht kein Bedürfnis, die bestehenden Haftungsbeschränkungsvereinbarungen entsprechend den Vorgaben der PartG mbB betragsmäßig anzupassen, da sich auch die Haftung nach dem bis dahin geltenden Haftungsregime bestimmt. Es existiert für diese alten Verbindlichkeiten ein geschlossenes Haftungssystem. Würde man diese Haftungsbeschränkungsvereinbarungen an den nunmehr für die PartG mbB geltenden zulässigen Höchstsummen messen und ihre Wirksamkeit verneinen, wären die Gläubiger durch den Wechsel ohne einen nachvollziehbaren Grund besser gestellt.[482]

Erfolgte der Vertragsabschluss dagegen nach dem Wechsel in die PartG mbB, so bestimmt sich deren Wirksamkeit ausschließlich nach dem Haftungskonzept

481 *Zimmermann*, NJW 2014, 1142 (1145).
482 *Sommer/Treptow*, NJW 2013, 3269 (3273).

der PartG mbB, sodass die Haftungsbeschränkung nach § 8 Abs. 4 PartGG eingreift. Die vertraglichen Haftungsbeschränkungsvereinbarungen sind dann an den Anforderungen für die PartG mbB zu messen. Danach kann die Haftung für vorformulierte Vertragsbedingungen nur auf 10 Mio. Euro begrenzt werden. Nur durch die erhöhte Mindestversicherungssumme wird ein im Hinblick auf die Haftungsbeschränkung sachgerechter Gläubigerschutz erreicht. Eine Haftungsbeschränkungsvereinbarung, die die für die PartG mbB geltende Mindesthaftungssumme unterschreitet, ist unwirksam.[483]

In der Literatur wird vereinzelt diskutiert, ob die Haftungsbeschränkungsvereinbarung nicht im Wege einer geltungserhaltenden Restriktion an die nach dem Wechsel höhere Haftungssumme der PartG mbB angepasst werden kann, sofern die PartG mbB in dieser Höhe Versicherungsschutz vorhält. Dafür spricht der Gedanke des Gläubigerschutzes, da der Mandant als Gläubiger des potenziellen Haftungsanspruchs durch die erhöhte Haftungsobergrenze bessergestellt würde.[484] Dagegen spricht jedoch das AGB-rechtliche Bestimmtheits- und Transparenzgebot nach § 307 Abs. 1 S. 2 BGB, da nunmehr der Höchstbetrag der Haftungsbeschränkung nicht ausdrücklich aus den Mandatsbedingungen hervorgeht. Der Mandant kann daher im Einzelfall gar nicht erkennen, welche Haftungsobergrenze nun gilt. Diese Unbestimmtheit ist nicht mit § 307 Abs. 1 S. 2 BGB vereinbar, sodass eine geltungserhaltende Reduktion abzulehnen ist.

8. Zusammenfassung der Ergebnisse

Ein Scheinpartner haftet in einer einfachen Partnerschaft nach § 8 Abs. 1 PartGG für die Schulden der Partnerschaft. Es erfolgt jedoch keine Haftungskonzentration nach § 8 Abs. 2 PartGG auf den handelnden Scheinpartner, sondern nur auf den/die echten Partner, der/die den Scheinpartner nach der internen Organisation überwachen sollte(n). Falls nach der internen Organisation kein Partner zuständig war, findet § 8 Abs. 2 PartGG keine Anwendung mit der Folge, dass sämtliche Partner nach § 8 Abs. 1 PartGG haften. Die Möglichkeit einer kumulativen Haftung des Scheinpartners mit dem echten Partner im Rahmen einer Gesamtschuldnerschaft wird grundsätzlich daran scheitern, dass der Scheinpartner als Angestellter regelmäßig aus arbeitsrechtlicher Sicht nicht bzw. nur eingeschränkt haftet und im Fall einer Inanspruchnahme eine entsprechende Freistellung von der Partnerschaft verlangen kann. Bei der PartG mbB stellt sich

483 *Sommer/Treptow*, NJW 2013, 3269 (3273 f.).

484 *Zimmermann*, NJW 2014, 1142 (1145); kritisch zur geltungserhaltenden Restriktion auch *Blattner*, AnwBl. 2013, 300 (306).

die Frage der Haftung eines Scheinpartners nach § 8 Abs. 2 PartGG demgegenüber nicht. Es kommt bei der PartG mbB wegen der Haftungsbegrenzung nach § 8 Abs. 4 PartGG nicht auf die Person an, die den Berufsfehler verursacht hat.

Die Haftungsbeschränkung nach § 8 Abs. 4 PartGG für Verbindlichkeiten aus beruflichen Fehlern auf das Gesellschaftsvermögen greift ein, wenn die Berufshaftpflichtversicherung der PartG mbB ordnungsgemäß unterhalten wird. Ist dies der Fall, besteht für die PartG mbB gegenüber der Versicherung ein Freistellungsanspruch in Höhe der Mindestversicherungssumme. Da es – anders als bei der einfachen Partnerschaft – keine Rolle spielt, wer den Schaden verursacht hat, besteht der Freistellungsanspruch gegen die Versicherung auch für einen handelnden Scheinpartner (soweit dieser mitversichert ist).

Zwingende (und einzige) Voraussetzung einer Haftungsbeschränkung ist nach § 8 Abs. 4 PartGG der vorherige Abschluss der gesetzlich vorgegebenen Berufshaftpflichtversicherung. Die entsprechende Versicherungsbescheinigung muss bereits der Anmeldung zur Eintragung im Partnerschaftsregister beigefügt sein. Um Fehler bei der Anmeldung auszuschließen, ist zu empfehlen, die Versicherungsbescheinigung genau auf die gesetzlichen Vorgaben hin zu überprüfen und gegebenenfalls bei der regionalen Rechtsanwaltskammer nachzufragen. Die Mindestversicherungssumme ergibt sich jeweils aus den berufsrechtlichen Regelungen. So beträgt diese etwa bei einer aus Rechtsanwälten bestehenden PartG mbB 2,5 Mio. Euro für jeden Versicherungsfall (§ 51a Abs. 2 S. 1 BRAO), soweit ein beruflicher Fehler vorlag. Allerdings können die Leistungen des Versicherers für alle innerhalb eines Versicherungsjahres verursachten Schäden auf den Betrag der Mindestversicherungssumme, vervielfacht mit der Zahl der Partner, begrenzt werden (§ 51a Abs. 2 S. 2 BRAO). Die Jahreshöchstleistung muss sich dabei jedoch mindestens auf den vierfachen Betrag der Mindestversicherungssumme belaufen (§ 51a Abs. 2 S. 3 BRAO). So beträgt bei einer aus zwei Partnern bestehenden PartG mbB die Jahreshöchstleistung an sich 5 Mio. Euro. Wegen § 51a Abs. 2 S. 3 BRAO muss sich die Mindestversicherungssumme für alle in einem Versicherungsjahr verursachten Schäden jedoch mindestens auf den vierfachen Betrag der Mindestversicherungssumme belaufen, also auf 10 Mio. Euro; bei vier Partnern beträgt die Jahreshöchstleistung genau 10 Mio. Euro und bei acht Partnern 20 Mio. Euro. Kein Versicherungsfall ist allerdings mit mehr als 2,5 Mio. Euro versichert. Eine freiwillige höhere Versicherungssumme bleibt dem Versicherungsnehmer unbenommen.

Bei der PartG mbB ist bei der Maximierung der Mindestversicherungssumme auch der Scheinpartner mit einzubeziehen und in den Versicherungsvertrag aufzunehmen. Maßgebend ist danach in jedem Fall die tatsächliche Anzahl der Partner, die durch den Partnerschaftsvertrag bestimmt wird, sowie auch der Scheinpartner. Bis zu einer Klärung durch den Gesetzgeber oder durch die Rechtsprechung ist es zu empfehlen, jeden neu in die PartG mbB aufgenommenen Partner bei der Begrenzung der Mindestversicherungssumme mit einzubeziehen; gleiches gilt für die Scheinpartner, soweit sich der Rechtsschein einer Partnerstellung nicht von vornherein beseitigen lässt.

Mit der Regelung des § 8 Abs. 4 PartGG werden alle Schäden umfasst, die durch eine fehlerhafte Berufsausübung entstanden sind.

Die Berufshaftpflichtversicherung der PartG mbB ist neben der persönlichen Berufshaftpflichtversicherung der einzelnen Partner abzuschließen und zu unterhalten. Die Einzelversicherung des einzelnen Berufsträgers ist (mit Ausnahme bei Steuerberatern) aus zulassungsrechtlichen Gründen gesetzlich vorgeschrieben, jedoch aus praktischer Sicht zweifelhaft.

Die Berufshaftpflichtversicherung ist „unterhalten", wenn die Versicherung zur Freistellung gegenüber dem geschädigten Gläubiger verpflichtet ist. Nach § 117 VVG bleibt die Versicherung in bestimmten Fällen weiterhin zur Leistung gegenüber dem Gläubiger verpflichtet, obwohl sie es nach dem Vertrag gegenüber der PartG mbB nicht ist. Zu nennen sind nach § 117 Abs. 1 VVG die Leistungsfreiheit wegen Obliegenheitsverletzungen (z. B. Prämienzahlungsverzug) sowie nach § 117 Abs. 2 VVG die zeitlich begrenzte Nachhaftung, falls das Versicherungsverhältnis entweder wirksam abgeschlossen wurde, jedoch vor Eintritt des Versicherungsfalls endete, oder das Versicherungsverhältnis von Anfang an nicht wirksam entstanden ist, soweit ein Rechtsschein der Gültigkeit vorgelegen hat. Die Berufshaftpflichtversicherung ist „unterhalten" i. S. v. § 8 Abs. 4 PartGG, wenn und solange die Versicherung zur Freistellung gegenüber dem geschädigten Gläubiger verpflichtet ist, selbst wenn sie nach § 117 VVG von ihrer Leistungspflicht gegenüber dem Versicherungsnehmer frei ist.

Ein gesetzlicher Forderungsübergang nach § 86 VVG scheidet aus, da der Partner kein Dritter ist, sondern Mitversicherter.

Ein Regressanspruch der Versicherung gegen die PartG mbB ergibt sich aus § 117 Abs. 5 VVG.

Die Berufshaftpflichtversicherung ist nach § 117 Abs. 3 VVG nicht leistungspflichtig, wenn die Schadenssumme die Mindestversicherungssumme (2,5 Mio. Euro) übersteigt, d. h. wenn die Höchstgrenze der Versicherungssumme ausgeschöpft ist. Der geschädigte Mandant könnte somit (nur) dann auf das Vermögen des schädigenden Partners zugreifen (über §§ 829, 835 ZPO), wenn der Schaden die Versicherungssumme übersteigt und im Innenverhältnis ein Schadenersatzanspruch der PartG mbB gegen den schädigenden Partner besteht. In Anbetracht der umfassenden Möglichkeiten eines vertraglichen Haftungsausschlusses dürfte im Partnerschaftsvertrag ein persönlicher Zugriff auf das Vermögen eines Partners nur sehr selten vorkommen.

Bei einer (nur) wissentlichen Pflichtverletzung eines Partners kann eine Einstandspflicht der Versicherung bei Rechtsanwälten trotz der Disposivität des § 103 VVG nicht vertraglich ausgeschlossen werden (§ 51 Abs. 3 Nr. 1 BRAO). Der geschädigte Gläubiger wird auf einen direkten Anspruch gegen den Schädiger verwiesen. Dieser ergibt sich allerdings nicht aus § 8 Abs. 2 PartGG, da die Haftungsbeschränkung bestehen bleibt. In Betracht kommen aber deliktische Ansprüche auf Schadenersatz, die sich im Fall von reinen Vermögensschäden aus § 823 Abs. 2 BGB i. V. m. einem Schutzgesetz, § 826 BGB ergeben. Bei vorsätzlichen Schadenszufügungen ist die Versicherung in jedem Fall nach § 103 VVG frei von der Leistungspflicht.

Bei einem Wechsel von einer anderen Rechtsform oder von einer einfachen Partnerschaft in die PartG mbB greift die Haftungsbeschränkung nach § 8 Abs. 4 PartGG ein, wenn der Vertragsabschluss mit dem Mandanten bzw. Vertragspartner nach dem Rechtsformwechsel erfolgte. Eine begrenzte persönliche Nachhaftung für Altverbindlichkeiten besteht somit dann, wenn das zugrundeliegende Mandatsverhältnis vor dem Wechsel begründet worden ist. Maßgebender Zeitpunkt für die Begründung der Verbindlichkeit ist der Zeitpunkt des Vertragsabschlusses, nicht der Zeitpunkt des Pflichtverstoßes. Erfolgte der Vertragsabschluss vor der „Umwandlung“ im untechnischen Sinn von der GbR oder einfachen Partnerschaft in die PartG mbB, greift die Haftung nach dem bisherigen Haftungskonzept, allerdings mit der zeitlichen Nachhaftungsbegrenzung. Die vom Gesetzgeber nicht bedachte Nachhaftung für Altverbindlichkeiten ist dabei aus Wertungsgesichtspunkten auf fünf Jahre seit Abschluss des Anwaltsvertrages bzw. Mandats mit der Altgesellschaft im Wege einer Gesamtanalogie zu den Regelungen der §§ 26, 160 Abs. 1 und 3 HGB, §§ 45, 133, 224 Abs. 2, 225c UmwG zu begrenzen.

Wird die Eintragung und Bekanntmachung der Namensänderung mit der Rechtsformalternative „mbB“ in das Partnerschaftsregister versäumt, obwohl die haftungsbeschränkende Partnerschaft wirksam entstanden ist, greift die Vorschrift des § 15 Abs. 1 HGB, soweit der Gläubiger keine Kenntnis hatte. § 15 Abs. 1 HGB findet mit anderen Worten aus Gründen des Gläubigerschutzes Anwendung, wenn die im Partnerschaftsvertrag beschlossene Namensänderung nicht im Partnerschaftsregister eingetragen und bekannt gemacht wurde. Ist die PartG mbB ordnungsgemäß eingetragen, wird aber der haftungsbeschränkende Zusatz im Rechtsverkehr nicht ordnungsgemäß geführt, finden die in Rechtsprechung und Schriftform entwickelten Grundsätze zur Rechtsscheinhaftung nach § 179 Abs. 1 BGB analog Anwendung. Ergänzend kann eine persönliche

Haftung des handelnden Partners nach § 823 Abs. 2 BGB i. V. m. § 7 Abs. 5 PartGG bzw. aus cic nach §§ 280 Abs. 1, 311 Abs. 2 und 3, 241 Abs. 2 BGB in Betracht kommen.

Die Verlustausgleichspflicht nach § 735 BGB gegenüber der PartG mbB ist durch die Wahl der Rechtsformvariante aufgrund ihrer Disposivität als konkludent ausgeschlossen zu betrachten; im Rahmen einer ausdrücklichen Vereinbarung kann diese Haftung in jedem Fall ausgeschlossen werden.

Eine Haftung des schädigenden Partners aus § 280 Abs. 1 BGB setzt neben einer Pflichtverletzung auch ein Verschulden voraus. § 708 BGB bleibt über § 1 Abs. 4 PartGG anwendbar. Mit der Wahl der Rechtsform der PartG mbB ist im Innenverhältnis ein konkludenter Haftungsausschluss für einfache Fahrlässigkeit anzunehmen, soweit es um berufshaftungsbedingte Gesellschaftsschulden geht. Die Haftung im Innenverhältnis kann mit einer ausdrücklichen schriftlichen Vereinbarung auch für grob fahrlässig verursachte Schäden ausgeschlossen werden. Nur für Vorsatz ist dagegen ein Haftungsausschluss nach § 276 Abs. 3 BGB unwirksam. Der Partner haftet unmittelbar bei vorsätzlichen Schädigungen, d. h. wenn sowohl der Pflichtverstoß als auch der Schadenseintritt vom Vorsatz umfasst sind. In diesem Fall entfällt auch die Leistungspflicht der Versicherung (§ 103 VVG). Zu berücksichtigen ist dabei auch, dass der PartG mbB ein Schaden entstanden sein muss. Da die PartG mbB einen vertraglichen Deckungsanspruch auf Freistellung gegen den Versicherer hat (§ 100 VVG), fehlt es in Höhe der Mindestversicherungssumme an einem Schaden, da dieser im Wege der Vorteilsausgleichung im Fall eines Schadenersatzanspruchs gegen den Partner anzurechnen ist; etwas anderes gilt nur, wenn die Versicherung der PartG mbB als Versicherungsnehmerin nicht zahlungspflichtig ist, z. B. wegen Verzugs mit der Prämienzahlung, obwohl sie aus Gläubigerschutzgründen zur Zahlung gegenüber dem Geschädigten nach § 117 VVG zur Leistung verpflichtet bleibt, oder der Schaden die Mindestversicherungssumme übersteigt. Nur in diesen Konstellationen ist ein Schaden bzw. ein Regressanspruch denkbar.

Aufgrund der hohen Anforderungen an einen Schadenersatzanspruch der PartG mbB gegenüber dem Partner im Innenverhältnis ist daher das Risiko, mittelbar gegenüber einem Gläubiger zu haften, der diese Forderung der PartG mbB gegen die Gesellschafter pfänden und sich überweisen lassen könnte, als äußerst gering anzusehen.

Auf die PartG mbB sind die Grundsätze zur Existenzvernichtungshaftung nicht anzuwenden. Es besteht – anders als bei einer GmbH – keine Zweckbindung des Vermögens der PartG mbB für Verbindlichkeiten zur vorrangigen Befriedigung von Gläubigerinteressen, auch nicht begrenzt für solche auf Schadenersatz aus beruflichen Fehlern. Als Ersatz für den partiellen Haftungsausschluss für berufliche Fehler gibt es den Versicherungsschutz. Für eine Pflicht der Partner zum Abschluss einer Berufshaftpflichtversicherung mit risikoadäquater Versicherungssumme oder einer Pflicht zur Ausstattung der Gesellschaft mit einem ausreichenden Gesellschaftsvermögen sind in § 8 Abs. 4 PartGG keinerlei Anhaltspunkte erkennbar, sodass eine solche Pflicht damit abzulehnen ist.

Die Partner einer PartG mbB unterliegen keiner Insolvenzantragspflicht und in der weiteren Folge auch nicht einer Haftung wegen Insolvenzverschleppung. Die PartG mbB ist zum einen keine juristische Person, und zum anderen haften die Partner für andere – nicht durch Berufsfehler bedingte – Verbindlichkeiten nach § 8 Abs. 1 PartGG nach wie vor persönlich. Im Übrigen fehlt es für eine gegebenenfalls in Betracht zu ziehende Analogie an einer Regelungslücke. Der Gesetzgeber hat ausdrücklich in den Materialien deutlich gemacht, dass es keine Insolvenzantragspflicht für die PartG mbB bzw. deren Vertreter gibt. Ebenso fehlt es an einer Gleichheit der Interessenlage. Dem Gläubigerschutz ist durch die Berufshaftpflichtversicherung ausreichend Rechnung getragen.

Es besteht – ebenso wie bei der einfachen Partnerschaft – grundsätzlich die Möglichkeit einer Haftungsbeschränkung. Dabei sind jeweils die berufsrechtlichen Rahmenbedingungen zu beachten. So bestimmt etwa § 52 BRAO für Rechtsanwälte die Grenzen im Hinblick auf individuelle oder vorformulierte Haftungsbegrenzungen. Eine vertragliche Haftungsbegrenzungsvereinbarung, die vor einem Wechsel von einer GbR oder einer einfachen Partnerschaft in die PartG mbB vereinbart wurde, bleibt wirksam, wenn die Verbindlichkeit, aus der gehaftet wird, noch vor dem vollendeten Wechsel entstanden ist bzw. innerhalb der fünfjährigen Nachhaftungsfrist entsteht. Es besteht insoweit kein Anpassungsbedarf. Bestehende Haftungsbegrenzungsvereinbarungen müssen nach dem vollzogenen Wechsel allerdings dann an die erhöhten Versicherungsanforderungen in der PartG mbB angepasst werden, wenn die Verbindlichkeit nach dem Wechsel begründet worden ist, da ansonsten das Risiko der Unwirksamkeit besteht.

IV. Limited Liability Partnership (LLP)

1. Untersuchungsgegenstand

In den vergangenen Jahren war ein Trend zu beobachten, dass deutsche Kanzleien zur gemeinsamen Berufsausübung zunehmend die Rechtsform der LLP gewählt haben.[485] Die Besonderheit bestand darin, dass die LLP zwar in England gegründet wurde und dort ihren Satzungssitz hatte, der tatsächliche Verwaltungssitz jedoch abweichend davon nach Deutschland verlegt wurde. In Konsequenz der im zweiten Teil dargestellten Rechtsprechung des EuGH[486] gilt nun in der EU faktisch die Gründungstheorie mit der Folge, dass das Gesellschaftsstatut an den Gründungsort anknüpft. Nach dieser Rechtsprechung des EuGH zur Niederlassungsfreiheit (Art. 49, 54 AEUV) ist dies sogar dann zulässig, wenn von vornherein gar keine Tätigkeit im Ausland geplant war, sondern die Gesellschaft ihre Geschäftstätigkeit ausschließlich in Deutschland aufgenommen hat.[487] Diese sog. Briefkastengesellschaften bzw. Scheinauslandsgesellschaften[488] sind von den LLPs zu unterscheiden, die ihre Hauptniederlassung in England haben und zugleich eine Zweigniederlassung in Deutschland betreiben. Die nachfolgende rechtsvergleichende Betrachtung bezieht sich ausschließlich auf die zuerst genannte Variante, also auf die LLP mit Satzungssitz in England und Verwaltungssitz in Deutschland.

Im Rahmen der rechtlichen Behandlung einer LLP mit Inlandssitz, also einer deutschen LLP, sind zahlreiche Fragen noch nicht abschließend geklärt. Hierzu zählen neben der Frage der Haftung die Registrierungspflicht in deutschen Registern,[489] die steuerliche Behandlung,[490] in berufsrechtlicher Hinsicht die Zulassungs- und Versicherungspflicht sowie eine mögliche Postulationsfähigkeit[491]

---

485 Begr., RegE BT-Drucks. 17/40487, S. 1.

486 Vgl. hierzu II. 4.3.

487 Vgl. unter II. 4.3.

488 Vgl. *Weller/Kienle*, DStR 2005, 1060 (1065).

489 Zur Forderung einer Eintragungspflicht der inländischen Zweigniederlassung der LLP entsprechend § 13d HGB wegen der organisations- und haftungsrechtlichen Vergleichbarkeit mit der Partnerschaft ausführlich *Bettinger*, S. 145 ff.; *Seibert*, DB 2013, 1710 (1714); *Henssler*, NJW 2014, 1761 (1762); *Lieder/Hoffmann*, NZG 2014, 127 (130); *Weller/Kienle*, DStR 2005, 1102 (1103). Trotz überwiegender Befürwortung besteht noch eine gewisse Unsicherheit.

490 *Schnittker/Bank*, Rn. 304; *Piller*, S. 169 m. w. N. zur BFH-Rspr..

491 Vgl. zur Postulationsfähigkeit *Piller*, S. 198 ff. mit einer ausführlichen Untersuchung.

vor deutschen Gerichten.[492] Im Mittelpunkt steht dabei die haftungsrechtliche Behandlung der LLP.

Zunächst wird die LLP in Grundzügen dargestellt mit Schwerpunkt auf der Haftung der Gesellschaft bzw. der Gesellschafter nach englischem Recht. Die anderen Aspekte sind daher nicht Gegenstand dieser Untersuchung. Es folgt die Darstellung der LLP im englischen Recht. Dabei geht es nach dem Aufzeigen der organisationsrechtlichen Strukturen schwerpunktmäßig um die Haftungsfragen. Es schließen sich die diesbezüglichen Ausführungen zur LLP mit Inlandssitz an, die mit einer rechtsvergleichenden Betrachtung abschließen.

2. Die LLP im englischen Recht

2.1 Gesetzgeberische Intention zur Schaffung einer LLP

Bei der LLP handelt es sich um eine Gesellschaftsform des englischen Rechts, die der dortige Gesetzgeber durch den Limited Liability Partnership Act 2000 geschaffen hat, und die seit April 2001 als eine weitere Organisationsform für unternehmerische Betätigung zur Verfügung steht.[493]

Die Einführung der LLP beruht auf mehreren Entwicklungssträngen. Zunächst steht die LLP im Zusammenhang mit dem globalen Wettbewerb zur Schaffung möglichst effizienter Unternehmensformen für wirtschaftliche Tätigkeiten. Dieser Prozess hat zur Entwicklung hybrider Gesellschaftsformen geführt, die als Mischform zwischen Kapital- und Personengesellschaft Elemente beider traditioneller Gesellschaftstypen verbinden. Konkret ist die LLP eine legislative Antwort auf die vorangegangenen Aktivitäten der Insel Jersey. Jersey hatte bereits durch das Limited Partnership Law (Jersey) 1996 unabhängig vom Vereinigten Königreich eine eigenständige Rechtsform der LLP geschaffen.[494] Diese Gesetzesnovelle ging auf eine Initiative der britischen Ableger von zwei der vier großen Wirtschaftsprüfungsgesellschaften (nämlich Pricewaterhouse-Coopers und Ernst & Young) zurück, die entscheidend an dem entsprechenden Gesetzentwurf mitgewirkt hatten. Offensichtliches Ziel von Jersey war es, diese Unternehmen durch attraktive wirtschaftliche Rahmenbedingungen dazu

---

492 Vgl. hierzu *Henssler/Mansel*, NJW 2007, 1393 (2013), 45 (48) zur Frage der Versicherungspflicht, die überwiegend abgelehnt wird; für eine Haftpflichtversicherung vgl. *Kreße*, NJ 2013, 45 (48).

493 *Henssler/Mansel*, NJW 2007, 1393 (1394); dies. In FS Horn; S. 403; *Weller/Kienle*, DStR 2005, 1061 (1062); *Triebel/Otte/Kimpel*, BB 2005, 1233.

494 Vgl. hierzu *Triebel/Otte/Kimpel*, BB 2005, 1233, z. B. *Jersey limited liability partnership*; ähnlich Isle of Man und Guernsey; *Bank*, S. 45 m. w. N..

zu veranlassen, ihren Satzungssitz auf die Insel vor der Normandie zu verlegen. Schließlich steht die Einführung der LLP im Vereinigten Königreich in einem direkten Zusammenhang mit einer Kampagne großer englischer - in London ansässiger - Freiberuflergesellschaften, die darauf gerichtet war, die persönliche Haftung ihrer Gesellschafter zu begrenzen.[495] Auslöser für das Drängen des englischen Gesetzgebers war, dass sich diese Gesellschaften seit Mitte der 1990er Jahre vermehrt exorbitanten Schadenersatzklagen für berufliches Fehlverhalten ihrer Gesellschafter ausgesetzt sahen („doomsday claims"), für die neben der Gesellschaft (regelmäßig einer partnership) und dem verantwortlichen Gesellschafter auch alle anderen Gesellschafter unbeschränkt persönlich und solidarisch hafteten („joint and several liability"). Wenn in (erfolgreichen) Fällen solcher Schadenersatzklagen die Haftungssumme der Berufshaftpflichtversicherung überstiegen wurde, führte diese Haftungsverfassung nicht nur zum Zusammenbruch der entsprechenden Unternehmen. Es drohte zudem der finanzielle Ruin aller ihrer Gesellschafter, selbst wenn diese keinen Bezug zu dem ersatzauslösenden Fehlverhalten ihres oder ihrer Mitgesellschafter hatten. Wegen der verheerenden potenziellen Auswirkungen solcher Unternehmenszusammenbrüche und ihrer Folgen auf die britische Wirtschaft sah sich der britische Gesetzgeber dazu gezwungen, dem Problem existenzbedrohender doomsday claims gegen große Freiberuflergesellschafter durch eine institutionelle Lösung zu begegnen. Damit verbunden war auch der Umstand, dass insbesondere der City of London der Verlust dieser Steuersubjekte drohte. Die Schaffung einer LLP kann daher als eine Reaktion auf die Nachfrage großer „professional partnerships", die mit der partnership als Kooperationsform unzufrieden waren, gesehen werden.[496]

2.2 Rechtsquellen, Rechtsnatur und praktische Bedeutung

Die Vorschriften zur LLP sind im Limited Liability Partnership Act 2000 geregelt,[497] der jedoch nur wenige Vorschriften („sections") enthält. Ergänzend finden subsidiär die vom Secretary of State als „statutory instruments" erlassenen LLP-Regulations (Sec. 15 et seq. LLP-Act bzw. LLPA) Anwendung. Diese Regulations sind dispositives Recht im Rang einer Verordnung.[498] Hinzu kommt punktuell die entsprechende Anwendung von Vorschriften aus dem Companies Act (CA 2006), Insolvency Act (IA) oder dem Partnership Act (PA).[499] Die Anwendung

495 *Triebel/Otte/Kimpel*, BB 2005, 1233.

496 *Bettinger*, S. 56 ff.; ausführlich *Bank*, BB-Spezial, S. 4 (5).

497 *Bank*, S. 56 ff. zum LLPA.

498 *Triebel/Otte/Kimpel*, BB 2005, 1233 (1234).

499 Vgl. *Bank*, BB-Spezial, S. 4 (5).

der Vorschriften aus dem Companies Act beruht darauf, dass die LLP ein Rechtssubjekt ist. Die Regelungen zur partnership (Personengesellschaft), die einer deutschen offenen Handelsgesellschaft entspricht, sind grundsätzlich nicht anwendbar, es sei denn, deren Geltung wird ausdrücklich angeordnet.[500] Weitere Rechtsquelle des auf die LLP anzuwendenden Rechts ist das durch die Rechtsprechung entwickelte common law aus dem Bereich des company und partnership law, das von den Gerichten unter besonderer Berücksichtigung der spezifischen Besonderheiten der neuen Organisationsform auf diese anzuwenden ist. Somit gilt für die LLP – wie für alle Rechtssubjekte – auch das common law.[501]

Die LLP ist eine von ihren Mitgliedern divergierende Rechtsperson („body corporate") mit unbeschränkter Handlungsfähigkeit („capacity"). In Sec. 1 (2) LLPA heißt es: „A limited liability partnership is a body corporate (having legal personality separate from its members) which is formed by being incorporated under this Act." Die LLP steht nach dem Gesetz den Angehörigen aller Berufe, also sowohl Freiberuflern als auch Gewerbetreibenden, zur Verfügung. Sie kann uneingeschränkt Träger von Rechten und Pflichten sein und haftet als eigenes Rechtssubjekt für berufliche Fehler und andere schadenersatzauslösende Handlungen der Mitglieder, weil diese „agents" der LLP sind.[502] Die Gesellschafter der LLP werden im LLP-Act (Sec. 1 (4) LLP-Act) – in Anlehnung an die Gesellschafter einer Partnership und in Abgrenzung zu den Gesellschaftern einer company – als „member" bezeichnet, obwohl die LLP auch aufgrund ihrer Unabhängigkeit von einem Mitgliederwechsel im Außenverhältnis mehr einer company als einer partnership ähnelt.

Die LLP ist nicht nur in England eine verbreitete Rechtsform. Sie ist auch in Deutschland bekannt geworden, da sich ab Mitte der 1990er Jahre einige deutsche Großkanzleien mit englischen Partnern zusammenschlossen und den Verwaltungssitz der gemeinsamen Gesellschaften nach London verlegten.[503] Mittlerweile gibt es auch Kanzleien, die allein zu dem Zweck der Erlangung dieser Rechtsform in England gegründet wurden, um anschließend nicht dort, sondern (nur) in Deutschland tätig zu werden.[504]

---

500 Vgl. Sec. 1 (5) LLPA 2000.

501 *Bank*, BB-Spezial, S. 4 (6).

502 Vgl. *Bank*, S. 94 ff. m. w. N..

503 *Becker*, AnwBl. 2011, 860 m. w. N..

504 Vgl. *Lieder/Hoffmann*, NJW 2015, 897 (901).

2.3 Gründung und Organisationsverfassung

Als Organisationsform mit eigener Rechtspersönlichkeit entsteht die LLP, nicht anders als eine company, mit Eintragung in das „companies register" durch den zuständigen Registerbeamten („Registrar of Companies"). Nach Sec. 2 (1) (a) bis (c) LLPA müssen daher im Wesentlichen folgende Voraussetzungen erfüllt sein:

Es müssen sich zwei oder mehr Gründungsgesellschafter zum Betrieb eines erlaubten und auf Gewinn angelegten Geschäfts zusammenschließen und das „incorporation document" (Gründungsdokument) unterschreiben. Dieses Gründungsdokument muss im Original oder in Form einer vom „Registrar of Companies" akzeptierten Abschrift diesem eingereicht werden. Das Gründungsdokument enthält den Namen der LLP, deren Sitz – unabhängig davon, ob sich dieser in England und Wales, nur in Wales oder in Schottland befindet – ihre genaue Adresse, Name und Adresse der Gründungsmitglieder sowie die „designated members". Ebenfalls beim „Registrar of Companies" ist ein „statement of compliance" einzureichen. In dieser Erklärung müssen die Gründer oder der von diesen mit der Gründung der LLP beauftragte „solicitor" (Rechtsanwalt) bestätigen, dass ein legales Geschäft betrieben werden soll, das auf Gewinnerzielung ausgerichtet ist; die Abgabe einer falschen Erklärung ist strafbewehrt.

Die LLP ist, wie erwähnt, nicht bestimmten Berufsgruppen vorbehalten, sondern als universell einsetzbare Rechtsform konzipiert.[505] Gesellschafter können natürliche und juristische Personen sein. Die Mitglieder müssen kein Mindestkapital aufbringen und keine Sicherheiten als Preis für die Haftungsbeschränkung stellen. Der Gläubigerschutz wird ausschließlich über die weitgehenden Publizitäts- und Offenlegungspflichten verwirklicht. So muss etwa bei mittleren und großen LLPs der Gewinnanteil inklusive des Gehalts des bestverdienenden Gesellschafters offengelegt werden, wenn der Jahresgewinn der LLP (vor Abzug der Gesellschaftergehälter) mehr als GBP 200.000 beträgt.[506]

Als weiteres verwaltungstechnisches Erfordernis muss eine geringe Eintragungsgebühr an das „Companies House" gezahlt werden.

Sobald die formalen Gründungsvoraussetzungen erfüllt sind, trägt der „Registrar" die LLP ein und stellt eine Urkunde („certificate of incorporation") aus; mit der Ausstellung des Zertifikats entsteht die LLP als rechtsfähige Körperschaft. Nicht erforderlich zur Gründung ist nach englischem Recht der Abschluss eines formbedürftigen Gesellschaftsvertrages. In jedem Fall prüft der „Registrar", ob

---

505 Vgl. *Bettinger*, S. 161; *Morse*, Partnership Law, Rn. 10.01; *Triebel/Otte/Kimpel*, BB 2005, 1233 f.; *Hartung/Bargon*, AnwBl. 2011, 84; *Piller*, S. 123 m. w. N..

506 *Bank*, BB-Spezial, S. 4 (7).

der Name der LLP den gesetzlichen Anforderungen genügt. Die Firma der LLP muss mit „limited liability partnership" oder der Abkürzung „LLP" bzw. „llp" enden. Die LLP hat Änderungen betreffend der Gesellschafterposition, ihres Namens oder des registered office der Registerbehörde anzuzeigen.

Die Gesellschafter können durch einen formlosen Gesellschaftsvertrag die Organisations- und Verwaltungsverfassung einer LLP weitgehend selbst bestimmen. Es bestehen nur sehr wenige zwingende gesetzliche Regelungen. Diese betreffen im Wesentlichen nur die grundsätzlichen (Kern-)Rechte und Pflichten der Gesellschafter und die besonderen Pflichten der „designated members". Eine LLP muss mindestens zwei designierte Gesellschafter („designated members"), sog. selbst ernannte / ins Amt berufene Mitglieder, haben. Diese sind vergleichbar mit einem „company secretary" einer Kapitalgesellschaft. Sie sind eine Art Urkundsbeamte der Gesellschaft und übernehmen formale und administrative Aufgaben, so z. B. die Überprüfung der Buchführung, die Ernennung eines Wirtschaftsprüfers („auditor"), die Mitteilungen an den „Registrar" (Registerbehörde) und die Vertretung der LLP im Fall einer Liquidation („winding up"). Im Prinzip nehmen sie gesetzliche Offenlegungs- und Informationspflichten wahr. Wird kein oder nur ein Mitglied ernannt, sind alle Mitglieder „designated members". Die „designated members" müssen nicht in Großbritannien ansässig sein.

Ansonsten können die Gesellschafter der LLP das Innenverhältnis wie bei einer partnership flexibel gestalten, z. B. Geschäftsführung und Vertretung, Gewinnver- und Gewinnzuteilung, Übertragbarkeit der Gesellschaftsanteile und Kapitalverfassung; vom Gesetz werden kaum bindende Vorgaben gemacht.[507] Der Gesellschaftsvertrag muss nicht offengelegt werden. Die Mitglieder können ihre Rechte und Pflichten untereinander und im Verhältnis zur LLP durch eine Vereinbarung (vergleichbar mit den articles of association bei einer Limited) regeln.

Sofern keine Vereinbarungen getroffen worden oder diese lückenhaft sind, greifen die – als Verordnung ausgestaltete – Auffangregeln („default provisions").[508] Diese in den Regulations 2001 enthaltenen Auffangbestimmungen beschränken sich auf die grundlegenden im Innenverhältnis der LLP bestehenden Rechte und Pflichten.

---

507 *Bank*, BB-Spezial, S. 4 (6); z. B. Geschäftsleitung und Gewinnbeteiligung den individuellen Wünschen anpassen.

508 In kontinentaler Rechtsterminologie handelt es sich dabei um dispositives Recht. Im Unterschied zur *Limited* existiert für die LLP keine Mustersatzung für das Innenverhältnis nach dem Vorbild des Table A.

Nach diesen Regelungen sind alle Gesellschafter geschäftsführungsbefugt, ohne dafür eine Vergütung zu erhalten. Jedes Mitglied ist bei Fehlen einer abweichenden Vereinbarung zu gleichen Teilen am Vermögen und am Gewinn beteiligt. Fragen der gewöhnlichen Geschäftsführung können nach den „default provisions" mit einfacher Mehrheit beschlossen werden, während Grundsatzentscheidungen einstimmig getroffen werden müssen. So bedarf die Aufnahme eines neuen Gesellschafters – mangels abweichender Vereinbarung – der Zustimmung aller Partner. Der Ausschluss eines Gesellschafters ist durch einen Mehrheitsbeschluss dann möglich, wenn dies vereinbart wurde.

In der Praxis werden allerdings regelmäßig konkrete, auf den jeweiligen Geschäftsbetrieb angepasste und sämtliche vorhersehbare Eventualitäten berücksichtigende Vereinbarungen im Gesellschaftsvertrag getroffen, um die Anwendung dieser sog. „default provisions" zu vermeiden, die weitgehend das partnership law auf die LLP übertragen.

Die Mitgliedschaft in einer LLP endet durch Tod, Auflösung oder Vereinbarung oder bei Fehlen einer solchen Vereinbarung durch Kündigung innerhalb einer angemessenen Frist.

2.4 Haftungsverfassung

2.4.1 Haftung der Gesellschaft

Jedes Mitglied der LLP ist zugleich ihr Vertreter („agent") im Außenverhältnis. Als solche können alle Mitglieder die LLP grundsätzlich wirksam berechtigen und verpflichten. Da die LLP eine eigene Rechtsperson und damit Träger von Rechten und Pflichten ist, werden Verträge wie bei einer Kapitalgesellschaft mit der LLP selbst geschlossen.

Die LLP haftet als Vertragspartner unmittelbar und unbeschränkt aus Vertragsrecht, z. B. aus einem Anwaltsvertrag bei fehlerhafter Mandatsbearbeitung, mit dem Gesellschaftsvermögen.

2.4.2 Haftung der Mitglieder nach englischem common law

2.4.2.1 Vertragsrechtliche Haftung

Aufgrund dieser Verselbständigung als „body cooperate" haften die Gesellschafter bzw. Partner aufgrund des Trennungsprinzips gegenüber den Gläubigern der LLP nicht mehr persönlich, sondern es haftet nur das Gesellschaftsvermögen.

Das Prinzip der „agency" beinhaltet, dass das eine Vertragsverletzung darstellende Handeln von members und Angestellten, die als sog. „agents" den Vertrag durch ihr Tätigwerden erfüllen, der LLP zugerechnet wird, sodass nur die LLP haftet.[509] Ob deliktisches Verhalten der Mitglieder der LLP zugerechnet wird, bestimmt sich nach dem Deliktsstatut. Begeht ein Mitglied eine unerlaubte Handlung in England, gilt englisches Deliktsrecht.

Im LLPA findet sich eine Regelung der Haftungsverfassung in Sec. 6 (4) LLPA zur persönlichen Haftung der Mitglieder. Nach dieser Regelung haftet die LLP im Fall einer persönlichen Haftung eines ihrer Mitglieder für eine unrechtmäßige Handlung oder Unterlassung akzessorisch. Zwar werden durch die Anordnung die übrigen Mitglieder keiner persönlichen Haftung ausgesetzt, jedoch ist das Gesellschaftsvermögen der LLP betroffen. Die Mitglieder einer LLP genießen grundsätzlich wie die shareholder einer company den Vorteil der Haftungsbeschränkung, da die LLP eine von ihren Mitgliedern unabhängige Rechtsperson („body corporate") ist, die selbst für die Verbindlichkeiten haftet. Diese Haftungsbeschränkung stellt einen wesentlichen Vorteil gegenüber der partnership dar, für deren Verbindlichkeiten alle Partner „jointly and severally" haften.

Da die Gesellschafter der LLP im Rahmen des Geschäftsbetriebs der Gesellschaft gegenüber Dritten als Stellvertreter der LLP auftreten, wird aus vertraglichen Rechtsbeziehungen nach den englischen agency-Regeln grundsätzlich allein die Gesellschaft berechtigt und verpflichtet. Es haftet daher für Erfüllung, Nichterfüllung oder Schlechterfüllung der eingegangenen Verpflichtungen nur die LLP bzw. deren Vermögen; eine vertragliche Haftung für Berufsfehler der einzelnen Partner kommt grundsätzlich nicht in Betracht.[510]

2.4.2.2 Deliktsrechtliche Haftung („tort")

Das englische Haftungssystem wird zum Schutz der Gläubiger durch eine persönliche unbeschränkte Haftung der Gesellschafter nach dem englischen Deliktsrecht ergänzt.

Die Mitglieder einer LLP können nach dem englischen Recht der unerlaubten Handlung, genauer nach dem Deliktstatbestand der fahrlässigen Vermögenshaftung, dem „tort of negligence", für ihr eigenes fehlerhaftes Verhalten oder Unterlassen („negligent act of omission") im Geschäftsbetrieb der LLP gegenüber Dritten (neben der Gesellschaft) haftbar gemacht werden.

---

509 Vgl. *Becker*, AnwBl. 2011, 860; *Linardatos*, VersR 2013, 1488 (1496) m. w. N., insbesondere zu dem Trennungsprinzip in *Salomon vs. Salomon & Co.* (1897), AC 22; *Bettinger*, S. 58 ff. m. w. N.; vgl. *Bank*, S. 94 ff. zur Frage der Abgrenzung der allgemeinen Regeln zur „agency", die neben der Zurechnung rechtsgeschäftlichen Handelns auch die Zurechnung des tatsächlichen Handelns der Erfüllungsgehilfen im Rechtsverkehr beinhalten.

510 Vgl. *Schnittker/Bank*, Rn. 127 ff. m. w. N..

Dabei erfasst der „tort of negligence“ als Deliktstatbestand auch und gerade reine Vermögensschäden, selbst wenn sie außerhalb einer Vertragsbeziehung entstanden sind. Grundlage der Haftung ist das Bestehen einer besonderen Sorgfaltspflicht („duty of care“),[511] die zwischen dem handelnden LLP-Gesellschafter und dem Leistungsempfänger bestehen muss. Soweit diese Sorgfaltspflicht verletzt wird („breach“) und hierdurch ein Schaden entsteht („damage“), der auch ein reiner Vermögensschaden sein kann, und dem Schädiger als eine vernünftigerweise zurechenbare Folge seines sorgfaltswidrigen Verhaltens zuzurechnen ist,[512] kann von dem verantwortlichen LLP-Gesellschafter Ersatz verlangt werden. Ob eine solche Sorgfaltspflicht existiert, bestimmt sich für die LLP nach richterrechtlichen Grundsätzen.

Dieser „tort of negligence“ wurde erst relativ spät durch Richterrecht geschaffen. In dem berühmten Produkthaftungsfall *Donoghue vs. Stevenson*[513] sprach das House of Lords einer Konsumentin wegen einer verrotteten Schnecke in einer Flasche Ingwerlimonade Schadenersatz gegen den Hersteller zu, obwohl sie zu diesem in keiner vertraglichen Beziehung stand. Dieses Rechtsprinzip wurde in *Hedley Byrne & Co. Ltd. vs. Heller & Partners Ltd.*[514] auf reine Vermögensschäden erweitert und in *William vs. Natural Life Health Food Ltd.*[515] weiter konkretisiert. Zwar beziehen sich diese Entscheidungen auf die persönliche Haftung von company-directors von Limiteds. Da diese jedoch als Vertreter der Gesellschaft auftreten, gelten hinsichtlich der Frage, unter welchen Voraussetzungen eine

511 Vgl. *Tröger/Pfaffinger*, JZ 2013, 812 (813) m. w. N.; *Henssler/Mansel*, NJW 2007, 1393; *Schlinker*, NJW 2011, 2091 (2093); *Bank*, S. 404 ff..

512 Ausführlich *Zweigert/Kötz*, § 40 III.

513 *Donoghue vs. Stevenson* [1932] AC 562.

514 *Hedley Byrne & Co. Ltd. vs. Heller & Partners Ltd.* [1964], A. C. 465; vgl. *Lord Morris* in House of Lords: „My Lords, I consider, that it follows and that it should now be regarded as settled that if someone possessed of a special skill undertakes, quite irrespective of contract, to apply that skill for the assistance of another person who relies upon such skill, a duty of care will arise [.....]. Furthermore, if in a sphere in which a person is so placed that others could reasonably rely upon his judgment or his skill or upon his ability to make careful inquiry, a person takes it upon himself to give information or advice to, or allows his information or advice to be passed on to, another person who, as he knows or should know, will place reliance upon it, then a duty of care will arise“; hierzu *Bettinger*, S. 68.

515 *William vs. Natural Life Health Food Ltd.* [1998] 1 W.L.R. 830, 835F-G per *Lord Steyn*. Hier hatte das House of Lords klargestellt, dass auch directors einer juristischen Person persönlich haften, wenn sie eine persönliche Leistungsverantwortung („assumption of personal responsibility“) gegenüber dem Vertragspartner übernehmen.

persönliche Sorgfaltspflicht zu außenstehenden Dritten entstehen kann, nach allgemeiner Ansicht dieselben Prinzipien.[516]

Das Bestehen einer „duty of care" gegenüber dem Anspruchsteller setzt danach grundsätzlich voraus, dass der LLP-Gesellschafter eine besondere persönliche Verantwortung („assumption of personal responsibility") übernommen hat, auf dessen Übernahme sich der Anspruchsteller verlassen hat („reliance on the assumption"), und dass dieses Vertrauen auf die Verantwortungsübernahme auch vernünftigerweise berechtigt war („reasonable reliance").[517]

Bei der Prüfung dieses Tatbestandsmerkmals sind objektive Kriterien anzusetzen („objective test"). Es kommt dabei auf die Handlungen und Äußerungen des Schädigers an; unerheblich ist, ob dieser die Verantwortung wissentlich oder willentlich übernommen hat. Nach der bisherigen Rechtsprechung ist davon auszugehen, dass eine Haftung der LLP-Gesellschafter grundsätzlich nicht in Betracht kommt. Es wird vermutet, dass die LLP-Gesellschafter durch die Wahl dieser juristischen Person als Rechtsform und das damit einhergehende Trennungsprinzip gegenüber Dritten nicht gewillt sind, eine persönliche Verantwortung im Geschäftsbereich zu übernehmen. Nur wenn tatsächlich eindeutige objektive Anhaltspunkte für die Übernahme einer solchen „duty of care" vorliegen, kann diese Vermutung widerlegt sein. Andernfalls steht die eigene Rechtspersönlichkeit der LLP der Annahme einer persönlichen Verantwortung der für und im Namen der LLP handelnden Gesellschafter entgegen.[518]

Nach traditionellem englischem Verständnis besteht allerdings zwischen einem Freiberufler und dem Empfänger der Dienstleistung eine besondere persönliche Beziehung, die ganz erheblich von gegenseitigem Vertrauen geprägt ist.[519] Dieses besondere Treueverhältnis („fiduciary relationship") ist regelmäßig durch die persönliche Verantwortlichkeit („assumption of personal responsibility") und Entstehung einer besonderen Sorgfaltspflicht zwischen Freiberufler

---

516 Eingehend *Bank*, S. 110 ff..

517 *William vs. Natural Life Health Food Ltd.* [1998] 1 W.L.R. 830; *Merrett vs. Babb* [2001] EWCA Civ 214, basierend auf dem berühmten Fall *Hedley Byrne & Co. Ltd. vs. Heller & Partners Ltd.* [1964], A. C. 465; *Kilian*, NZG 2000, 1008 (1013); zur Begründung einer „duty of care" *Bank*, S. 110.

518 Vgl. *Schnittger/Bank*, Rn. 136 ff..

519 „… […] a professional adviser, whether he be solicitor, factor, stockbroker or surveyor is of course in a *fiduciary relationship* to his client"; *Brown vs. IRC* [1965], A. C. 244, 265F-G *per Lord Upjohn*; zudem *Bristol and West Building Society vs. Mothew* [1998] Ch. 1; *Northon vs. Lord Ashburton* [1914], A. C. 932; *Headley Byrne & Co. Ltd. vs. Heller & Partners Ltd.* [1964], A. C. 465.

und Mandant („duty of care") gekennzeichnet. Danach haben Freiberufler, insbesondere Rechtsanwälte sowie andere professionelle Berater („professional advisers"), typischerweise im Sinn einer „professional liability" für ihr eigenes Fehlverhalten persönlich einzustehen. Das bedeutet, dass aufgrund ihrer beruflichen Qualifikation und ihrer berufsethischen Bindung eine solche Sorgfaltspflicht vermutet wird.[520]

Es spricht viel dafür, dass die Rechtsprechung diese traditionelle Haltung des englischen Rechts auch auf die Gesellschafter von freiberuflichen LLPs übertragen wird.[521] Auch der englische Gesetzgeber hat sich, bevor die LLP auch für gewerbliche Tätigkeiten geöffnet wurde, ganz ausdrücklich dafür ausgesprochen, dass die freiberuflich tätigen Gesellschafter der neuen Organisationsform für ihr eigenes sorgfaltswidriges Verhalten persönlich haftbar bleiben sollen. Aus Ziff. 10 der Draft Explanatory Notes wird deutlich, dass der traditionelle Standpunkt unverändert bleiben sollte, nach dem Freiberufler im Sinn einer „professional liability" für die von ihnen sorgfaltswidrig erbrachten Dienstleistungen grundsätzlich persönlich einzustehen haben.[522] Demnach ist davon auszugehen, dass die englische Rechtsprechung bei einer freiberuflichen LLP – im Gegensatz zu einer gewerblichen LLP – im Regelfall von einem besonderen Vertrauensverhältnis („fiduciary relationship") zwischen dem handelnden Gesellschafter und dem leistungsempfangenden Mandanten ausgehen wird.

Als Konsequenz würde bei Freiberufler-LLPs die Übernahme persönlicher Verantwortung („assumption of personal responsibility") und bei berechtigtem Vertrauen auf diese Verantwortungsübernehme („reliance on the assumption") sowie einer „reasonable reliance" die darauf folgende Sorgfaltspflicht („duty of care") vermutet.[523] Danach würden die Gesellschafter von Freiberufler-LLPs regelmäßig neben der Gesellschaft persönlich für eigenes sorgfaltswidriges Verhalten nach den Grundsätzen des „tort of negligence" einzustehen haben. Im Ergebnis haftet danach ein solicitor-Gesellschafter einer Anwalts-LLP mit Verwaltungssitz in England regelmäßig persönlich nach dem „tort of negligence" für eine fahrlässig fehlerhafte Rechtsberatung.

Eine solche persönliche Verantwortung des Mitglieds einer LLP mit der Folge eines Haftungsrisikos kann in den Grenzen des Unfair Contract Term Act 1977 und der Unfair Terms in Consumer Contracts Regulations 1999 bei

---

520 *Triebel/Silny*, NJW 2008, 1034; *Triebel/Otte/Kimpel*, BB 2005, 1233 (1235).

521 Vgl. *Schnittker/Bank*, Rn. 139 ff. m. w. N..

522 Draft Explanatory Notes, H.L. Bill (1999–2000) [H.L. Bill 6-EN], Ziff. 10.

523 Ausführlich zu den Haftungsfragen freiberuflicher Tätigkeiten *Bank*, S. 129 ff..

Mandatsübernahme ausgeschlossen werden. Diese persönliche Haftung trifft allerdings nur das handelnde Mitglied, wobei die Unterstützung durch ein anderes Mitglied der Gesellschaft ein eigenes Haftungspotenzial mit sich bringen kann.[524]

2.4.2.3 Haftungsdurchgriff („Lifting the Corporate Veil")

Ein Haftungsdurchgriff auf die Mitglieder einer Gesellschaft nach der doctrine of „lifting the veil of incorporation" wurde für die englische company entwickelt.

Leitmaßstab für diese Fälle ist die viel analysierte Entscheidung *Salomon vs. Salomon*.[525] Eine Durchgriffshaftung soll danach nur ausnahmsweise in Betracht kommen, wenn etwa die Gesellschafter die gesellschaftsrechtliche Form missbrauchen, um sich unberechtigte Haftungsvorteile zu verschaffen. Wegen der einer Kapitalgesellschaft vergleichbaren Struktur der LLP im Außenverhältnis, die wie eine company durch Eintragung („incorporation") entsteht und eine von ihren Mitgliedern zu unterscheidende Rechtsperson ist, können die Grundsätze des „lifting the corporate veil" grundsätzlich auch auf die LLP übertragen werden.

Zu beachten ist allerdings, dass ein gesellschaftsrechtlicher Haftungsdurchgriff in der englischen Rechtsprechung praktisch so gut wie nie zugelassen wird. Im Vergleich zum deutschen Recht sind englische Gerichte viel zurückhaltender, wenn es in bestimmten Fällen aus Gründen der materiellen Gerechtigkeit um einen direkten Zugriff auf das Vermögen der Gesellschafter geht.

Obwohl ein Haftungsdurchgriff für mehrere Fälle diskutiert wird,[526] zieht die aktuelle Rechtsprechung diesen sog. „facade test" nur in ganz bestimmten Fällen in Betracht. Ein Haftungsdurchgriff soll nach dem „facade test" nur in extremen Fällen eines offensichtlichen Institutsmissbrauchs in Betracht kommen,

---

524 *Kilian*, NZG 2000, 1008 (1014); *Schnittker/Bank*, Rn. 139 ff..

525 *Salomon vs. Salomon* [1897] A. C. 22, HL; dazu *Rehm*, BB-Spezial, S. 10 (12) m. w. N.; *Linardatos*, VersR 2013, 1488 (1496) m. w. N..

526 *Bank*, S. 144 ff.; *Schnittker/Bank*, Rn. 143 ff. m. w. N. ausführlich zum „Fassaden"-Argument. Zu erwähnen sei eine Konstellation, die unter dem Stichwort „single economic unit" bekannt ist. Es wird für einen möglichen Haftungsdurchgriff das Bestehen eines Konzerns vorausgesetzt, in welchem zwischen den verbundenen Gesellschaften eine wirtschaftliche Einheit besteht. In diesen Fällen wurde der Durchgriff auf die Gesellschafter auch dann bejaht, wenn nach der Gesamtwürdigung der Umstände davon ausgegangen werden muss, dass die Gesellschaft als Vertreterin der Gesellschafter agiert, sodass die Gesellschafter für die hierdurch entstandenen Verbindlichkeiten persönlich einstehen müssen.

wenn die Gesellschaft als bloße „Fassade" den wahren Sachverhalt, regelmäßig zu missbilligende Geschäftsziele, verschleiert. Diese Kategorie ist mit dem Haftungsdurchgriff wegen Institutsmissbrauchs im deutschen Recht vergleichbar,[527] allerdings existiert zu den Abgrenzungskriterien, wann eine solche Fassade angenommen wird, keine einheitliche Rechtsprechung.[528] Da der Haftungsdurchgriff nach englischem Richterrecht als enge Ausnahme zum Trennungsprinzip verstanden wird, kommt ihm auch zur Begründung einer persönlichen Haftung des LLP-Gesellschafters nur eine ganz geringe Bedeutung zu.[529]

2.4.2.4 Insolvenzrechtliche Haftung

Das englische Recht legt den Gesellschaftern einer LLP bestimmte Verhaltenspflichten auf, sobald die Gesellschaft in finanzielle Schwierigkeiten geraten ist. Diese Pflichten können sich sowohl aus dem Zivilrecht als auch aus dem Strafrecht ergeben. Sie sind entweder gesetzlich geregelt oder von den Gerichten (common law) entwickelt worden. Als Kompensation für das fehlende Kapitalschutzsystem bei der LLP, für die die englischen Regeln zur Kapitalaufbringung und -erhaltung nach dem Companies Act 1985 nicht gelten, sind zum Schutz der Gläubiger die Haftungsvorschriften für company directors nach dem Insolvency Act 1986 (IA 1986) auf Mitglieder einer LLP entsprechend anwendbar.[530] Da die Mitglieder einer LLP wie die shareholder einer company in den Genuss des Haftungsprivilegs kommen, müssen sie sich als Vertreter der LLP auch an den entsprechenden Pflichten festhalten lassen.[531]

Eine Haftung nach dem Insolvency Act kann jedes Mitglied treffen, unabhängig davon, ob es aktiv in das Management der LLP einbezogen oder an der Geschäftsführung aufgrund gesellschaftsvertraglicher Vereinbarung gar nicht beteiligt gewesen ist. Grundsätzlich ist jedes Mitglied geschäftsführungsbefugt. Daher wird von jedem Mitglied die Einhaltung der Pflichten verlangt, um ein opportunistisches Verhalten zu Lasten der Gläubiger zu verhindern.

Den Mitgliedern einer LLP kann eine Haftung wegen betrügerischen Handelns („fraudulent trading") drohen, wenn sie das Unternehmen in der Krise fortführen mit der Absicht, die Gläubiger zu benachteiligen (sec. 213 IA 1986).[532]

527 *Henssler/Mansel*, NJW 2007, 1393 (1395); *Schnittker/Bank*, Rn. 137 ff. m. w. N..

528 *Triebel/Otte/Kimpel*, BB 2005, 1233 (1236) m. w. N.; *Henssler/Mansel*, NJW 2007, 1393 (1395); *Schnittker/Bank*, Rn. 137.

529 *Schnittker/Bank*, Rn. 143 ff. m. w. N..

530 Reg. 5 Limited Liability Partnership Regulations 2001.

531 *Triebel/Otte/Kimpel*, BB 2005, 1233 (1236).

532 *Triebel/Otte/Kimpel*, BB 2005, 1233 (1236).

Aufgrund des Erfordernisses, dem Handelnden eine Betrugsabsicht nachzuweisen, ist dieser Tatbestand jedoch in der Praxis nur von geringer Bedeutung.

Von größerer praktischer Bedeutung ist die Haftung wegen unrechtmäßigen Verhaltens („wrongful trading"). Diese Haftung kann dann in Betracht kommen, wenn die Mitglieder erkannt haben oder hätten erkennen können, dass keine vernünftige Aussicht bestanden hat, eine insolvenzbedingte Liquidation der LLP zu vermeiden und nicht alle Maßnahmen, die von einem vernünftigen Mitglied zu erwarten gewesen wären, eingeleitet haben, um den Schaden der Gläubiger zu minimieren; in diesen Fällen könnte eine Haftung auf Schadenersatz gegenüber der Insolvenzmasse in Betracht kommen.[533] Eine Pflicht zur Stellung eines Insolvenzantrags gibt es im englischen Recht nicht. Daher ist die Haftung – anders als die deutsche Insolvenzverschleppungshaftung[534] – nicht an eine Frist gebunden und kann demnach viel früher einsetzen. Die weitreichenden englischen Haftungsregeln für den Fall der Insolvenz der Gesellschaft verdeutlichen die unterschiedlichen Ansätze zum Gläubigerschutz zwischen dem deutschen und englischen Recht. Während die strengen deutschen Vorschriften zur Aufbringung eines gesetzlichen Mindeststammkapitals als Preis für die Haftungsbeschränkung bei der GmbH als Vorsorgemaßnahme bereits ex ante bei Gründung der Gesellschaft den Schutz der Gläubiger verwirklichen wollen, werden nach dem englischen ex post-Ansatz die Gläubiger im weiteren Verlauf durch eine persönliche Haftung der directors einer Limited oder LLP-Mitglieder nach Insolvenz der Gesellschaft geschützt.

2.4.3 Zwischenfazit zur Haftungsverfassung

Der anwaltlich tätige Gesellschafter einer LLP haftet grundsätzlich persönlich aus Deliktsrecht („tort of negligence") für mindestens fahrlässiges berufliches Fehlverhalten. Soweit das Handeln des Gesellschafters der LLP zugerechnet werden kann, haftet neben dem handelnden Gesellschafter auch das Gesellschaftsvermögen, nicht jedoch die anderen Gesellschafter persönlich. Betrachtet man diese Haftungsverfassung, lassen sich Ähnlichkeiten mit derjenigen der einfachen Partnerschaft erkennen, bei der auch der tatsächlich handelnde Gesellschafter persönlich nach § 8 Abs. 2 PartGG neben der Partnerschaft haftet.[535] Der Unterschied besteht darin, dass die englische Regelung aus „tort of negligence" eine eigene zum Schadenersatz verpflichtende Pflichtverletzung des

---

533 *Triebel/Otte/Kimpel*, BB 2005, 1233 (1237); *Triebel* u. a., Rn. 364 m. w. N..

534 Vgl. § 15a Abs. 1 InsO zur Insolvenzantragspflicht (i. V. m. § 823 Abs. 2 BGB).

535 Vgl. hierzu II.2.3.3.

die Sorgfaltspflicht treffenden Berufsträgers voraussetzt, während die deutsche Regelung unabhängig von einem Verschulden ein „Befassen“ mit dem Mandat für eine persönliche Haftung ausreichen lässt.

2.5 Publizitäts-, Buchführungs- und Bilanzierungspflichten

Das britische Recht bestimmt für die LLP weitgehende Publizitäts-, Buchführungs- und Bilanzierungspflichten. Die Publizitätspflichten („financial disclosure requirements“) der LLP entsprechen denen der company. Diese muss taggenaue Bücher („accounting records“) über Ein- und Ausgaben führen und zum Ende eines jeden Geschäftsjahres einen Jahresabschluss („annual account“) aufstellen, der eine Bilanz und eine Gewinn- und Verlustrechnung nebst dazu gehörigen Anmerkungen enthalten muss. Hieran schließt sich zwingend eine Abschlussprüfung („audit“) durch einen oder mehrere Abschlussprüfer an. Der Jahresabschluss (Bilanz, Gewinn- und Verlustrechnung, Anmerkungen) sind dem Register beim Companies House binnen einer Frist von zehn Monaten nach dem Ende eines Geschäftsjahres von den designated members der LLP zu übermitteln.[536] Werden die Pflichten in diesem Bereich verletzt, kann dies im Extremfall zur Löschung der Gesellschaft führen und für die Gesellschafter strafrechtliche Konsequenzen zur Folge haben.[537]

3. Haftungsrechtliche Behandlung einer LLP mit Inlandssitz

3.1 Haftung der LLP

Eine vornehmlich in Deutschland tätige LLP unterliegt, soweit es um gesellschaftliche Fragen geht, dem englischen Gesellschaftsrecht. Davon sind alle genuin gesellschaftsrechtlichen Bereiche betroffen. Hierzu zählen solche, die sich auf den Bestand, die Organisation und die Haftungsverfassung einer Gesellschaft auswirken, also alle Bereiche, die das „Leben einer Gesellschaft“ betreffen.[538] Daraus folgt, dass sich die gesellschaftsrechtliche Haftungsverfassung einer in Deutschland tätigen LLP ausschließlich nach englischem Recht bestimmt. Aufgrund der Anerkennung der eigenen Rechtspersönlichkeit der englischen LLP im Inland kann diese somit Vertragspartner für sämtliche Arten von Verträgen sein.[539] Der Mandant einer aus Anwälten bestehenden LLP schließt somit – ebenso wie

---

536 Vgl. hierzu *Schnittker/Bank*, Rn. 261 ff., 270.

537 Vgl. sec.. 242, sec. 652 CA; *Triebel/Otte/Kimpel*, BB 2005, 1233 (1238).

538 *Schnittker/Bank*, Rn. 340 ff. m. w. N..

539 *Morse*, Partnership Law, 296.

bei einer deutschen Rechtsform – den Vertrag mit der LLP selbst und nicht mit dem bearbeitenden Gesellschafter. Die aus Art. 6 LLPA folgende organschaftliche Vertretungsmacht der LLP-Gesellschafter bleibt, da sie unmittelbar an die Organisation anknüpft, auch bei einer in Deutschland tätigen LLP wirksam. Die LLP haftet daher mit dem Gesellschaftsvermögen für alle vertraglichen Verbindlichkeiten, die für sie eingegangen werden.[540]

Die Frage, welches weitere Handeln einer in Deutschland agierenden LLP zurechenbar ist, bestimmt sich nach deutschem Vertrags- oder Deliktsrecht als dem in diesem Fall einschlägigen Vertrags- oder Deliktsstatut. Die LLP haftet auch für Verbindlichkeiten, die durch Nicht- oder Schlechterfüllung ihrer organschaftlichen Vertreter verursacht werden. Die Zurechnung des Verhaltens erfolgt nach dem regelmäßig geltenden deutschen Vertragsstatut. Die vertragliche Haftung der LLP bestimmt sich primär nach der Rechtswahl der Parteien (Art. 3 der Verordnung über das auf vertragliche Schuldverhältnisse anzuwendende Recht, sog. ROM I-VO).[541] Fehlt es an einer Rechtswahl, dann ist auf Dienstleistungsverträge grundsätzlich das Recht des Staates anzuwenden, in dem der Dienstleister seinen gewöhnlichen Aufenthalt bzw. seine Niederlassung hat (Art. 4 Abs. 2 i. V. m. Art. 19 ROM I-VO) bzw. ergibt sich aus einer möglichen Verbrauchereigenschaft des Mandanten (Art. 6 ROM I-VO). Rechtsberatungsverträge unterliegen bei fehlender Rechtswahl grundsätzlich dem Recht am Ort der Niederlassung der Kanzlei, also deutschem Recht.[542] Die Kanzlei haftet ferner auch für Pflichtverletzungen durch Erfüllungsgehilfen nach § 278 BGB.

Hinsichtlich des Deliktsrechts ergibt sich das nicht aus dem Gesellschaftsstatut, sondern nach Art. 4 Abs. 3 ROM II-VO[543] aus der zum Vertragsstatut akzessorischen Anknüpfung. Unabhängig davon ist deutsches Deliktsrecht in den Fällen anzuwenden, in denen die mit der LLP in Kontakt tretende Person ihren gewöhnlichen Aufenthalt in Deutschland hat und sich auch der Sitz oder die Niederlassung der LLP im Inland befindet (Art. 4 Abs. 2 i. V. m. Art. 23 Abs. 1 ROM II-VO). Gleichermaßen wird der Erfolgsort bei dem hier interessierenden Fall einer in Deutschland tätigen LLP zur Anwendbarkeit deutschen

540 *Linardatos*, VersR 2013, 1488 (1496) m. w. N..

541 *Henssler/Mansel*, NJW 2007, 1393 (1395); Verordnung (EG) Nr. 593/2008 des Europäischen Parlaments und des Rates über das auf vertragliche Schuldverhältnisse anzuwendende Recht (ROM I).

542 Hierzu *Rehm*, BB Spezial, S. 10, 11; *Piller*, S. 135 m. w. N..

543 Verordnung (EG) Nr. 864/2007 des Europäischen Parlaments und des Rates über das auf außervertragliche Schuldverhältnisse anzuwendende Recht (ROM II).

Rechts führen.[544] Wird also die unerlaubte Handlung, wie es im Fall einer LLP mit Verwaltungssitz in Deutschland regelmäßig der Fall sein dürfte, in Deutschland begangen, dann erfolgt danach eine Zurechnung der unerlaubten Handlung über § 31 BGB analog.

3.2 Vertragliche und quasivertragliche Haftung der Gesellschafter

Eine eigene vertragliche Haftung der LLP-Gesellschafter in Deutschland scheidet regelmäßig aus, da vertragliche Beziehungen nur mit der LLP als eigenständige Rechtsperson und Trägerin des Unternehmens begründet werden. Die Gesellschafter sind aufgrund des Trennungsprinzips weitgehend vor einer Inanspruchnahme durch Dritte geschützt. Ein gesellschaftsrechtlicher Haftungsdurchgriff auf die hinter der LLP stehenden Gesellschafter kommt nur ausnahmsweise in Betracht (vgl. „lifting the corporate veil" im englischen Recht).[545]

Eine Parallele zu der im britischen Recht bestehenden Haftung aus „tort of negligence", die auf der Inanspruchnahme von besonderem Vertrauen beruht, könnte man im deutschen Recht in der Haftung nach culpa in contrahendo über §§ 280 Abs. 1, 241 Abs. 2, 311 Abs. 2 und 3 BGB sehen. Ansprüche aus cic kommen grundsätzlich nur zwischen den Vertragschließenden in Betracht. Die Anwendung der deutschen Regeln zur cic folgt aus Art. 12 ROM II-VO, in dem bestimmt ist, dass sich das auf eine cic anzuwendende Recht danach richtet, welchem Recht der zu schließende Vertrag unterliegt oder unterliegen würde, d. h. regelmäßig des deutschen Rechts.[546] Diese Vorschriften könnten ohne Verstoß gegen die Niederlassungsfreiheit auf eine in Deutschland tätige LLP angewendet werden, weil dies keine Benachteiligung einer ausländischen Gesellschaft darstellt.

In Betracht käme eine Haftung über ein vorvertragliches Schuldverhältnis mit Pflichten nach § 241 Abs. 2 BGB, das durch die auftretenden LLP-Gesellschafter nach § 311 Abs. 3 S. 2 BGB begründet worden ist. Dies wäre aber nur dann der Fall, wenn sie die Vertragsverhandlungen oder den Vertragsabschluss durch die Inanspruchnahme von persönlichem Vertrauen oder durch ein besonderes wirtschaftliches Eigeninteresse (als Nicht-Vertragspartei) erheblich beeinflusst haben. Zwar besteht zwischen Rechtsanwälten und Mandant ein besonderes Vertrauensverhältnis. Insoweit stimmen das englische und deutsche Verständnis überein. Allerdings stellt das deutsche Recht über dieses Vertrauensverhältnis

---

544 *Bank*, BB Spezial, 2010, S. 4 (7).
545 Vgl. im vorherigen Abschnitt unter 2.4.2.4.
546 Zum Statut der cic *Piller*, S. 137 m. w. N..

hinausgehend hohe Anforderungen an das Vorliegen eines eigenen wirtschaftlichen Interesses sowie an die Übernahme persönlichen Vertrauens von Seiten des handelnden Vertreters einer juristischen Person, um dessen persönliche Haftung zu begründen. Eine Eigenhaftung wird nur dadurch begründet, dass sich der Vertreter im Außenverhältnis geradezu eindeutig in das Zentrum der Vereinbarungen mit seinem Gegenüber drängt. Er muss entweder von vornherein beabsichtigen, die Gegenleistung nicht ordnungsgemäß an die Gesellschaft weiterzuleiten, sondern diese für eigene Zwecke zu verwenden oder aber in solcher Weise durch sein Verhalten ein zusätzliches Vertrauen hervorgerufen haben, dass seine Erklärung als selbstständiges Garantieversprechen aufgefasst werden kann.[547] Ein bloßes wirtschaftliches Interesse am Unternehmenserfolgt reicht nicht aus.[548] Eine Eigenhaftung von Vertretern bzw. die Sachwalterhaftung nach §§ 280 Abs. 1, 311 Abs. 3 S. 2 BGB ist in der Praxis daher nur in Ausnahmefällen anzunehmen.

3.3 Deliktsrechtliche Haftung

3.3.1 Haftungssituation

Nach der Kollisionsregel des Art. 4 Abs. 1 ROM II-VO ist deutsches Deliktsrecht anzuwenden, wenn der Schaden in Deutschland eingetreten ist, unabhängig davon, an welchem Ort die schädigende Handlung begangen wurde. Nach Art. 4 Abs. 2 ROM II-VO ist auf den gemeinsamen gewöhnlichen Aufenthalt des Anspruchstellers und des Schädigers abzustellen, sodass man bei einer in Deutschland tätigen LLP regelmäßig zur Anwendung des deutschen Deliktsrechts kommt.[549]

Zentrale Norm im deutschen Deliktsrecht ist § 823 Abs. 1 BGB. Hinsichtlich reiner Vermögensschäden, die z. B. durch eine Falschberatung verursacht werden, scheidet eine Haftung aus § 823 Abs. 1 BGB aus, da das Vermögen als solches kein absolut geschütztes Rechtsgut bzw. Recht ist.[550] Rechtsgutverletzungen, wie z. B. Körper- oder Eigentumsverletzungen, werden bei einer fehlerhaften anwaltlichen Beratung kaum auftreten. Im deutschen Deliktsrecht bestehen allerdings hohe Anforderungen für den Ersatz von Vermögensschäden aus unerlaubter Handlung. Der Ersatz reiner Vermögensschäden wird durch das

---

547 Vgl. BGHZ 126, 181 (185); *Schnittker/Bank*, Rn. 189 m. w. N.; *Schlinker*, NJW 2011, 2091 (2093); *Bank*, S. 404 ff..

548 BGH, NJW 1994, 2220 (2221); Palandt/*Grüneberg*, § 311 BGB, Rn. 65 m. w. N..

549 *Fischer*, S. 187 m. w. N..

550 Palandt/*Sprau*, § 823 BGB, Rn. 11.

deutsche Deliktsrecht nur ausnahmsweise im Fall von Schutzgesetzverletzungen (§ 823 Abs. 2 BGB i. V. m. § 263 StGB oder § 266 StGB) und im Fall vorsätzlicher sittenwidriger Schädigung (§ 826 BGB) gewährt.[551] Unterhalb dieser Schwelle besteht kein deliktsrechtlicher Vermögensschutz. Aufgrund des schwierigen Nachweises des zumindest (bedingten) vorsätzlichen Handelns ist in der Praxis eine deliktsrechtliche Haftung äußerst selten.

Im Unterschied dazu kennt das englische Recht eine Ersatzpflicht auch für fahrlässig verursachte Vermögensschäden. Resultiert der Vermögensschaden aus einer fehlerhaften Beratung oder Auskunft, dann kommt ein Anspruch des Mandanten aus dem sog. „tort of negligence“ in Betracht, dessen Voraussetzungen weit unterhalb der des § 823 Abs. 2 BGB i. V. m. dem Schutzgesetz oder § 826 BGB liegen. Den Gesellschafter einer LLP mit Verwaltungssitz im Inland trifft – wie aufgezeigt – nur in seltenen Fällen eine Haftung nach dem englischen Deliktsrecht. Es geht dabei um eine Haftung für fahrlässiges Handeln des Rechtsanwalts bei der Bearbeitung des Mandats auch für reine Vermögensschäden wegen „tort of negligence“.[552] Voraussetzung ist eine bestehende Sorgfaltspflicht („duty of care“) zwischen dem handelnden Gesellschafter der LLP und dem Leistungsempfänger,[553] deren Verletzung („breach“) durch den Rechtsanwalt zu einem Schaden („damage“) geführt hat. Bei Rechtsanwälten besteht eine solche besondere persönliche Beziehung zum Leistungsempfänger mit einem gegenseitigen Vertrauensverhältnis zu seinem Mandanten, demgegenüber er eine besondere Verantwortung übernimmt („assumption of responsibility“), und daher kann auch die besondere Sorgfaltspflicht („duty of care“) entstehen.[554] Daher kann im Fall eines Fehlers bei der Mandatsbearbeitung eine Haftung des Rechtsanwalts nach dem „tort of negligence“ auch für Vermögensschäden in Betracht kommen.

Bei der LLP mit Inlandssitz besteht somit aufgrund der unterschiedlichen Anknüpfung des Gesellschafts- und Deliktsstatuts die besondere Haftungssituation, dass die Gesellschafter zum einen nicht persönlich haftbar sind und darüber hinaus dem – insbesondere bei Vermögensschäden – weniger strengen deutschen Deliktsrecht unterliegen. Das hat zur Konsequenz, dass eine LLP mit

---

551 Zur Vereinbarung mit der Niederlassungsfreiheit (Art. 49 AEUV) *Linardatos*, VersR 2013, 1488 (1496) mit Hinweis auf *Henssler/Mansel*, NJW 2007, 1393 (1396).

552 *Triebel/Otte/Kimpel*, BB 2005, 1233 (1235).

553 Vgl. im vorhereigen Abschnitt unter 2.4.2.2, auch zu den Voraussetzungen in der Rspr..

554 Vgl. im vorherigen Abschnitt unter 2.4.2.3 zur „duty of care“ bei Rechtsanwälten.

Verwaltungssitz im Inland besser gestellt ist als eine LLP mit Verwaltungssitz in England.

3.3.2 Korrektur der Haftungssituation

3.3.2.1 Meinungsstand zur Erforderlichkeit einer Anpassung

Vor diesem Hintergrund der haftungsrechtlichen Privilegierung der LLP mit Inlandssitz sind in der Literatur Ansätze diskutiert worden, um diese Ungleichbehandlung mit Instrumentarien des Internationalen Privatrechts auszugleichen.

Nach einer Ansicht sei der Verzicht des englischen Gesetzgebers, eine persönliche Haftung von freiberuflichen LLP-Gesellschaftern anzuordnen, im Zusammenhang mit der Haftung von Freiberuflern nach dem „tort of negligence“ zu sehen. Dieses Rechtsinstitut der fahrlässigen Vermögenshaftung schließe eine Haftungslücke, die der englische Gesetzgeber in Kenntnis der geltenden tort-Grundsätze bewusst gelassen habe. Durch die kombinierte Anwendung des englischen Gesellschaftsstatuts und des deutschen Deliktsrechts werde dieser einheitliche Regelungszusammenhang systemwidrig auseinandergerissen. Dieser Widerspruch sei durch das Rechtsinstitut der Anpassung des Internationalen Privatrechts zu beheben, indem die fahrlässige Vermögenshaftung von Freiberuflern nach englischem Recht („professional negligence“) als gesellschaftsrechtlich zu qualifizieren sei.[555] Somit hätten die Gesellschafter einer freiberuflichen LLP in Deutschland für eigene fehlerhafte Berufsausübung nach den gleichen Grundsätzen einzustehen, die für eine in England tätige Freiberufler-LLP gelten würden.[556]

Nach einer anderen Ansicht kommt eine Anpassung nicht in Betracht. Es bestehe keine Anpassungslage, da kein Normenmangel vorliege. Die Haftung nach dem „tort of negligence“ gehöre nach dem englischen Recht zum Deliktsrecht und damit gerade nicht zur spezifischen Haftungsverfassung der LLP. Die LLP ist nicht speziell nur für Freiberufler (insbesondere für Rechtsanwälte mit der besonderen professionellen liability-Haftung) konzipiert, sondern stehe

555 *Henssler/Mansel*, NJW 2007, 1393 (1396) mit Hinweis auf einen Wertungswiderspruch, da die Gesellschafter einer Freiberufler-LLP bei fehlerhafter Berufsausübung haftungsrechtlich nicht besser stehen dürften als ihre englischen Kollegen, sodass eine Korrektur durch das Rechtsinstitut der Anpassung erforderlich sei; *Henssler*, NJW 2014, 1761 (1765) mit einer jetzt geänderten Ansicht nach Inkrafttreten der PartG mbB.

556 *Henssler*, FS Horn, S. 403 (415 ff.).

sämtlichen Berufsgruppen offen. Es besteht also gerade kein funktionaler Zusammenhang zwischen dem Trennungsprinzip (Salomon doctrine – [1897] AC 22) bei der LLP und der besonderen Haftung von Freiberuflern nach dem „tort of negligence". Die Haftung nach dem „tort of negligence" müsse beim Vergleich der beiden Haftungsverfassungen gerade außer Betracht bleiben.[557]

Auch aus europarechtlicher Sicht bestehen gegen eine Umqualifizierung der deliktischen Haftung des „tort of negligence" Bedenken. Eine direkte Übertragung der englischen Haftungsgrundsätze auf die Gesellschafter einer LLP in Deutschland stellte eine direkte, an die Staatsangehörigkeit bzw. an den Satzungssitz anknüpfende Diskriminierung dar, die nach Art. 49, 54 AEUV (Niederlassungsfreiheit) unzulässig sei; die LLP mit Inlandssitz werde damit schlechter behandelt als vergleichbare deutsche Rechtsformen.[558]

Der Einwand der widersprüchlichen Besserstellung sei zudem nicht zutreffend. Diese Besserstellung beruhe auf der gefestigten Rechtsprechung des EuGH zur Niederlassungsfreiheit.[559] Die Grundfreiheiten gelten nur für Gesellschaften mit Auslandsbezug. Rein inländische Sachverhalte fallen nicht unter diesen Schutzbereich. Diese Besserstellung sei daher durch das Unionsrecht gerechtfertigt.[560]

3.3.2.2 Stellungnahme

Es ist der überwiegenden Ansicht zuzustimmen, die eine Anpassung durch Umqualifizierung des englischen „tort of negligence" als gesellschaftsrechtlich ablehnt. Hierfür spricht die Übereinstimmung mit der geltenden Rechtsprechung des EuGH, nach der eine LLP in ihrer Rechtsform im Inland anzuerkennen ist. Danach werden nämlich nur solche Sachverhalte geschützt, die einen grenzüberschreitenden Bezug aufweisen. Rein inländische Sachverhalte fallen nicht unter den Schutzbereich der Grundfreiheiten. Dass eine LLP mit Inlandssitz (also in Deutschland) aufgrund eines anderen Vertrags- und/oder Deliktsstatuts haftungsrechtlich besser gestellt ist, ist hinzunehmen. Somit fällt eine in Deutschland zugezogene Freiberufler-LLP infolge der Nutzung der Freizügigkeit unter den Schutz der Grundfreiheiten, und die haftungsrechtliche Besserstellung ihrer Gesellschafter gegenüber den Gesellschaftern einer freiberuflichen LLP in England ist deshalb aus Sicht des Unionsrechts gerechtfertigt.

---

557 *Schnittker/Bank*, Rn. 192 ff.; *Bank*, S. 487 ff.; *Triebel/Silny*, NJW 2008, 1034 (1035).
558 *Schnittker/Bank*, Rn. 195 ff.; *Triebel/Silny*, NJW 2008, 1034 (1036)
559 Vgl. hierzu II.4.3.
560 *Schnittker/Bank*, Rn. 192 ff..

Die Besserstellung durch eine Anpassung aufzulösen würde einen Verstoß gegen die Niederlassungsfreiheit darstellen. Auch *Henssler* spricht sich nunmehr gegen eine Anpassung aus[561] mit der Begründung, dass nach der Implementierung der Rechtsformvariante der PartG mbB eine aus Freiberuflern bestehende Personengesellschaft ohne persönliche Berufshaftung der Gesellschafter vom Gesetzgeber als sachgerecht angesehen wird, und damit der tragende Grund für eine Anpassung entfallen sei.[562] Der Gesetzgeber hat mit der Implementierung der PartG mbB deutlich gemacht, dass er die persönliche Haftung für Berufsfehler nicht mehr als uneingeschränkten Grundsatz des Personengesellschaftsrechts ansieht. Aus der Gesetzesbegründung zur Schaffung einer PartG mbB ist zu entnehmen, dass auch der Gesetzgeber nicht von einer Anpassungslage ausgeht, sondern dass es sein Ziel ist, mit der PartG mbB eine Rechtsform zu schaffen, die nach ihrem Haftungsmodell konkurrenzfähig zum Haftungsmodell der LLP ist.[563] Im Ergebnis führt damit die kombinierte Anwendung des englischen Gesellschaftsrechts und des deutschen Deliktsrechts auf eine LLP mit Inlandssitz zu keiner für das deutsche Gesellschaftsrecht nicht hinnehmbaren Situation; eine Anpassung ist daher abzulehnen.

3.4 Insolvenzverschleppungshaftung

Gerät eine LLP mit Inlandssitz in eine finanzielle Krise, stellt sich die Frage, welches Insolvenzrecht auf diese Gesellschaft Anwendung findet. Damit verbunden ist die Frage nach der Insolvenzverschleppungshaftung. Maßgebend ist diesbezüglich die Europäische Insolvenzverordnung (EuInsVO), insbesondere Art. 3, 4 EuInsVO.[564] In Bezug auf die Zuständigkeit der Gerichte und des anwendbaren Rechts wird darauf abgestellt, in welchem Land der Schuldner den Mittelpunkt seiner hauptsächlichen Interessen („center of main interest") hat. Bei den LLPs, deren Satzungssitz zwar in England liegt, deren Haupttätigkeit aber am Ort der Zweigniederlassung als Hauptverwaltungssitz in Deutschland erfolgt, sind damit die deutschen Gerichte zuständig, und das deutsche Insolvenzrecht kommt zur Anwendung. Hierin liegt auch keine Beschränkung der Niederlassungsfreiheit nach Art. 49, 54 AEUV, da die Anwendung deutschen Rechts sekundärrechtlich

561 Anders noch *Henssler/Mansel*, NJW 2007, 1393 ff..

562 *Henssler*, NJW 2014, 1761 (1765).

563 Begr., RegE zur Einführung der PartG mbB, BT-Drucks. 17/10487, S. 13; *Henssler*, NJW 2014, 1761 (1765).

564 Verordnung (EG) Nr. 1346/2000 des Rates vom 29.05.2000 über Insolvenzverfahren, ABl. EG 160/5; *Schnittker/Bank*, Rn. 247.

(durch die EuInsVO) angeordnet wird. Das bedeutet, dass auf die LLP, deren Haupttätigkeit in Deutschland erfolgt, deutsches Insolvenzrecht anwendbar ist. Hierzu zählt auch die Insolvenzantragspflicht. Durch ihre Streichung in §§ 64 Abs. 1 GmbHG, 92 Abs. 2 AktG, 99 Abs. 1 GenG und die rechtsformübergreifende Zusammenfassung der Insolvenzantragspflicht in § 15a InsO geht die einhellige Ansicht dahin, dass die Insolvenzantragspflicht und damit korrespondierend die Insolvenzverschleppungshaftung insolvenzrechtlich zu qualifizieren seien. Sinn und Zweck des § 15a InsO war es gerade, eine allgemeine Insolvenzantragspflicht zu implementieren, von der nicht nur deutsche, sondern auch ausländische Rechtsformen erfasst werden. Die Vertretungsorgane einer LLP mit Inlandssitz sind daher zur Stellung eines Insolvenzantrags nach den gesetzlichen Voraussetzungen verpflichtet.[565]

Auf eine LLP mit Inlandssitz findet also deutsches Insolvenzrecht und damit § 15a InsO Anwendung. Nach § 15a Abs. 1 InsO haben die Mitglieder des Vertretungsorgans einer juristischen Person bei Zahlungsunfähigkeit oder Überschuldung der Gesellschaft ohne schuldhaftes Zögern, spätestens drei Wochen nach Eintritt der Zahlungsunfähigkeit oder Überschuldung, einen Antrag auf Eröffnung des Insolvenzverfahrens zu stellen. § 15a InsO stellt ein Schutzgesetz i. S. v. § 823 Abs. 2 BGB dar mit der Folge, dass die Gesellschafter bei versäumter oder verspäteter Insolvenzantragstellung einer persönlichen Haftung nach § 823 Abs. 2 BGB i. V. m. § 15a InsO unterliegen.

3.5 Haftungsbeschränkungsvereinbarungen

Im Hinblick auf die Haftungsbeschränkungsmöglichkeiten der LLP ergeben sich keine Besonderheiten zu den deutschen Rechtsformen. Auf eine LLP mit Inlandssitz findet regelmäßig das deutsche Vertragsrecht Anwendung. Das bedeutet, dass eine Haftungsbeschränkung in den Grenzen des § 52 BRAO zulässig ist.

3.6 Zwischenfazit

Die LLP mit Inlandssitz ist nach der Rechtsprechung des EuGH zur Niederlassungsfreiheit als englische Rechtsform im Inland anzuerkennen. Das bedeutet, dass sich die gesellschaftsrechtliche Haftung der Gesellschaft nach englischem Recht bestimmt. Danach haftet für Verbindlichkeiten nur die Gesellschaft als

565 Vgl. *Fischer*, S. 199 ff. zum Meinungsstand.

juristische Person. Ein Haftungsdurchgriff („lifting the corporate veil") auf die Gesellschafter kommt nur in Ausnahmefällen in Betracht.

Während auf die LLP englisches Gesellschaftsrecht anzuwenden ist, unterliegen die abgeschlossenen Verträge sowie die deliktische Haftung regelmäßig dem deutschen Recht. Vermögensschäden werden nur unter den strengen Voraussetzungen des § 823 Abs. 2 BGB i. V. m. einem Schutzgesetz (z. B. §§ 263 oder 266 StGB) sowie nach § 826 BGB ersetzt. Die deliktische Haftung wegen fahrlässiger Verletzung der Sorgfaltspflicht wegen fehlerhafter Beratung nach dem „tort of negligence" findet auf eine LLP mit Inlandssitz keine Anwendung. Die dadurch entstehende Besserstellung der LLP-Gesellschafter im Gegensatz zu den Gesellschaftern einer LLP mit Verwaltungssitz in England ist zum einen europarechtlich zulässig, zum anderen wurde sie durch den deutschen Gesetzgeber mit der Implementierung der PartG mbB bestätigt. Einer internationalprivatrechtlichen Anpassung bedarf es daher nicht. Eine LLP mit Sitz in Deutschland unterliegt nach den Regeln der EuInsVO dem deutschen Insolvenzrecht. Die Vertretungsorgane haben daher die Pflicht zur rechtzeitigen Stellung eines Insolvenzantrags (§ 15a InsO) und unterliegen damit bei Verletzung dieser Pflicht einer Haftung wegen Insolvenzverschleppung.

4. Rechtsvergleichende Betrachtung

4.1 Funktionale Rechtsvergleichung

Mit der PartG mbB und der englischen LLP werden zwei Rechtsformen aus dem deutschen und englischen Recht verglichen. Beide Rechtsordnungen stehen für unterschiedliche Rechtssysteme, deren Repräsentanten sie jeweils sind: Während das deutsche Recht repräsentativ für das „civil law" der – auf der römischen Rechtstradition beruhenden – kontinentaleuropäischen Rechtssysteme ist, beruht das „common law" des anglo-amerikanischen Rechtssystems auf einer ganz anderen Rechtsentwicklung.[566] Methodischer Ansatz dieser rechtsvergleichenden Betrachtung ist die sog. „funktionale Rechtsvergleichung".[567] Dieser Ansatz beruht auf der allgemein anerkannten Erkenntnis, dass ein Rechtsvergleich nicht an der äußeren Ähnlichkeit der Erscheinung von Rechtsfiguren oder -instituten, sondern am sozialen Konflikt anzusetzen hat. Der zu untersuchende Aspekt ist frei von den Systembegriffen des eigenen Rechts zu formulieren. Es ist danach zu fragen, welche Wege die zu vergleichenden Rechtsordnungen gewählt

566 *Zweigert/Kötz*, S. 177 ff. zur Entwicklung des „common law".
567 *Zweigert/Kötz*, S. 33 ff.; *Brand*, JuS 2003, 1082 (1086).

haben, um den sozialen Konflikt zu lösen.[568] Dabei sind alle Rechtsinstrumente zu beachten und in den Vergleich einzubeziehen, die die Funktion haben oder haben sollen, zu einer Lösung des Konflikts zu führen. Entscheidend ist damit die Funktion der Regel und nicht, welchem Rechtsgebiet diese zuzuordnen ist. Man spricht daher diesbezüglich heute von der „funktionalen Rechtsvergleichung".[569]

Im Rahmen der vorliegenden Untersuchung stehen neben der Organisationsverfassung vor allem die Haftungsverfassung der Gesellschaft sowie der Aspekt des Gläubigerschutzes im Vordergrund; die anderen noch (nicht) abschließend geklärten Fragen werden nur kurz dargestellt.

4.2 Organisationsverfassung

Die Besonderheit der LLP liegt in ihrem hybriden Charakter. Während sie im LLP Act (LLPA) ausdrücklich als Körperschaft („body corporate") mit eigener Rechtspersönlichkeit bezeichnet wird, und ihre Gesellschafter (vergleichbar einer Kapitalgesellschaft) von einer umfassenden gesellschaftsrechtlichen Haftungsbeschränkung profitieren, sind ihre Organisations- und Verwaltungsstrukturen ähnlich flexibel wie die einer Personengesellschaft. So lässt das Recht der LLP z. B. den (Gründungs-)Gesellschaftern weitgehend freie Hand bei der Ausgestaltung von Geschäftsführung und Vertretung und der Gewinnverteilung. Der englische Gesetzgeber sieht sie damit als gleichberechtigte Partner und nicht als Kapitalgeber an. In diesem Punkt unterscheidet sich die LLP von der auch in Deutschland verbreiteten Limited.

Die LLP stellt eine Rechtsform eigener Prägung dar, während die PartG mbB im Prinzip eine Variante der einfachen Partnerschaft und damit keine eigene neue Rechtsform ist. Der wesentliche Unterschied besteht darin, dass die LLP eine juristische Person und die PartG mbB eine Gesamthandsgemeinschaft ist. Zudem ist die LLP weitgehend unabhängig von einem wechselnden Bestand ihrer Mitglieder. Die PartG mbB unterliegt diesbezüglich strengeren Voraussetzungen (§ 9 PartGG, §§ 131–141 HGB). So scheidet etwa ein Partner mit Verlust seiner Berufszulassung automatisch aus der Gesellschaft aus. Zudem steht die LLP allen Berufsgruppen offen, während die PartG mbB nur natürlichen Personen, die einen sog. Freien Beruf ausüben, als Rechtsform zur Verfügung steht.

---

568 *Koch/Magnus/Winker von Mohrenfels*, S. 190 ff.; *Zweigert/Kötz*, S. 33 ff..
569 *Zweigert/Kötz*, S. 33 ff.; *Brand*, JuS 2003, 1082 (1086).

4.3 Haftungsverfassung

Die Mandatsverträge werden grundsätzlich mit der LLP als eigenständigem Rechtssubjekt geschlossen. Für LLPs mit Verwaltungssitz in Deutschland besteht – wie erwähnt[570]– haftungsrechtlich die Besonderheit, dass für alle Bereiche, die dem Gesellschaftsrecht zuzuordnen sind, englisches Gesellschaftsrecht gilt. Es haftet daher nur die LLP unmittelbar mit dem Gesellschaftsvermögen.[571] Ein Haftungsdurchgriff nach den von der deutschen Rechtsprechung und Lehre entwickelten Fallgruppen zum Haftungsdurchgriff bei der juristischen Person, insbesondere die Haftung wegen existenzvernichtenden Eingriffs, kommt daher nicht in Betracht. Eine persönliche Inanspruchnahme der Gesellschafter kommt nur nach englischem Recht infrage, wobei eine Durchgriffshaftung auf die Gesellschafter („piercing of the corporate veil") nur im Fall eines selten angenommenen Institutsmissbrauchs denkbar ist.[572]

Bei der PartG mbB haftet ebenfalls nur die Gesellschaft, soweit es sich um Berufsausübungsfehler handelt. Wird die Berufshaftpflichtversicherung abgeschlossen und unterhalten sowie im Rechtsverkehr der haftungsbeschränkende Zusatz verwendet, sind die Partner umfassend vor einer persönlichen Inanspruchnahme wegen beruflicher Fehler geschützt. Es besteht allerdings noch eine persönliche Haftung der Partner für die sonstigen Verbindlichkeiten, die mit der Bearbeitung des konkreten Mandats in keinem Zusammenhang stehen, also solche aus laufenden Geschäften, die zur Unterhaltung der Büroorganisation erforderlich sind, z. B. aus Kauf-, Miet- oder Leasingverträgen. Zu erwähnen sind auch Verbindlichkeiten aus Arbeitsverträgen. Diese stellen, wenn man nicht nur die Büroangestellten, sondern auch die angestellten Rechtsanwälte in großen Kanzleien berücksichtigt, neben der Miete den größten Kostenfaktor dar.

Die Haftung der Gesellschafter bei der LLP ist aus dogmatischer Sicht nicht akzessorisch. Es handelt sich nicht um eine Haftung für Schulden der Gesellschaft. Diese Haftung des einzelnen Gesellschafters ist deliktischer Natur und folgt gerade nicht aus seiner Gesellschafterstellung, sondern aus einer persönlichen „assumption of responsibility", also einer persönlichen Verantwortlichkeit für das berufliche Tun. Die nach englischem Recht bestehende Haftung für fahrlässig verursachte Berufsfehler ist allerdings auf eine im Inland ansässige

---

570 Vgl. vorhergehend zu IV. 3.1.

571 *Linardatos*, VersR 2013, 1488 (1496) m. w. N..

572 *Henssler/Mansel*, NJW 2007, 1393 (1395), u. a. Hinweis auf *Schnittker/Bank*, Rn. 137 ff.; *Triebel/Otte/Kimpel*, BB 2005, 1233 (1241). So haften die Gesellschafter einer LLP weder für die beruflichen Fehler anderer Partner noch für sonstige Verbindlichkeiten.

LLP nicht anwendbar. Für Vermögensschäden kommt damit nur eine persönliche Haftung der Mitglieder einer LLP aus Vertrag (in Form einer cic) oder aus Delikt (§ 823 Abs. 2 i. V. m. dem Schutzgesetz sowie ggf. § 826 BGB) in Betracht.

Durch die Anwendung verschiedener Rechtsordnungen ist die haftungsrechtliche Situation einer LLP mit Verwaltungssitz in Deutschland vorteilhafter als die der PartG mbB. Die LLP bietet damit im Vergleich zur PartG mbB eine vollständige Haftungsbeschränkung. Diese umfasst gerade nicht nur Verbindlichkeiten aus beruflichen Fehlern, sondern sämtliche Verbindlichkeiten unabhängig von ihrem Rechtsgrund.

Zu berücksichtigen ist bei dieser Betrachtung, dass die LLP mit Inlandssitz gewisse Rechtsunsicherheiten in Bezug auf die haftungsrechtliche Situation aufweist. Mit der Einführung der PartG mbB ist allerdings die Rechtslage für die LLP gefestigter. Der deutsche Gesetzgeber hat in seiner Gesetzesbegründung zur Einführung der PartG mbB selbst den Trend mit der dargestellten vorteilhaften Haftungssituation begründet und zugleich auf die PartG mbB als deutsches Konkurrenzmodell verwiesen.[573] Darin ist eine Bestätigung dahingehend zu sehen, dass der Gesetzgeber durch die Kombination der englischen und deutschen Rechtsordnung entstehende Haftungssituationen der LLP zumindest für eine mögliche, im Inland anerkennenswerte Kombination des Nebeneinanders beider Rechtsordnungen hält. Ungeklärt ist allerdings noch, ob die LLP mit Haupt- oder Zweigniederlassung in Deutschland im Streitfall vor Gericht haftungsrechtlich tatsächlich besser gestellt ist als die in England tätige LLP. Es gibt hierzu bislang weder richterliche Entscheidungen noch spezifische legislative Stellungnahmen. Trotz dieser eventuell noch bestehenden Unsicherheiten überwiegen jedenfalls die Vorteile der LLP gegenüber der PartG mbB aus haftungsrechtlicher Sicht.

Ein Vorteil für die PartG mbB besteht auf der anderen Seite darin, dass die Partner einer LLP einer Insolvenzantragspflicht und demzufolge bei verspäteter bzw. unterlassener Antragstellung einer Haftung wegen Insolvenzverschleppung (§ 823 Abs. 2 BGB i. V. m. § 15a InsO) unterliegen können. Demgegenüber gilt für die Partner einer PartG mbB keine Insolvenzantragspflicht. Da eine Insolvenz jedoch einen Ausnahmefall darstellt, dürfte dieser Aspekt bei der Wahl der Rechtsform kein relevantes Entscheidungskriterium darstellen.

Aus Gläubigersicht verfügt die PartG mbB über den besseren Schutz. Soweit es um Verbindlichkeiten aus beruflichen Fehlern geht, ist der Anspruch der Gläubiger mittelbar durch die Berufshaftpflichtversicherung gesichert. Nur

573 BT-Drucks., 17/10487, S. 13 ff..

in seltenen Fällen werden die Ansprüche der Gläubiger möglicherweise nicht gedeckt sein. Hinsichtlich der sonstigen Verbindlichkeiten besteht jedenfalls ein umfassender Schutz. Die Gläubiger können diesbezüglich sowohl auf das Partnerschaftsvermögen als auch auf das Privatvermögen sämtlicher Gesellschafter zugreifen.

Den Gläubigern einer LLP steht dagegen nur das Gesellschaftsvermögen zur Verfügung. Da es sich bei der LLP um eine Personengesellschaft handelt, fehlt es – genau wie bei der PartG mbB – an Kapitalerhaltungsvorschriften. Der Gläubigerschutz wird, wie auch im Kapitalgesellschaftsrecht, zu einem großen Teil durch Buchführungs-, Bilanzierungs- und Publizitätsvorschriften gesichert. Da diese Vorschriften an ihre Gesellschaftsform anknüpfen, sind sie auch gesellschaftsrechtlich zu qualifizieren. Das bedeutet, dass auch eine LLP mit Inlandssitz uneingeschränkt den Anforderungen des englischen Rechts bezüglich der Erstellung eines Jahresabschlusses nachkommen muss; die zusätzliche Anwendung der deutschen vorgeschriebenen Rechnungslegungsvorschriften würde eine Doppelbelastung der LLP (und einen Verstoß gegen die Niederlassungsfreiheit) bedeuten, da sie für die Erreichung des Gläubigerschutzes nicht erforderlich ist. Mangels einer bestehenden Pflicht der LLP mit Inlandssitz zum Abschluss einer Berufshaftpflichtversicherung besteht auch kein mittelbarer Schutz für die Gläubiger.

5. Zwischenfazit

Die vergleichende Betrachtung hat gezeigt, dass beide Rechtsformen auf unterschiedlichen Konzepten beruhen. Die LLP mit Inlandssitz ist gegenüber der PartG mbB aus haftungsrechtlicher Sicht vorteilhaft. Zwar besteht bei der PartG mbB eine Haftungsbeschränkung für Verbindlichkeiten aus beruflichen Fehlern, jedoch haften die Partner weiterhin persönlich für die sonstigen Verbindlichkeiten. Die rechtsvergleichende Betrachtung zwischen der PartG mbB und der LLP zeigt, dass die LLP aus haftungsrechtlicher Sicht Vorteile aufweist, da die Gesellschafter einer LLP weder für die beruflichen Fehler anderer Partner noch für sonstige Verbindlichkeiten, etwa aus cic oder Delikt, haften. Allerdings besteht hier mangels einer gesetzlichen Regelung oder einer gefestigten Rechtsprechung keine absolute Rechtssicherheit zu dieser Frage. Jedoch dürfte aus der Einführung der PartG mbB eine persönliche Haftung aus berufshaftungsrechtlichen Verbindlichkeiten über die kollisionsrechtliche Anpassung nur schwer zu begründen sein. Aus Gläubigersicht ist zu beachten, dass der Gläubigerschutz der LLP im Gegensatz zur PartG mbB geringer ist, da es keine persönliche Haftung der Gesellschafter gibt und nicht – wie bei der PartG mbB – eine Pflicht zum Abschluss einer Berufshaftpflichtversicherung besteht, mit der die Gläubiger im Hinblick auf Verbindlichkeiten aus beruflichen Fehlern einen zusätzlichen Schutz erhalten. Das Bestehen einer Insolvenzantragspflicht stellt jedenfalls kein nennenswertes Entscheidungskriterium gegen die LLP dar. In Anbetracht der erwähnten Unsicherheiten in Bezug auf die steuerliche Behandlung, die Registrierungs- oder Versicherungspflicht ist allerdings eine umfassende und abschließende Vorteilhaftigkeitsanalyse nicht möglich.

V. Zusammenfassende Betrachtung

1. Zusammenfassung

Die Haftungsbeschränkung nach § 8 Abs. 4 PartGG für Verbindlichkeiten aus beruflichen Fehlern auf das Gesellschaftsvermögen greift ein, wenn die Berufshaftpflichtversicherung der PartG mbB ordnungsgemäß unterhalten wird. Zwingende Voraussetzung einer Haftungsbeschränkung ist nach § 8 Abs. 4 PartGG ausschließlich der vorherige Abschluss der gesetzlich vorgegebenen Berufshaftpflichtversicherung. Die Mindestversicherungssumme ergibt sich jeweils aus den berufsrechtlichen Regelungen (z. B. für Rechtsanwälte aus § 51a Abs. 2 S. 1 BRAO). Allerdings können die Leistungen des Versicherers für alle innerhalb eines Versicherungsjahres verursachten Schäden auf den Betrag der Mindestversicherungssumme, vervielfacht mit der Zahl der Partner, begrenzt werden (§ 51a Abs. 2 S. 2 BRAO), mindestens jedoch auf den vierfachen Betrag der Mindestversicherungssumme (§ 51a Abs. 2 S. 3 BRAO). Bei der PartG mbB sind bei der Maximierung der Mindestversicherungssumme auch Scheinpartner mit einzubeziehen und in den Versicherungsvertrag aufzunehmen. Mit der Regelung des § 8 Abs. 4 PartGG werden alle Schäden umfasst, die durch eine fehlerhafte Berufsausübung entstanden sind. Die Versicherung wird im Sinn dieser Regelung „unterhalten", solange die Versicherung zur Leistung gegenüber dem geschädigten Gläubiger verpflichtet ist (vgl. § 117 Abs. 1 und 2 VVG). Ein möglicher Regressanspruch der Versicherung gegen die PartG mbB besteht dann nach § 117 Abs. 5 VVG. Die Versicherung ist nach § 117 Abs. 3 VVG nicht leistungspflichtig, wenn die Schadenssumme die Mindestversicherungssumme (2,5 Mio. Euro) übersteigt. Der geschädigte Mandant könnte dann nur auf das Vermögen des schädigenden Partners zugreifen (über §§ 829, 835 ZPO), wenn der Schaden die Versicherungssumme übersteigt, und im Innenverhältnis ein Schadenersatzanspruch der PartG mbB gegen den schädigenden Partner besteht, was allerdings in der Praxis aufgrund der umfassenden Möglichkeiten eines vertraglichen Haftungsausschlusses nur selten der Fall sein dürfte.

Die Berufshaftpflichtversicherung der PartG mbB ist neben der persönlichen Berufshaftpflichtversicherung der einzelnen Partner abzuschließen und zu unterhalten. Die Einzelversicherung ist aus zulassungsrechtlichen Gründen (noch) gesetzlich vorgeschrieben.

Bei vorsätzlichen Schadenszufügungen ist die Versicherung nach § 103 VVG leistungsfrei. Der geschädigte Gläubiger ist auf einen direkten Anspruch gegen den Schädiger verwiesen, und zwar nicht aus § 8 Abs. 2 BGB, sondern aus Delikt;

bei Vermögensschäden ergeben sich die Ansprüche regelmäßig aus §§ 823 Abs. 2, 826 BGB. Bei einer (nur) wissentlichen Pflichtverletzung eines Partners kann eine Einstandspflicht der Versicherung bei Rechtsanwälten trotz der Dispositivität des § 103 VVG nicht vertraglich ausgeschlossen werden.

Bei einem Wechsel von einer anderen Rechtsform oder von einer einfachen Partnerschaft in die PartG mbB besteht eine begrenzte persönliche Nachhaftung für Altverbindlichkeiten, wenn das zugrundeliegende Mandatsverhältnis vor dem Wechsel begründet worden ist. Maßgebender Zeitpunkt für die Begründung der Verbindlichkeit ist der Zeitpunkt des Vertragsabschlusses. Unstreitig greift die Haftung nach dem bisherigen Haftungskonzept ein, wenn der Vertragsabschluss vor der „Umwandlung" erfolgt ist. Die vom Gesetzgeber nicht bedachte Nachhaftung für Altverbindlichkeiten ist im Wege einer Gesamtanalogie zu den Regelungen der §§ 26, 160 Abs. 1 und 3 HGB, §§ 45, 133, 224 Abs. 2, 225c UmwG auf fünf Jahre nach der Eintragung in das Register zu begrenzen.

Wird die Eintragung und Bekanntmachung der Namensänderung mit der Rechtsformalternative „mbB" in das Partnerschaftsregister versäumt, greift die Rechtsscheinwirkung nach § 15 Abs. 1 HGB. Wird trotz ordnungsgemäßer Eintragung durch nicht ordnungsgemäßes Führen des Rechtsformzusatzes im Rechtsverkehr der Rechtsschein einer anderen Rechtsform erzeugt, greifen die Grundsätze zur Rechtsscheinhaftung nach § 179 Abs. 1 BGB analog. Ergänzend kann eine persönliche Haftung des handelnden Partners nach § 823 Abs. 2 BGB i. V. m. § 7 Abs. 5 PartGG bzw. aus cic nach §§ 280 Abs. 1, 311 Abs. 2 und 3, 241 Abs. 2 BGB in Betracht kommen.

Für die Verlustausgleichspflicht nach § 735 BGB gegenüber der PartG mbB sowie für eine Haftung des schädigenden Partners aus § 280 I BGB wegen einfacher Fahrlässigkeit im Innenverhältnis ist ein konkludenter Haftungsausschluss wegen der Wahl dieser Rechtsform anzunehmen, soweit es um berufshaftungsbedingte Gesellschaftsschulden geht. Die Haftung für Pflichtverletzungen im Innenverhältnis kann mit einer ausdrücklichen schriftlichen Vereinbarung auch für grob fahrlässig verursachte Schäden ausgeschlossen werden. Nur für Vorsatz ist ein Haftungsausschluss nach § 276 Abs. 3 BGB unwirksam. Das Risiko einer mittelbaren Haftung der Partner gegenüber den Gläubigern ist daher als äußerst gering anzusehen.

Auf die PartG mbB sind die Grundsätze zur Existenzvernichtungshaftung nicht anzuwenden. Es besteht weder eine Pflicht der Partner zum Abschluss einer Berufshaftpflichtversicherung mit risikoadäquater Versicherungssumme noch eine Pflicht zur Ausstattung der Gesellschaft mit einem ausreichenden Gesellschaftsvermögen. Die Partner einer PartG mbB unterliegen keiner

Insolvenzantragspflicht und in der weiteren Folge auch nicht einer Haftung wegen Insolvenzverschleppung.

Es besteht – ebenso wie bei der einfachen Partnerschaft – grundsätzlich die Möglichkeit einer Haftungsbeschränkung. Dabei sind jeweils die berufsrechtlichen Rahmenbedingungen zu beachten. So bestimmt etwa § 52 BRAO für Rechtsanwälte die Grenzen im Hinblick auf individuelle oder vorformulierte Haftungsbegrenzungen.

Obwohl die LLP aus haftungsrechtlicher Sicht gegenüber einer PartG mbB Vorteile aufweist, insbesondere wegen der persönlichen Haftungsrisiken aus sonstigen Verbindlichkeiten, z. B. aus Miet- und Arbeitsverhältnissen, bestätigen rechtstatsächliche Untersuchungen, dass die PartG mbB von der Praxis angenommen wurde. Die Vorzüge der PartG mbB im Vergleich zur LLP müssen daher sicherlich auch bei den anderen Entscheidungskriterien zu suchen sein, etwa in den noch bestehenden Unsicherheiten in der rechtlichen Behandlung der LLP. Für solche Gesellschaften, die ihren Hauptverwaltungssitz im Inland zu nehmen beabsichtigen, dürfte der Anreiz einer LLP-Gründung infolge des zu erwartenden Brexit entfallen bzw. weiter reduziert worden sein.

2. Ausblick

Aus rechtspolitischer Sicht wird darüber nachgedacht, ob die berufsrechtlichen Reglementierungen der Freien Berufe und die steuerlichen Privilegierungen noch zeitgemäß sind. Es wird diesbezüglich vorgebracht, dass in vielen Fällen der Freie Beruf nicht mehr eindeutig von der gewerblichen Tätigkeit zu trennen ist.[574] Es sei zu bezweifeln, dass z. B. der Rechtsanwalt in einer Großkanzlei, der Steuerberater, der Wirtschaftsprüfer oder der Arzt, der ein wirtschaftlich handelndes Krankenhaus betreibt, nicht gewinnorientiert arbeitet. Die Folge dieser Überlegung wäre eine Öffnung aller Gesellschaftsformen, insbesondere auch der GmbH & Co. KG, für die Freien Berufe. Dafür sind jedoch zurzeit von Seiten des Gesetzgebers keine Anhaltspunkte erkennbar. Im Rahmen der durch eine Entscheidung des BVerfG notwendigen Reform des Rechts der Anwaltsgesellschaften bietet es sich an, die offenen berufsrechtlichen Fragen zur LLP mit Verwaltungssitz in Deutschland zu regeln.[575] Ob zukünftig die LLP mit alleinigem Verwaltungssitz im Inland als Rechtsform weiterhin zur Verfügung steht, ist offen. Aufgrund des zu erwartenden Brexit und der anstehenden politischen

574 Vgl. *Kienzler*, S. 227 zur Liberalisierung durch Deregulierung der Freien Berufe.
575 *Henssler*, NJW 2014, 1761 (1766) mit Hinweis auf BVerfG, NJW 2014, 613.

Verhandlungen über die Rahmenbedingungen des Austritts Großbritanniens aus der EU besteht zurzeit in rechtlicher Hinsicht diesbezüglich eine zusätzliche Unsicherheit, sodass anzunehmen ist, dass die PartG mbB gegenüber der LLP weiterhin an Attraktivität gewinnen wird, unabhängig von den offenen rechtlichen Fragen bei der PartG mbB, die im Rahmen dieser Untersuchung einer Lösung zugeführt worden sind.

Literaturverzeichnis

Altmeppen, H., Irrungen und Wirrungen um den täuschenden Rechtsformzusatz und seine Haftungsfolgen, NJW 2012, 2833–2838

Bank, S., Die britische Limited Liability Partnership: Eine attraktive Organisationsform für Freiberufler – eine rechtsvergleichende Untersuchung des britischen und deutschen Rechts unter besonderer Berücksichtigung der europäischen Niederlassungsfreiheit, Frankfurt 2006

Bank, S., Die LLP – eine attraktive Alternative für deutsche Anwaltssozietäten, BB-Special LLP, 2010, 4–9

Baumbach, A., Hopt, K., HGB-Kommentar, 36. Aufl., München 2016, zit.: Bearbeiter, in Baumbach/Hopt

Baumbach, A., Hueck, G., GmbH-Gesetz (Kommentar), 20. Aufl., München 2013, zit.: Bearbeiter, in Baumbach/Hueck

Beck, L., Zwei Jahre PartG mbB – Offene Fragen im Gesetzgebungsverfahren, AnwBl. 2015, 380–391

Becker, G., Haftung und Deckung bei der englischen Anwalts-LLP in Deutschland, AnwBl. 2011, 860–862

Bernstorff, Christoph von, Das Betreiben einer englischen Limited in Deutschland, RIW 2004, 498–504

Bettinger, N., Englische LLP und Anwaltshaftung in Deutschland, Baden-Baden 2009

Beuthien, V., Rechtsanwälte mit beschränkter Berufshaftung, ZRP 2012, 127

Bieber, R., Epiney, A., Haag, M., Die Europäische Union, 11. Aufl., Baden-Baden 2015

Blattner, J., Risikomanagement durch Haftungsvereinbarungen im Anwaltsvertrag, AnwBl. 2013, 300–308

Borgmann, B., Jungk, A., Schwaiger, M., Anwaltshaftung, 5. Aufl., München 2014

Brand, O., Grundfragen der Rechtsvergleichung, JuS 2003, 1082–1091

Brox, H., Walker, W. D., Schuldrecht – Besonderer Teil., 40. Aufl., München 2016

Eigner, M., Die Beschränkung der persönlichen Gesellschafterhaftung bei Gesellschaft bürgerlichen Rechts und Partnerschaft, Köln 2003

Eisenhardt, U., Wackerbarth, U., Gesellschaftsrecht I – Recht der Personengesellschaften I, 16. Aufl., Heidelberg 2015

Fischer, I-K., Die Partnerschaft mit beschränkter Berufshaftung – rechtliche Einordnung und Haftungsverfassung unter Berücksichtigung der englischen LLP, Frankfurt 2015

Gehling, C., Diskussionsbericht: Zur Partnerschaft mit beschränkter Berufshaftung, ZIP 2012, 1118–1119

Gladys, P.-F., Die Partnerschaft mit beschränkter Berufshaftung, DStR 2013 – Offene Fragen und Widersprüche aus Sicht der Berufshaftpflichtversicherung, 2416–2420

Grunewald, B., Die Partnerschaft mit beschränkter Berufshaftung – sinnvolle Ergänzung des PartGG oder systemwidrige Privilegierung einiger Weniger?, ZIP 2012, 1115–1117

Grunewald, B., Die Partnerschaft mit beschränkter Berufshaftung, GWR 2013, 393–394

Hartung, M., *Bargon, V.-F.*, Die UK-LLP in der deutschen Praxis – wer A sagt, sagt auch B, AnwBl. 2011, 84–89

Hennen, E., Die Partnerschaftsgesellschaft mit beschränkter Berufshaftung als Alternative zur britischen Limited Liability Partnership, Frankfurt 2017

Henssler, M., Die Haftung der Partnerschaft und ihrer Gesellschafter – ein haftungsrechtlicher Vergleich mit der Kooperationsform der Gesellschaft bürgerlichen Rechts, in Baur, J., FS für Ralf Vieregge zum 70. Geburtstag, Berlin, New York 1995, S. 361–379, zit.: Henssler, in FS Vieregge

Henssler, M., Der Gesetzesentwurf zur Regelung der Rechtsanwalts-GmbH, ZIP 1997, 1481–1491

Henssler, M., Die „Limited Liability Partnership" des US-amerikanischen Rechts – Denkanstöße zur Fortentwicklung des Rechts der Partnerschaftsgesellschaft und der OHG –, in Wank, R., FS für Herbert Wiedermann, München 2002, zit.: Henssler, in FS Wiedermann

Henssler, M., Internationalrechtliche Fragen beim Auftreten einer anwaltlich tätigen Limited Liability Partnership (LLP) englischen Rechts in Deutschland, in Festschrift für Norbert Horn, Berlin 2006, S. 403–424, zit.: Henssler, in FS Horn

Henssler, M., Partnerschaftsgesellschaftsgesetz (Kommentar), 2. Aufl., München 2008, zit.: Henssler, PartGG

Henssler, M., *Mansel, H.-P.*, Die Limited Liability Partnership als Organisationsform anwaltlicher Berufsausübung, NJW 2007, 1393–1400

Henssler, M., Die PartG mbB – großer Wurf oder (zu) kleine Lösung, AnwBl.2014, 96–106

Henssler, M., Die LLP – die bessere Alternative zur PartG mbB, NJW 2014, 1761–1766

Henssler, M., Prütting, H. (Hrsg.), Bundesrechtsanwaltsordnung – mit EuRAG, Eignungsprüfungsverordnung, Berufs- und Fachanwaltsordnung, Rechtsdienstleistungsgesetz, Partnerschaftsgesellschaftsgesetz und CCBE-Berufsregeln (Kommentar), 4. Aufl., München 2014, zit.: Bearbeiter, in Henssler/Prütting

Henssler, M., Strohn, L. (Hrsg.), Gesellschaftsrecht – BGB, HGB, PartGG, GmbHG, AktG, UmwG, GenG, IntG (Kommentar), 3. Aufl., München 2016, zit.: Bearbeiter, in Henssler/Strohn

Henssler, M., Streck, M. (Hrsg.), Handbuch Sozietätsrecht, 3. Aufl., München 2016, zit.: Bearbeiter, in Henssler/Streck

Herdegen, M., Internationales Wirtschaftsrecht, 10. Aufl., München 2014

Hölscheidt, N., Die Partnerschaftsgesellschaft mit beschränkter Berufshaftung (PartG mbB), Herne 2015

Jäger, V., Die Haftung von Partnern einer Partnerschaftsgesellschaft für berufliche Fehler, Tübingen 2017

Jawansky, M., Haftung und Vertrauensschutz bei Berufsausübung in der Partnerschaft, DB 2001, 2281–2285

Kienzler, M., Die Partnerschaftsgesellschaft mit beschränkter Berufshaftung (PartG mbB) als gesetzgeberische Zwischenstation der Liberalisierung des Gesellschaftsrechts Freier Berufe, Frankfurt 2014

Kienzler, M., Die PartG mbB – Ziel erreicht –, JR 2016, 222–228

Kilian, M., Die Nutzung von Haftungsbegrenzungsvereinbarungen – Rahmen und Hindernisse, AnwBl. 2015, 224–228

Kilian, M., Die Partnerschaftsgesellschaft mit beschränkter Berufshaftung, MDR 2013, 1137–1142

Kilian, M., Überwiegend Akzeptanz in der Anwaltschaft für eine PartG mbB, Zuspruch für Beschränkung der Berufshaftung – Kritik von Einzelanwälten in Umfrage, ZIP 2012, AnwBl. 2012, 957–960

Kilian, M. (Hrsg.), Partnerschaftsgesellschaftsgesetz, Baden-Baden 2012, zit.: Bearbeiter, in Kilian, PartGG

Koch, H., Magnus, U., Winkler von Mohrenfels, P. IPR und Rechtsvergleich, 4. Aufl. München 2010

Koch, L., Kilian, M., Anwaltliches Berufsrecht, München 2007

Kreße, B., Die neue Partnerschaftsgesellschaft mit beschränkter Berufshaftung im Kontext der Rechtsanwaltshaftung, NJ 2013, 45–50

Leitzen, M., Die Partnerschaftsgesellschaft mit beschränkter Haftung, DNotZ 2013, 596–602

Leuering, D., Die Partnerschaftsgesellschaft mit beschränkter Berufshaftung, NZG 2013, 1001–1005

Leuering, D., Auf dem Weg zur Partnerschaftsgesellschaft mit beschränkter Berufshaftung, ZIP 2012, 1112–1115

Lieder, J., *Hoffmann, Th.*, Rechtstatsachen-Update zur PartG mbB, NZG 2016, 287–294

Lieder, J., *Hoffmann, Th.*, Die PartG mbB – Rechtstatsachen und Rechtsprobleme, NJW 2015, 897–902

Lieder, J., Die Partnerschaftsgesellschaft mit beschränkter Berufshaftung – Grundzüge und erste Problemfragen der neuen Rechtsformvariante, NotBZ 2014, 81–88 (Teil 1), 128–134 (Teil 2)

Linardatos, D., Die Partnerschaftsgesellschaft mit beschränkter Berufshaftung – eine echte Alternative zur Limited Liability Partnership oder eine systemwidrige Implementierung in das Partnerschaftsgesellschaftsgesetz?, VersR 2013, 1488–1498

Maurer, F., Die Haftung assoziierter Rechtsanwälte unter besonderer Berücksichtigung der Haftungsbeschränkung, Berlin 2002

Meixner, R., *Schröder, U.*, Anmerkung zu OLG Saarbrücken, Urt. vom 30.04.2007, 1 U 148/06, DStR 2008, 527–528

Meyer, P., Die Partnerschaftsgesellschaft mit beschränkter Berufshaftung gemäß § 8 Abs. 4 PartGG, Berlin 2016

Meilicke, W., *Graf von Westphalen, F.*, *Hoffmann, J.*, *Lenz, T.*, *Wolff, R.*, Partnerschaftsgesellschaftsgesetz – Gesetz über Partnerschaftsgesellschaften Angehöriger Freier Berufe, 3. Aufl., München 2015, zit.: Berater, in Meilicke/Graf von Westphalen/Hoffmann/Lenz/Wolff

Michalski, L., *Römermann, V. (Hrsg.)*, Kommentar zum Partnerschaftsgesellschaftsgesetz, 5. Aufl., Köln 2017, zit.: Michalski/Römermann *Morse, G.*, Partnership Law, 7. Aufl. 2010

Münchener Kommentar zum Bürgerlichen Gesetzbuch, Band 1 – Allgemeiner Teil – §§ 1–240 – ProstG, AGG, 7. Aufl., München 2015, zit.: Bearbeiter, in MükoBGB

Münchener Kommentar zum Bürgerlichen Gesetzbuch, Band 5 – Schuldrecht – Besonderer Teil III, §§ 705–853 – Partnerschaftsgesetz, Produkthaftungsgesetz, 6. Aufl., München 2013, zit.: Bearbeiter, in MükoBGB

Münchener Kommentar zum Bürgerlichen Gesetzbuch, Band 11, IPR II, Internationales Handels- und Gesellschaftsrecht, EGBGB (Art. 25–248), 6. Aufl., München 2015, zit.: Bearbeiter, in MükoIntGesR

Münchener Kommentar zum Handelsgesetzbuch, Band 2 – Handelsgesellschaften und stille Gesellschaft – §§ 105–160 – 4. Aufl., München 2016, zit.: Bearbeiter, in MükoHGB

Münchener Kommentar zum Versicherungsvertragsgesetz (Hrsg. Langheidt/Wandt), Band 2, §§ 10–191, München 2011, zit.: Bearbeiter, in MükoVVG

Odemer, H., Grundfälle zur gesellschaftsrechtlichen Haftung natürlicher Personen im Privatrecht, JuS 2016, 203–208

Offermann-Burckhart, S., Anwaltliches Gesellschaftsrecht – die Partnerschaftsgesellschaft mbB, AnwBl. 2014, 474–487

Palandt, O., Bürgerliches Gesetzbuch (Kommentar), 77. Aufl., München 2018, zit.: Palandt/Bearbeiter

Peitscher, S., Anwaltsrecht, Baden-Baden 2013

Piller, T., Die Evolution der Partnerschaft – eine Untersuchung der Entwicklung der Partnerschaft als Gesellschaftsform der Freien Berufe von den ersten Initiativen bis zur Partnerschaft mit beschränkter Berufshaftung unter Berücksichtigung der Limited Liability Partnership, Hamburg 2015

Posegga, V., Die Haftung der Mitglieder einer freiberuflichen Sozietät, DStR 2013, 611–615

Posegga, V., Die Partnerschaft mit beschränkter Berufshaftung, in Peres, H./Senft, K., Sozietätsrecht – Handbuch für die rechts-, steuer- und wirtschaftsberatenden Berufe, 3. Aufl., München 2015

Posegga, V., Die Partnerschaftsgesellschaft mit beschränkter Berufshaftung als neue Organisationsform, DStR 2012, 611–615

Prölss, J., *Martin*, A., Versicherungsvertragsgesetz mit Nebengesetzen, Vermittlerrecht und Allgemeinen Versicherungsbedingungen, 29. Aufl., München 2015, zit.: Prölss/Martin/Bearbeiter

Rehm, G., Private Haftung der Gesellschafter einer LLP mit Verwaltungssitz in Deutschland, BB-Special LLP, 2010, 10–14

Ring, G., Die Partnerschaftsgesellschaft mit beschränkter Berufshaftung für Angehörige der Freien Berufe (insbesondere Rechtsanwälte), WM 2014, 237–242

Rahlmeyer, N., *Sommer*, J., Das Haftungsrisiko von Scheinpartnern, VersR 2008, 180–183

Riechert, S., Die Berufshaftpflichtversicherung der PartG mbB, AnwBl. 2014, 266–269

Römermann, V., Jähne, I., Die Partnerschaftsgesellschaft mit beschränkter Berufshaftung – ein Erfolgsmodell, BB 2015, 579–584

Römermann, V., Die PartG mbB – eine neue attraktive Rechtsform für Freiberufler, NJW 2013, 2305–2310

Römermann, V., Praß, J.-P., Die Partnerschaftsgesellschaft mit beschränkter Berufshaftung – Rechtspolitische Kritik und systematische Einordnung, NZG 2012, 601–609

Römermann, V., Spönemann, F., Gesellschaftsformen für Rechtsanwälte – Berufsrecht, Gesellschaftsrecht, Steuerrecht, NZG 1998, 15–20

Ruppert, S., Partnerschaftsgesellschaft mit beschränkter Berufshaftung – Ende gut, alles gut?, DStR 2013, 1623–1628

Saenger, I., Gesellschaftsrecht, 3. Aufl., München 2015

Salger, H.-C., Beschränkte Berufshaftung – Zum Gesetzesentwurf einer Partnerschaftsgesellschaft mit beschränkter Berufshaftung, DB 2012, 1794–1797

Schäfer, C., Gesellschaftsrecht, 4. Aufl., München 2015

Schäfer, C., Scheinsozietät und Scheinsozius – Gesellschafts- und wettbewerbsrechtliche Fragen am Beispiel der Anwaltssozietät, DStR 2003, 1078 ff.

Schlinker, S., Haftung für Beratungsfehler nach Umwandlung einer Anwalts-GbR in eine LLP, NJW 2011, 2091–2095

Schmidt, K., Die Freiberufliche Partnerschaft. Zum neuen Gesetz zur Schaffung von Partnerschaftsgesellschaften, NJW 1995, 1–7

Schmidt, K., Gesellschaftsrecht, 4. Aufl., Köln 2002

Schmidt, K., Handelsrecht, 6. Aufl., Köln 2014

Schnittker, H., Bank, S., Die LLP in der Praxis, München 2008

Schumacher, A., Die Partnerschaftsgesellschaft mit beschränkter Berufshaftung für Rechtsanwälte – Organisationsmodell mit partiellem Haftungsausschluss und Versicherungsjunktim, Berlin 2015

Schumacher, A., Zur materiellen Reichweite des partiellen Haftungsausschlusses bei der rechtsanwaltlichen Partnerschaftsgesellschaft mit beschränkter Berufshaftung (§ 8 IV 1 PartGG), NZG 2015, 379–383

Schüppen, M., Die Partnerschaftsgesellschaft mit beschränkter Berufshaftung (PartG mbB) – Schubladenmodell oder Handlungszwang, Die Wirtschaftsprüfung (WPg) 2013, 1199–1205

Schüppen, M., Wider der LLP, für rechtspolitische Plausibilität – es bleibt viel zu tun bei der Änderung des PartGG, BB 2012, 783–787

Seibert, U., Die Partnerschaft – eine neue Gesellschaftsform für die Freien Berufe, Text, Einführung, Materialien, Bonn 1994

Seibert, U., Die Partnerschaft für die Freien Berufe, DB 1994, 2381–2384

Seibert, U., Partnerschaftsgesellschaft mit beschränkter Berufshaftung, DB 2013, 1710–1714

Sommer, M., Treptow, O., Die „Umwandlung" einer Partnerschaftsgesellschaft in eine PartG mbB und ihre Folgen, NJW 2013, 3269–3274

Sommer, M., Treptow, O., Dietlmeier, S., Haftung für Berufsfehler nach Umwandlung einer Freiberufler-GbR in eine Partnerschaftsgesellschaft, NJW 2011, 1551–1557

Sommer, M., Treptow, O., Friemel, K., Die Aushebelung der Haftungskonzentration nach § 8 II PartGG durch Scheinpartner, NZG 2012, 1249–1255

Sommer, M., Treptow, O., Die „Umwandlung" einer Partnerschaftsgesellschaft in eine PartG mbB und ihre Folgen, NJW 2013, 3269–3275

Streinz, R., Europarecht, 8. Aufl. Heidelberg 2012

Triebel, V., Otte, S. Kimpel, B., Die englische Limited Liability Partnership in Deutschland: Eine attraktive Rechtsform für deutsche Beratungsgesellschaften, in BB 2005, 1233

Triebel, V., Silny, D., Die persönliche Haftung einer in Deutschland tätigen englischen Rechtsanwalts-LLP, NJW 2008, 1034–1038

Triebel, V., Ilmer, M., Ringe, W.-G. Vogenauer, S., Ziegler, K., Englisches Handels- und Wirtschaftsrecht, 3. Aufl., Frankfurt 2012, zit.: Triebel u. a.

Tröger, T., Pfaffinger, L., Partnerschaftsgesellschaft mit beschränkter Berufshaftung – eine kritische Bewertung deutscher Verteidigungsbemühungen im europäischen Wettbewerb der Verbandsrechtsordnungen, JZ 2013, 812–821

Ulmer, P., Schäfer, C., Gesellschaft bürgerlichen Rechts und Partnerschaftsgesellschaft (Systematischer Kommentar), 7. Aufl., München 2017, zit.: Schäfer, in Ulmer/Schäfer

Uwer, Roeding, M., Wege in die Partnerschaftsgesellschaft mit beschränkter Berufshaftung, AnwBl. 2013, 309–313

Uwer, Roeding, M., Partnerschaftsgesellschaft mit beschränkter Berufshaftung, AnwBl. 2013, 483

Vossius, O., Regierungsentwurf zur PartG mbB, GmbHR 2012, R213

Wandt, M., Gesetzliche Schuldverhältnisse, 7. Aufl., München 2015

Währholz, E., Wege in die PartG mbB – Überlegungen zur Gründung und Umwandlung bereits existierender Rechtsträger in eine PartG mbB, DStR 2013, 2637–2642

Weller, M.-P., Kienle, F., Die Anwalts-LLP in Deutschland – Anerkennung – Postulationsfähigkeit – Haftung (Teil I), DStR 2005, 1060–1064

Weller, M.-P., Kienle, F., Die Anwalts-LLP in Deutschland – Anerkennung – Postulationsfähigkeit – Haftung (Teil II), DStR 2005, 1102–1107

Wertenbruch, J., Die Innenhaftung bei der PartG mbB, NZG 2013, 1006–1010

Wischemeyer, M., Honisch, P., Gesellschafterhaftung in der Insolvenz von Anwaltssozietäten – Erstreckung auf (ausgeschiedene) Scheingesellschafter, NJW 2014, 881–885

Wollweber, M., Sieben Stolpersteine beim Weg in die PartG mbB, DStR 2014, 1926–1933

Zimmermann, C., Verdrängt die PartG mbB Haftungsvereinbarungen?, NJW 2014, 1142–1146

Zweigert, K., Kötz, H., Einführung in die Rechtsvergleichung, 3. Aufl., Tübingen 1996

www.ingramcontent.com/pod-product-compliance
Ingram Content Group UK Ltd.
Pitfield, Milton Keynes, MK11 3LW, UK
UKHW021852290926
8980IPUK00005B/791

9 783631 805251